삶이 말라갈 때

서영은 지음

삶이 말하게 하라

투르카나 임연심 선교사와의 대화

열림원

일러두기

- 임연심 선교사와 서영은 작가의 대화 부분은 실제 대담이 아니라, 작고한 선교사의 영적 궤적을 더듬어가기 위한 픽션 형식으로 구성된 것임을 미리 밝혀둔다.

- 이 책에서 등장하는 성경 구절은 모두 임연심 선교사의 유품인 성경(개역한글판)을 기준으로 인용한 것이며, 선교 일기는 임 선교사의 유품으로 남은 실제 일기장의 기록을 일부 발췌해 실었다.

차례

제 1 장

마음의 소리에 이끌리어
(1951년~1983년)

제 2 장

부르심을 받들다

(1984년~1988년)

제3장

기도와 수고로 닦는 길

(1989년~1999년)

제 4 장

삶이 모두 응답이다

(2000년~2012년)

제1장 마음의 소리에 이끌리어

1951년~1983년

그때 당시 제 안에서
무엇인지 알 수 없는 열망이 있었어요,
현세적 복을 추구하는 마음이 아니라는 것만은
분명히 알았습니다.

내일의 성도들. 아이들은 교회 안으로 들어올까 말까 망설이고 있다

내가 너를 태중에 있을 때부터

*저는 어린아이 때부터 응석이라는 것을 모르고 자랐고,
항상 무릎을 꿇고 앉는 것이 버릇이 됐어요.*

노산이었지만 진통이 그다지 길지 않았다. 온통 땀에 젖은 산모의 얼굴에 미소가 떠올랐다. 그리고 아기의 가냘픈 울음소리가 들려왔다. 딸이었다. 신심 깊은 산모는 귓가에 또렷이 맴도는 '내가 너를 태중에 있을 때부터'라는 말씀을 선물처럼 마음 깊이 간직했다.

1951년 12월 13일 아버지 임오봉, 어머니 황선녀 사이에서 2남 3녀 중 막내로 태어난 아기에게 부모가 지어준 이름은 임연심이었다. 아기가 태어날 당시 임씨 일가는 한국전쟁으로 고향 연백의 안정된 생활 터전을 떠나 강화도로 피난 온 상태였다. 임시로 마련한 거처는 옹색했고 생활은 어려웠다. 할머니가 계셨고, 큰언니 임옥준은 출가, 작은언니 임옥식과 큰오빠 임정용은 각기 인천으로 나가 중고등학교에 다니고 있었다. 집에는 네 살 터울인 작은오빠 임시화만 남아 있었다.

서영은　어머니께서 마흔넷에 출산하셨다고 들었어요. 노산이어서 산통이 심하셨을 텐데, 순산을 예감하셨다는 이야기를 들었어요. 부모님은 언제부터 하나님을 믿으셨나요?

임연심 제가 태어날 당시 아버지는 교회에 다니지 않으셨지만, 어머니는 신심이 아주 깊고 인자하신 분이셨습니다.

서영은 믿음을 가진 부모로 인해 '태중'에서부터 하나님과의 관계 맺음이 시작된다는 것이 무엇인지 설명해주시겠어요?

임연심 하나님께서 직접 태교를 하신다고 할까요, 어머니를 통해서. 그런데 하나님의 태교를 받은 아기들은 어린 시절부터 세상 이치보다는 하나님의 이치를 무의식적으로 따른다고 봅니다.

서영은 그래서 그런지 선교사님도 태어난 환경은 어려운데 성품에서부터 이끌림을 받으신 흔적이 도처에서 발견돼요.

임연심 저는 어머니 젖이 부족한 상태였기 때문에 암죽과 구호품으로 나오는 가루분유를 먹고 자랐는데, 그나마도 넉넉지 않았습니다. 머리카락이 노랗고 몸이 가녀리다는 놀림을 많이 받았어요. 그래도 몸이 약한 데 비해선 병치레가 많지 않았다고 들었습니다.

서영은 작은언니, 작은오빠를 만나봤는데 소탈하고 거짓 없는 인품이 느껴졌어요. 형제들마다 어머니를 훌륭한 분이었다고 기억하고 계시더군요. 선교사님은 어머니의 어떤 점이 가장 기억에 남으세요?

임연심 어느 해 흉년이 들어 먹을 것이 없었는데, 큰형부가 위험을 무릅쓰고 고향으로 들어가 추수한 쌀 열여덟 가마를 싣고 오셨습니다. 형부는 그 쌀로 술을 빚어 장사를 하자고 했어요. 당시에 그것은 돈을 버는 지름길이었어요. 그럴 때 어머니는 술 파는 것은 자식 망치는 길이라고 적극 반대하셨습니다. 또 기억나는 것은, 명절인지 모처럼 떡을 했는데 이웃에게는 아주 반듯하게 자른 떡을 돌리고, 집에는 부스러기만 남겼어요. 고난이 많은 가운데서도 늘 넉넉하셨고 남을 먼저 배려했던 성품이 특히 기억에 남습니다.

서영은 언니 되시는 임옥식 목사님은 이런 말씀도 하시더군요. 양식이 떨어져 몹시 굶주리고 있던 어느 날, 어머니와 함께 집으로 돌아가는 길에 들판에서 오리가 수북이 낳아놓은 알을 발견하고 집으로 가져왔다고 합니다. 정작 당신이 가장 허기지셨음에도, 어머니는 입에도 대지 않고 자식들에게만 먹이셨다고 하더군요.

임연심 그때 어머니는 저를 임신 중이셨다고 합니다. 그 일뿐만 아니라 다른 모든 일에서도 어머니의 평정심이 늘 그러하셨어요.

서영은 초등학교에 입학하고 나서, 같은 반 친구 중에 소아마비로 몸이 불편한 친구 가방을 들어주며 등하교를 도와주셨다고 들었어요. 얼마 동안 그 일을 하셨나요?

임연심 기간은 기억나지 않아요.

서영은 일 년 정도라고 오빠가 말씀하시더군요. 오빠는 그런 동생이 몹시 창피해서 몇 번이나 그러지 말라고 야단쳤는데, 동생이 듣지 않았다고 하더군요. 사실 어린아이가 어쩌다 한두 번은 도와줄 수 있지만 일 년이나 그 일을 하려면 결코 쉽지 않았을 텐데요. 그때 기억을 좀…….

임연심 그 친구는 다리를 절뚝일 뿐만 아니라, 외모도 좀 구질구질했어요. 아이들로부터 놀림을 받는 친구가 가엾다는 느낌도 있었고 놀리는 아이들이 부당하다고 생각했습니다. 아이들은 내가 그 아이와 함께 운동장에 들어서면 나까지도 같이 놀렸는데, 저는 그 부당함에 지고 싶지 않았어요. 그것이 오빠든 누구든. 그 아이 집에 들러야 했기 때문에 일찍 집을 나와야 했고, 가는 길에도 보조를 맞추어서 걸어야 하는 것이 무척 답답했어요. 그래서 어느 때 저만큼 앞서 달려가서, 그 아이가 혼자 뒤뚱거리며 걸어오는 것을 지켜본 적이 있어요. 그 모습을 보면서 저는 다시는 그러지 않겠다고 결심했습니다.

서영은 성장하면서 오빠를 무서워하셨다는 이야기를 들었어요. 아버지보다 오빠를 무서워할 만한 이유가 있었나요?

임연심 큰오빠는 제가 늦둥이여서 버릇이 없어질까봐 부모님 대신 저를 훈육하고자 했습니다. 덕분에 저는 어린아이 때부터 응석이라는 것을 모르고 자랐고, 항상 무릎을 꿇고 앉는 것이 버릇이 됐어요.

서영은 나이로 보면 불과 여덟 살 정도밖에 차이가 나지 않는데, 부모님도 아닌 형제가 밑의 동생에게 엄하게 한다고 해봤자 같은 아이 아닌가 싶은데요…….

임연심 오빠에게는 어린 나이 때부터 알 수 없는 위엄 같은 것이 있었습니다. 물론 집안의 장자라서 부모님 꼼을 더 받기도 했지만, 그것과 상관없이 태생적으로 위엄을 입은 게 있다고 할까요?

서영은 오빠의 경우 그것이 타고난 성향이라 볼 수 있다면, 선교사님은 태생적으로 '윗질서'를 깍듯이 존중하는 겸손을 타고나신 것으로 보이는데요, 그 윗질서라는 것이 세상 직분의 높고 낮음에 따른다기보다, 선교사님 스스로 감지하고 있는 독자적 잣대 같은 것이 있었던 것으로 보여요. 그 이야기는 나중에 좀 더 자세히 듣기로 하고, 오빠가 남다르게 문화적이셨나요?

임연심 책을 좋아했어요. 그래서 집에 책이 좀 있었습니다. 덕분에 저도 어린 시절부터 오빠의 책을 읽으면서 책을 좋아하게 됐어요.

서영은 그래서 평생 책을 끼고 사셨군요. 독서는 사람들이 쉽게 말하기를 '취미'라고 하는데, 사실은 침묵의 노동입니다. 그 침묵은 인내를 바탕으로 한 집중력인데, 선교사님 자신은 의식하지 못하셨지만, 인내와 집중력이 선교사님 삶을 어린 시절부터 구별 지은 토대로 생각됩니다. 예를 들어 작은오빠 말로는 선교사님이 낚시를 참 잘하셨다고 하는데, 낚시란 보이지 않는 물 밑 세계와의 겨룸이 아닌가요? 언제 고기가 와서 떡밥을 물지 알 수 없는 그 지루한 기다림을 견뎌야 하고, 물속에 드리운 찌의 미세한 떨림을 놓치지 않기 위해 집중하고 있어야만 '고기를 잘 낚는다'는 말을 들을 수 있지요.

임연심　저는 사실 배가 고파서 낚시를 했던 건데…….

서영은　그건 동기고요.

임연심　그건 어쩌면 제가 섬에서 태어났기 때문일 겁니다. 섬에서는 많은 것이 기다려야만 주어져요. 저는 위로 형제들이 넷이나 있었지만, 작은오빠까지 뭍으로 나간 뒤에는 늘 혼자 지내야 했습니다. 언니나 오빠들이 보고 싶어도 그들이 배를 타고 섬으로 들어올 때까지 기다리는 수밖에 도리가 없었지요. 그래서 뭍에서 오는 것은 무엇이든지, 하다못해 군고구마를 싼 신문지나 잡지 쪼가리까지도 읽고 또 읽고 할 정도였지요.

서영은　저도 바닷가에서 태어났어요. 바다를 보고 바다에서 수영을 하면서 어린 시절을 보냈다는 것이 큰 축복이었다는 것을 나중에 알게 되더군요.

임연심　하지만 섬에서 바라보는 바다는 갇혔다는 느낌을 더 크게

줍니다. 저는 가끔 평생 섬에서 살게 되면 어쩌나 하는 두려움에 사로잡히기도 했어요.

최초의 친구

나는 섬에서는 절대 안 살 거야.

종례가 끝나자마자 순식간에 텅 빈 교실에는 아이와 아이의 친구만 남아 있었다. 아이는 친구가 책보 챙기는 것을 도와주고, 한 쪽 팔을 부축했다. 친구의 걸음이 온전치 못해 아이의 걸음도 같이 기우뚱했다. 두 아이는 그렇게 천천히 교실을 빠져나와 운동장을 가로질러갔다. 아직 수업이 끝나지 않은 육 학년 교실에서 오빠가 못마땅하게 지켜볼지도 모른다는 생각이 스쳐갔으나, 아이는 개의치 않았다.

학교 밖으로 나오자 아이가 말했다. "우리 오늘은 저쪽 길로 해서 선착장 쪽으로 가볼까?"

"그쪽 길로 가면 멀잖아."

"너한테 다른 길을 보여주고 싶어."

아이는 내심 친구가 이장집 울타리에 핀 복사꽃을 보면 기뻐할 거라 생각되었다. 길모퉁이를 돌고도 한참이나 지나서야 이장집이 보였다. 엊그제까지만 해도 꽃이 활짝 펴서 보기 좋던 나무가 꽃잎이 거의 져서 다소 실망스러웠다.

"너는 천천히 와."

아이는 친구의 책보까지 빼앗아 들고 이장집 울타리 아래로 달려갔다. 책보를 길섶에 내려놓고 색종이처럼 흩어져 있는 분홍 꽃잎을 주워서 손바닥에 모았다. 친구가 가까이 다가왔을 때는 손바닥 위에 주운 꽃잎들이 수북했다.

"자아. 봐봐." 아이는 손바닥을 펴서 친구 앞으로 기울였다. 꽃잎이 시나브로 흩어져서 두 아이의 발 아래로 떨어졌다.

"차암 곱다."

친구를 기쁘게 했으니 됐다는 듯 아이는 허리에 동인 책보를 한 번 추스르고, 손에는 친구의 책보를 집어 들었다. 얼마쯤 가노라니 머리에 수건을 두른 아주머니가 호미로 밭을 일구고 있었다.

"너네 엄마다."

"엄마."

친구의 목소리에 갑자기 어리광이 서렸다. 아주머니가 뒤를 돌아다보았다. "연심이구나. 고맙다, 매일 이렇게 수고를 해줘서. 집에 가거든 네 엄마한테 말 전해다오. 떡 잘 먹었다고."

자신의 딸은 본체만체하고 아주머니는 다시 밭매기로 돌아갔다.

"너는 좋겠다. 집에 가면 떡이 있으니."

"없어."

"그새 다 먹었단 말이야?"

"아니, 떡 해서 다 돌리고 우리는 부스러기만 먹었어."

"남은 게 조금도 없단 말이야?"

"엄마가 큰오빠 준다고 따로 놔둔 거밖에는 없어."

"그럼 그거 조금만 먹으면 되잖아." 친구의 눈빛은 사뭇 사정하는 빛이었다.

"안 돼. 나는 우리 엄마보다 큰오빠가 더 무서워. 하지만 나는 우리 큰오빠 좋아해. 큰오빠한테는 책이 있어."

"그래서, 네가 공부를 잘하는구나."

두 아이는 어느새 바다 앞에 이르렀다. 선착장이 보이는 부두 앞에서 아이가 책보를 내려놓았다.

"다리 아프지, 좀 쉬었다 가자."

저 멀리 보이는 육지는 참 멀고 아득했다. 바다는 잔잔했고, 갈매기들이 유유히 선착장 주위를 맴돌고 있었다. 아이는 엄마를 따라 딱 한 번 육지에 나가보았다. 육지에는 차도, 상점도, 사람도 많고 특히 책방이 가까이 있어 좋았다. 육지에 살면 섬에 사는 것보다 훌륭한 사람이 되기가 더 쉽고, 좋은 학교에 다니기도 쉬울 것 같았다. 재미있는 일도 많을 것 같았다. 한숨을 쉬던 아이의 표정이 이내 밝게 변하며 무언가 결심한듯 손을 탈탈 털었다.

"배가 온다!"

"배가 오면 뭐 하니, 육지에 집이 있어야지."

"그래도 나는 섬에서는 절대 안 살 거야."

"너는 공부를 잘하니까, 육지에 가서 살 수 있을 거야. 하지만 나는 몸도 이렇고…… 누가 나 같은 사람을 육지로 데려가주겠니?"

아이는 시무룩한 친구의 얼굴을 물끄러미 지켜보았다. 낙담한 친구에게 해줄 말이 아무것도 없었다. 아이는 오래도록 이 장면을 잊지 않았다.

서영은 선교사님 어린 시절 이야기를 들었으니, 저의 어린 시절 이야기도 하고 싶군요. 저의 아버지는 그 옛날에 신학 공부를 하셨는데, 목회는 하시지 않았지만 욕심 없고 정결하고 인자한 분이셨어요. 아버지는 삼대독자인 오빠보다 저를 더 예뻐하셔서 삼남매 가운데 제가 아버지 손에 이끌리어 이런저런 데를 더 많이 따라다녔어요. 나중에서야 그 까닭이 저의 성격이 아버지를 많이 닮아서라고 짐작됐지만, 정작 그때의 저는 아버지에게 불만이 많았어요. 저의 불만은 아버지의 정결하고 인자하신 면이었는데, 그것이 싫었어요. 반에 따돌림을 당하는 친구가 있었는데, 저는 그것에 대한 반발심도 있었지만 그 친구하고 친하게 지내는 것이 좋았어요. 알고 보니, 다른 아이들 어머니가 그 아이하고 놀지 말라고 했던 것은, 그 아이가 기생의 딸이기 때문이었어요. 굉장히 예쁘고, 또래보다 훨씬 성숙한 몸가

짐에 말씨도 어른스러웠어요. 저는 그 아이의 남다른 점도 좋았지만, 그 아이의 엄마와 집안 분위기에서 느껴지는 야릇함에 이끌렸어요. 그래서 어린 생각에 우리 아버지는 왜 바람을 안 피우나, 그것이 불만이었지요.(웃음)

임연심 작가가 될 소지가 어린 시절부터 있었군요.

서영은 선교사님이 무엇을 작가가 될 소지로 여기시는지 모르지만 조금 더 말씀드리자면, 어린 시절 저희 집 뒤로 내가 흐르고 있었는데, 저는 그 뒷문 밖 시냇물을 친구 삼아 온종일이라도 혼자 지냈어요. 어느 때 장마로 물이 불어나는 바람에 떠내려갔던 적도 있었대요. 그런데도 물이 무섭기는커녕 학교에 들어간 뒤에는 집에서 한 구역 정도 떨어진 곳에 있는 남대천으로 가서 친구들과 같이 헤엄을 치거나 모래 장난을 하다가 늦게 돌아와서 야단 듣기 일쑤였어요. 저는 수영을 누가 가르쳐줘서가 아니라 물을 좋아하다 보니 물이 저에게 헤엄치는 것을 가르쳐준 거였어요. 그래서 좀 더 자란 뒤에는 바다에서 수영을 즐기다 보니, 체육 선생님이 선수로 저를 지목했어요. 훈련 첫날, 호루라기를 입에 문 선생님이 바다에 떠 있는 부표를 돌아오라고 시켰어요. 호루라기 소리에 물에 뛰어든 선수는 여섯 명 정도였는데, 호루라기 신호를 듣고 물에 뛰어들어 수영을 좀 하다 보니, 그 물은 제가 잘 알고 친해온 그 물이 아니었어

21

요. 아, 선수가 된다는 것은 이런 거구나, 물하고 노는 것이 아니라 물은 그냥 수단일 뿐 사람하고 빨리 가는 경쟁을 하는 것이 선수구나 하는 생각이 드는 순간, 갑자기 수영이 싫어졌어요. 아니, 그런 식으로 수영을 하는 것이 싫어졌다는 거지요.

임연심 그래서 어떻게 됐어요?

서영은 꼴등으로 들어왔지요. 그러자 선생님이 내일부터 너는 훈련에 안 나와도 된다고 하더군요.

임연심 기분이 어떠셨어요?

서영은 할 수 있음에도 안 하는 무언가를 통해 저는, 저를 숨기는 것이 재미있었어요. 남들이 다 뽐내는 그런 것을 가지고 뽐내는 것은 시시했어요.

작은아버지 집에서

저는 자립할 수 있는 한껏 열심히 뭔가를 배웠습니다.

서영은 언제 섬을 떠나셨나요?

임연심 강화에는 중학교가 없어서 인천의 학교로 진학했습니다.

서영은 작은아버지 집에 머물며 학교에 다니셨다고 들었는데요.

임연심	집안 형편이 어려워 작은아버지 집에 맡겨졌어요. 저뿐만 아니라 오빠도 작은아버지의 돌봄을 받고 있었어요.
서영은	그 시절에는 모두가 어려운 처지였을 텐데 작은아버지께서 형제간 우애가 깊은 분이셨나봐요.
임연심	교회 장로셨어요.
서영은	작은아버지가 서울에 다녀 오시면 아이들 선물을 사다주셨는데, 선교사님만 늘 제외되어 많이 서운하셨다면서요?
임연심	네, 그랬습니다.
서영은	지금은 이해되세요?
임연심	(침묵)
서영은	선교사님에게 무언지 구별되는 분위기가 있어서 그러셨던 게 아닐까요? 모난 돌이 정을 맞는다는 말이 있듯이, 줄곧 책을 들고 있고, 조용하고 몸가짐이 아이답지 않게 바르고 공손하고, 교회에서 예배 드리는 태도를 보더라도 저 아이가 믿음이 뭔지 정말 아는 건가 싶게 그 진정성이 남다르게 보이면, 어른이라도 괜한 심술이 생길 수도 있겠지요. 언제까지 작은아버지 집에 살면서 학교에 다니셨나요?
임연심	고등학교에 가면서부터 작은오빠와 따로 나와 자취를 하게 됐습니다.
서영은	오빠가 군에 입대하고 난 뒤에는 수원의 빈센트병원에 다니는 언니와 같이 살게 되셨다면서요?

임연심 네, 저는 대학에 진학을 하지 못하고, 언니와 자취를 하면서 양재 학원에 다녔습니다. 재봉기술을 배워서 빈센트병원에 취직을 했는데…….

서영은 그게 선교사님에게 열등감으로 작용했나요?

임연심 열등감은 태어난 환경 전반에서 오는 자각 같은 거였지요. 반면에 제 안에는 자기 인생이 무언가 남다른 의미를 추구하게 될 거라는 확신이 있었습니다.

서영은 그것이 수녀가 되겠다는 생각으로 나타났나요?

임연심 아뇨, 그때는 아직……. 다만 제 안에서 무엇인지 알 수 없는 열망이 있었는데, 그것이 좋은 회사에 다니고, 시집을 잘 가고 하는 식의 현세적 복을 추구하는 마음이 아니라는 것만은 분명히 알았습니다.

서영은 독서가 끼친 인문학적 영향일 수도 있겠네요.

임연심 맞아요.

서영은 독서를 통해 일깨워진 인문적 소양은 제도권의 뒷받침이 없을 때는 아는 만큼 좌절감을 안겨주기도 해요. 그 때문에 갈등은 없으셨어요? 어떻게 해서든 대학에 진학하고 싶다든가…….

임연심 왜 없었겠어요. 그렇지만, 저는 자립할 수 있는 한껏 열심히 뭔가를 배웠습니다.

서영은 예를 들면?

임연심   수채화를 배우러 학원에 다녔어요.

서영은   그림을 좋아하세요?

임연심   그림뿐만 아니라 음악, 문학 다 좋아합니다.

서영은   제가 글을 쓰기 전에, 수녀가 되려고 명동성당을 찾아간 일이 있어요. 그때 수녀가 되려 했던 것은 오빠 때문이었어요. 오빠가 대학 다니다 말고 여자친구를 집으로 데려와 잠시 같이 산 일이 있었어요. 그 일로 해서 저는 남자에 대해 혐오감이 생겼고 절대로 결혼을 하지 않으리라, 그러면서 무턱대고 수녀를 지망했던 거지요.

임연심   성당에 다니셨나요?

서영은   아니요. 제7일안식일교였어요. 그때 저희 집이 이문동 시조사와 담장 하나를 사이에 두고 있었거든요. 그리고 시조사 안에 있는 선교사 사택에서 학생을 대상으로 하는 성경 공부 모임이 있었는데, 거기서 영어로 성경을 읽으며 공부했어요.

임연심   그런데 어떻게 수녀가 될 생각을?

서영은   남자가 싫었다니까요. 하루는 성당 앞에서 수녀님 한 분을 만났는데, 저도 수녀가 되고 싶다고 했더니 교리 공부부터 하라고 하더군요. 속으로 나는 지금 당장 수녀가 되고 싶은데, 언제 교리 공부할 시간이 있단 말인가. 당장, 지금 당장 되고 싶은데, 그러면서 터덜터덜 집으로 돌아왔지요.

임연심	저는 가톨릭에 귀의해서 수녀가 될 신앙 바탕을 착실히 밟고 있었습니다.
서영은	그럼 수원 계실 때부터 성당 다니셨어요?
임연심	네. 빈센트병원이 가톨릭에서 세운 병원이어서 자연히 그렇게 됐습니다. 아까 오빠가 바람피우는 것 때문에 수녀가 되려 했다고 하셨는데, 저는 제복이 주는 청결한 카리스마에 마음이 이끌렸습니다. 아마도 열등감이 그런 식으로 뒤집어져 나타난 것일지도 몰라요.

수녀를 지망하다

이유 모를 우울이 저를 항상 끌어잡고 있었습니다.

임 선교사의 열등감은 나이 많은 부모를 둔 것, 피난민으로서 감수해야 하는 경제적 궁핍, 중고등학교 시절 섣부른 우월감을 과시하는 친구들로부터 입은 상처 등으로부터 비롯된 것일 수 있다. 그러나 그 열등감의 진짜 정체는 그녀가 가진 본질적 자존감의 다른 얼굴 같은 것이었다. 그녀의 자존감은 외부 상황에 아무런 영향을 받지 않는, 본연으로서의 자기 정체성이었고, 그 정체성에 눈을 뜨게 해준 것은 남다른 독서열이었다. 그 때문에 독서를 통한 인문적 소양이 높아질수록 자기 정체성을 찾으려는 욕구 또한 강해져서, 그녀는 상당 기간 인문적 소양과 믿음을 추구하는 두 마음 사이에서 혼란을 겪게 되었다.

서영은   성당에 다니실 때 믿음생활은 어떻게 하셨나요?

임연심   소록도에 봉사를 가고 양초도 만들어 팔고…….

서영은   하여튼 열심히……. 그 시절 수녀가 되겠다는 생각은 얼마나 확고하셨나요?

임연심   그때로서는 결심이 섰습니다. 친구하고 손가락을 걸었으니까요.

서영은   수녀가 되고자 할 만큼 믿음이 크셨어요?

임연심   저 나름대로는 믿음이 깊었다고 하지만, 진짜 속내는 신앙 생활 자체보다는 수녀가 되어 강의를 하거나 심리 상담을 하고 싶다는 바람이 컸던 것 같습니다.

서영은   나중에 개신교로 오면서 가톨릭에서 쌓은 믿음은 아무것도 아니었다고 하셨는데, 그렇게 느끼게 된 특별한 체험이 있으세요?

임연심   네, 있었습니다, 나중에 말씀드리겠지만.

서영은   언니가 결혼하신 뒤에는 혼자 지내셨어요?

임연심   네. 제게는 그때가 가장 암울한 시기였습니다. 빈센트병원 작업실에서 재봉틀을 돌리다 보면, 손에서 문득 힘이 쑥

빠질 때가 있었어요.

서영은　외부적 이유였나요? 예를 들면, 대학에 다니는 친구들을 길에서 우연히 마주쳤을 때 느낀 열패감 같은 것?

임연심　글쎄요. 그런 마주침이 간혹 있기는 했어도, 그 때문에 마음이 푹 꺼질 정도로 낙담이 되지는 않았습니다. 그보다는 뭐랄까…… 보다 근원적인 것인데…….

서영은　태생적인 것인가요?

임연심　그래요. 부모님의 신앙으로 태중에서부터 제가 받은 축복이 있었다면, 다른 한편으로는 이유 모를 우울이 저를 항상 끌어잡고 있었습니다.

서영은　조금 더 구체적으로 말씀해주신다면요?.

임연심　부지불식간에 살아야 할 의미를 놓치면, 마음이 걷잡을 수 없이 나락으로 떨어져요.

서영은　그럴 때 인생에서 붙잡아주는 것이 아무것도 없었습니까? 대부분 사람들은 선교사님처럼 성실하신 분을 찾고 의지하려는 경향이 있잖아요. 무슨 일을 하든 남들보다 두드러지셨을 텐데요.

임연심　물론 있었지만, 그런 의미는 제게…….

서영은　비중이 크지 않으셨어요?

임연심　네.

서영은　좋아했던 사람은?

임연심   없었어요.

서영은   하나님과의 만남은?

임연심   주일은 물론, 시간 날 때마다 성당에 가서 무릎 꿇고, 신부
님 수녀님 따라 봉사도 열심히 다녔지만, 사는 게 심드렁
했어요. 염세적이었던 거지요.

서영은   저는 태생적 허무주의자였는데, 하나님 만나기 전까지는
그 허무를 넘어서는 의미와 가치를 찾으려고 무척 방황했
어요. 글도 그렇게 해서 쓰게 된 것이고, 사랑도 그렇게 해
서 만난 것이고요. 혹시 신부님을 몰래 좋아하거나 한 일
은 없으세요?

임연심   없습니다. 신앙심이 충만한 분들로부터는 사랑을 받아야
하는 것 아닌가요?

서영은   (고개를 끄덕이며) 선교사님이 어떤 유형이신지 조금 감이
잡히는군요. 그건 그렇고, 언니를 따라 독일로 가신 것은
언제예요?

임연심   1979년입니다.

서영은   그때 정황을 좀 자세히 말씀해주세요. 그런데 저에게 너무
존댓말을 쓰시니 대화가 좀 딱딱한 거 같지 않아요? 그냥
편히 말씀하세요.

임연심   언니는 굉장히 진취적인 성격이에요. 독일에서 간호사를
모집한다는 것을 알고, 결혼생활 중임에도 독일행을 강행

했어요. 언니는 독문학을 전공한 남편에게 박사학위를 받게 해서 교수로 만들겠다고 시댁을 설득했으나, 반대가 심해서 혼자 독일로 떠났어요. 일단 먼저 가서 자리를 잡고 가족들을 데려올 생각이었지요. 몇 년 뒤 자리를 잡고 나서 남편과 아이들을 데려오려고 시도했지만 여전히 시댁의 반대에 부딪혀 혼자 지내고 있었어요. 우리는 편지를 주고받았는데, 제가 수녀가 되려고 한다는 것을 알고 언니는 그걸 막기 위해 일부러 한국으로 나왔어요. 그럼에도 제가 생각을 굽히지 않았지요. 언니는, 수녀가 되더라도 공부를 더 해야 누구를 가르치지 않겠느냐고 비행기표를 보여주더군요. 그것도 그렇겠다 싶어 따라나섰습니다.

서영은 언니는 왜 그리 선교사님이 수녀 되는 것을 막으셨어요?

임연심 언니는 그때 순복음교회에서 성령 체험을 해서 신앙이 뜨거웠더군요. 나중에야 알게 되었지만. 그래서 가톨릭에 대한 편견이 다소 있었던 것 같습니다.

서영은 제 경우에는 사범학교를 졸업하고 나서 마땅히 교사가 되어야 할 상황이었는데, 그걸 박차고 어렵사리 대학 진학을 했어요.

임연심 교사는 좋은 직업이잖아요.

서영은 다들 그렇게 생각하지요. 그런데 저는 남을 가르치는 것이 싫었어요. 그리고 먹고사는 것을 염려하여 안정된 직업을 갖겠다는 생각도 싫었구요.

임연심 그런데 어떻게 사범학교를?

서영은 당시 저희 아버지가 돌아가셨어요. 오빠는 외국어대학교에 다니고 동생은 중학생이었는데, 저희 집 가정 형편을 잘 알고 저를 무척 아껴주시던 선생님이 어머니와 상의해서 사범학교에 원서를 냈어요. 강원도 수재들이 다 모여서 경쟁률이 치열했고, 저는 떨어지기를 바랐는데, 덜컥 붙었어요. 그리고 사범학교 일 학년 때 저를 문학에 깊이 빠지게 만든 책을 만났어요. 그게 이십 대의 청년이던 콜린 윌슨이 써서 세계를 뒤흔든 『아웃사이더』라는 책이었어요. 그 책 혹시 읽으셨어요?

임연심 아니요. 처음 듣는데요.

서영은 그 책은 사람들이 누구나 하는 생각, 누구나 가는 길, 누구나 사는 방법으로서의 제도와 관습에 대해 의문과 거부감이 심한 사람들을 주인공으로 한, 세계적 작가들의 작품을 해설해놓은 책이에요. 저는 그 책에 언급된 백여 권의 책들을 하나씩 독파한 다음 동서고금의 고전과 세계문학전집들을 월부로 사서 읽는 동안 저도 모르게 작가 수업을 하게 되었어요. 특히 소설에서 저와 같은 생각을 하는 인물들을 발견하고 거기서 자기 정체성을 찾게 된 거예요. 예컨대, 사르트르의 『구토』에서 로캉탱은 생각을 지나치

31

게 많이 하기 때문에 인생이 행복하지 않아요. 카뮈의 『이
방인』에서 뫼르소는 자기 감정에 너무 정직해서 어머니의
죽음 앞에서 울음이 나오지 않은 것 때문에 나중에 다른
일로 그를 기소한 검사에 의해 패륜아 취급을 받게 돼요.
아까 말씀드렸듯이 저는 허무주의자여서, 사람들이 일반
적으로 행복이라 믿는 것에 불신이 깊었어요.

개신교로 개종하다

언니는 저를 독일로 데려올 때부터
목회자로 만들 뜻이 있었어요.

독일에 도착한 임연심은 어학원에 등록하고 언어부터 배우기 시
작했다. 새 생활을 시작한 둥지에서 언니의 지원을 받게 되자, 책
을 통해 동경해온 인문적 소양의 갈증을 풀기 시작했다. 인문적 소
양, 그것은 임연심에게 제도적으로 열등감을 안겨주었지만 다른 한
편으로는 자신을 남과 다르게 여기는 우월감의 정체성이기도 했다.
재봉틀 소리와 실밥이 널린 빈센트병원 작업실에서 막혀버린 제도
적 배움의 기회가 활짝 열린 것이다. 새 친구들을 사귀었고, 옷을
맵시 있게 입는 감각에도 눈을 떴고, 이웃 나라로 여행을 하며 견문

을 넓혔다. 화가들의 전시회, 오페라 관람 등 현지인들이 일상적으로 누리는 문화생활을 빠르게 접하며, 그녀는 자신이 꿈꾸던 진로를 향해 걸음을 재촉했다. 한편 언니의 속내는 달랐다. 부모님이 자신의 학업을 위해 얼마 안 되는 토지를 팔아 뒷바라지를 해주는 바람에 밑의 동생들이 그 여파로 힘들어진 것에 늘 미안한 마음을 품고 있던 차에, 형편이 좋아졌으므로 막내를 돌볼 수 있게 된 것이다. 하지만 그보다는 숨은 동기가 있었다. 당시 언니는 베를린 주재 순복음교회에서 뜨겁게 성령 체험을 하고 난 뒤, 교회의 중추적 역할을 감당하면서, '우리 집안'에서도 성직자가 한 사람 배출되면 좋겠다는 소망을 품게 되었다. 경건한 동생의 성품은 언니의 꿈을 실현해줄 대상으로는 더없이 적합한 인물이었다. 동생을 가까이 두게 되자 언니는 지체 없이 자기의 숨은 계획에 따라 동생을 조종하기 시작했다.

서영은　독일에서도 성당에 나가셨나요?

임연심　아니요. 언니의 권유로 순복음교회에 나가게 됐어요.

서영은　의외군요. 선교사님은 한번 정하면 좀체 바꾸시지 않는 줄 알았는데.

임연심　사실 처음에는 갈등이 심했어요. 가기 싫어서 매번 뭉기적대다가 언니가 재촉하면 그제서야 따라나섰지요. 교회에 도착해서도 맨 뒷자리에 다리를 꼬고 삐딱하게 앉아 구경

하는 마음으로 예배를 보곤 했어요.

서영은 갈등의 실체는 무엇이었어요?

임연심 가톨릭 미사는 의식 중심으로 조용하고 엄숙한 분위기에 젖어들 수 있었는데, 순복음에서는 그 광신적 예배 분위기가 많이 낯설었어요. 통성기도, 방언기도, 손뼉 치며 노래하기 등등.

서영은 싫은데도 참고 나가신 이유는요?

임연심 언니는 제 말을 거의 다 들어주면서도 수녀가 되는 것만은 절대 안 된다는 거였어요.

서영은 예배를 보다 보면, 신앙의 열기가 마음을 뚫고 들어오기도 하잖아요?

임연심 그때는 제가 그러한 예배 형태에 선입견이 있었어요.

서영은 어떤 선입견요?

임연심 비이성적이랄까?

서영은 오래전 일인데요, 순복음 신자인 방송작가가 금식하러 오산리 기도원에 들어간다고 해서 호기심으로 따라갔어요. 그 떠들썩한 예배 분위기에 거부감이 몹시 심했던 기억이 납니다. 그런데 제가 나중에 성령의 임재를 체험하고 나니, 그때 그 거부감의 정체는 자의식이었다고 깨닫게 되더군요. 자의식은 안에서부터 자기방어 기제로 작동하기 때문에, 통성기도나 방언기도는 자기를 망가뜨리는 행동으로 인식되는 거지요. 그러다 성령이 임하면, 자의식이 깨어지면서 자기도 모르게 통성기도를 하게 되는가 봅니다.

임연심 그런 것 같네요. 거기다 언니는 저를 독일로 데려올 때부터 목회자로 만들 뜻이 있었어요.

서영은 그걸 언제 알게 되셨어요?

임연심 제가 독일 갈 때 관광비자로 갔거든요. 그걸로는 체류기간이 석 달밖에 안 되기 때문에 연장을 하기 위해서는 학적을 가져야만 했어요. 제가 들어갈 수 있는 데는 입학전형이 그다지 까다롭지 않은 순복음신학교밖에 없었어요. 거기라도 들어가야 체류기간을 연장할 수 있었던 거지요. 언니는 대환영이었지만, 저는 이미 답이 나와 있는 선택을 하려니 무척 화가 나고 슬프더군요.

베를린 순복음신학교 학생이 되다

공평한 사랑과 정의로움을 그분에게만 바랐던 점이 돌연,
'너는? 너는 왜 가만히 있느냐' 하는 뜻으로 제게 돌아왔어요.

임연심은 자기의 꿈이 현실의 벽 앞에 얼마나 무력한지 실감했다. 두드릴 문조차 없었다. 반면에, 언니는 '고집을 꺾기 힘들어 보이

는' 동생이지만, 결국은 신학 공부를 하게 될 것이고, 시댁에서 '결코 허락해주시지 않지만' 아이들도 언젠가는 독일로 데려올 수 있을 것이라고 믿었다. 신앙의 뜨거움이 품게 해준 예지였다.

자매 사이에 아직 서로의 꿈이 공유되지 않았음에도, 임연심은 자기를 목회자로 만들기 위해 생활 전반을 매우 세심하게 조율하며 부모의 역할을 대신하고 있는 언니의 지시를 순순히 따랐다. 그 순종으로 인해 그녀는 또래의 다른 젊은이들이 누리는 분방한 자유, 잡스러운 세속적 재미로부터 일찌감치 떨어져 나와, 단조롭지만 정결한 생활을 하게 됨으로써 자신도 모르게 예비된 자의 모습을 갖추어가고 있었다.

시간이 흘렀다. 갑작스러운 인생의 소용돌이가 언니에게 닥쳤다. 그와 함께 때를 기다려온 일들이 하나씩 풀리기 시작했다. 동생은 고집을 꺾고 마지못해 신학교에 들어갔고, 언니는 셋째를 출산하자 휴가를 얻어 한국으로 갔다. 그때 시아버님이 갑자기 췌장암으로 소천하셨다. '언젠가는……' 했던 대로 언니는 아이들을 독일로 데리고 올 수 있었다. 거기에 더하여, 스포츠용품 사업을 하는 남편의 사업도 순조롭게 풀리며 재물이 쌓였고 그 넉넉함의 수혜를 동생에게 나누어줄 수 있었다.

임연심의 생활은 학교 공부와 조카들 돌보기만으로 시간이 빠듯했다. 높은 두 벽 사이를 오가야 하는 길처럼 다른 것을 돌아볼 수 없도록 강제된 생활 속에 하나님의 뜻이 감춰져 있었다. 한번은 생후 백 일도 안 된 조카를 탁아소에 맡기고 돌아서는데, 심하게 울어대는 아기를 두고 떠날 수가 없어서 강의를 빠지더라도 아기를 집으로 데리고 오려고 했다. 언니는 '그건 안 돼. 학교 공부를 빠져선 안 돼' 하면서 동생이 공부를 하는 데 있어서만은 어떤 희생도 무릅쓰겠다는 결연한 의지를 보였다.

서영은   신학교에는 몇 년도에 입학하셨어요?

임연심   1979년에요.

서영은   친구들 말로는, 선교사님이 신학교에 다니면서도 갈등이 심하셨다고 이야기하더군요.

임연심   네, 달리 도리가 없어서 다니기는 했지만……

서영은   가톨릭과 순복음에서 오는 갈등이었나요? 아니면 인문 쪽 진로와 신학 쪽 진로 사이의 갈등이었나요?

임연심   그 두 가닥이 여전히 정리되지 않았던 거지요, 제 안에서. 그렇지만 학교에 일단 다니기 시작했으니까 공부는 열심히 했어요. 언니는 신이 난 듯 학교 공부와 관계된 일이라면 뭐든지 지원을 해줬어요.

서영은   그 지원이 무엇에 대한 건데요?

임연심   언어를 습득해야 하니까 학원에도 더 다녀야 했고, 학교 등록금은 물론, 선교여행 경비 등 많았어요.

서영은   선교여행을 가려면 돈이 많이 드나요?

임연심 지역에 따라서는…….

서영은 뭘 하시는데요?

임연심 목사님을 도와 예배 준비도 하고 같이 전도도 하고…….

서영은 선교 봉사가 필수적이었나요?

임연심 일종의 실습 같은 것이었어요.

서영은 실습이 믿음을 깊어지게 하는 데 도움을 줬나요?

임연심 봉사를 다니다 보면, 힘든 삶을 사는 사람들에게 복음을
         전하는 것이 절실하다는 생각은 들지만, 제 믿음이 깊어지
         는 것과는 별개예요. 아시겠지만 믿음은 은총이니까요.

서영은 당시 어떤 곳을 다니셨어요?

임연심 독일의 여러 지역이었는데, 탄광에서 광부로 일하는 한국
         분들이 다니는 교회, 멀리는 스페인 라스팔마스의 이정봉
         목사님 교회를 찾아가기도 했고…… 에티오피아, 르완다,
         수단 같은 최빈국 나라들도 찾아갔어요.

서영은 그런 행보를 하는 동안, 성령의 임재를 체험할 기회들이
         있었을 것 같은데요.

임연심 아프리카에 다녀오면 며칠씩 그 참상이 뇌리에서 떠나지
         않아 금식을 하면서 기도를 하곤 했어요. 한번은 르완다에
         서 난민들의 참상을 목격하고 눈물을 흘리며 기도하는데,
         '네가 전하라' 하시는 음성이 들려왔어요.

서영은 하나님 음성은 난데없이 들리는 것이 아니라고 생각하는

데요, 성경을 읽다가 유독히 마음에 깊이 박히는 말씀이 있잖아요. 바로 그 말씀을 통해 계시가 역사하는 것 같아요. 저에게는 그런 말씀이 있는데, 선교사님께는 그게 어떤 말씀이에요?

임연심 　그 이야기에 저도 공감해요. 신학교 다닐 때 「요나서」를 읽는데, 죽고 살기를 반복하며 간구하는 요나의 연약한 마음을 제게 비추어보면서 많이 부끄러웠어요. 4장 10절에 '네가 수고도 아니하였고, 배양도 아니하였고, 하룻밤에 났다가 하룻밤에 망할 이 박 넝쿨을 네가 아꼈거든/ 하물며 이 큰 성읍, 니느웨에는 좌우를 분변치 못하는 자가 십이만여 명이요 육축도 많이 있나니 내가 아끼는 것이 어찌 합당치 아니하냐' 하는 말씀이었는데, 제가 부끄러웠던 것은 아프리카에 갔을 때 하나님께서는 이런 참상을 보시면서 왜 잠잠히 계시는가, 하고 공평한 사랑과 정의로움을 그분에게만 바랐던 점이 돌연, '너는? 너는 왜 가만히 있느냐' 하는 뜻으로 제게 돌아왔어요.

서영은 　그때 결심하셨나요? 아프리카 선교사가 되겠다고.

임연심 　아니요. 한참 뒤의 일이에요. 아참, 이때 가톨릭과 맺은 신앙의 연이 완전히 끊어지는 사건이 있었어요. 아마 그 일로 오락가락하던 제 마음의 추가 한쪽으로 확실하게 기운 것 같아요.

조용기 목사의 베를린 집회에서

그때만 해도 선택할 수 있는
다른 길이 있을 것 같았어요.

1982년 베를린에서 조용기 목사의 집회가 있었다. 독일뿐만 아니라 인근의 다른 여러 나라에서 몰려온 신도들로 구름 관중이 운집한 대집회였다. 임연심은 언니와 함께 집회에 참석했다. 꼬리에 꼬리를 물고 들어서는 값비싼 승용차 문이 열리고 잘 차려 입은 백인들이 꾸역꾸역 쏟아져 나왔다.

'저들이 나에게서 마늘 냄새가 난다고 눈살을 찌푸리던 그 사람들이랑 같은 사람들인가.' 어디에 가든 인종차별의 싸늘한 눈초리에 냉대를 당한 상한 마음에 뜨거운 감격이 밀려왔다. 그것은 시작에 불과했다.

조용기 목사가 나타나자 장내의 신도들이 모두 떠나갈 듯 열렬한 박수로 맞이했고, 강하고 힘 있는 설교가 시작되자 그 한마디 한마디는 말씀의 칼로 폐부를 찌르는 듯했다. 그 많은 청중이 한 소리로 "할렐루야!" "아멘!"을 소리 높이 외쳤다. 성령 강림이 이런 것이구나. 그녀는 자신이 조용기 목사와 같은 국적의 한국인이라는 사실이 자랑스러웠다. 그 감격 또한 시작에 불과했다.

신유 기도가 시작되자, 휠체어에 앉아 있던 사람이 벌떡 일어나고, 지팡이에 의지해 간신히 몸을 지탱하고 있던 사람이 지팡이를 집어던지고, 목이 아프고, 다리가 아프고, 가슴이 아프다던 사람들은 통증이 사라졌다 하고, 귀가 안 들린다, 눈이 안 보인다고 하던 사람들까지도 양팔을 번쩍 쳐들며 "할렐루야!"를 외쳤다.

이제까지 귀로만 들어오다가, 살아 역사하시는 하나님을 눈으로도 보게 된 것이다! 임연심은 큰 충격을 받았다. 이 충격은 거룩의 베일 뒤에 우아하게 무릎 꿇고 조용한 기도 속에 머물고 있던 그녀의 신앙을 뜨거운 용암으로 바꾸었다.

서영은   신학교 졸업 후 신앙에 큰 변화가 있었어요?

임연심   물론 말씀을 체계적으로 공부하고 선교 현장에도 많이 다니고 해서 이전보다 많이 뜨거워진 것은 확실해요. 그래도 저는 여전히 그 신앙을 수녀라는 성스러운 옷 속에서 펼쳐 나가고 싶었어요. 그런데 비자 만료 문제가 또다시 코앞에 닥쳤어요.

서영은   저는 사범학교를 졸업하고 강릉 바닥이 떠들썩하도록 교사 발령을 걷어찬 일로 가족이 서울로 이사 오게 됐어요.

임연심   '아웃사이더'가 무언지, 어떤 기질을 말하는 건지 막연히 알 것 같기는 한데…….

서영은   한마디로 현실거부파지요. 현실을 빵으로 규정한다면, 인간이 빵만으로 살 수 없다는 것을 태생적으로 알고 있었다고 할까요? 저는 그러한 자의식을 허영심으로 느낄 때도 있었어요. 제가 졸업하던 해부터 사범학교를 졸업해도 임용고시를 거쳐야 발령을 받게 되었는데, 임용고시에서 제가 실기고사 시험관들 앞에서 유희를 안 하고 뻣뻣이 서 있었어요. 시험관 중 한 분이 저에게 기회를 주려고 풍금 반주를 다시 시켰는데, 여전히 유희를 하지 않고 서 있었어요. 그때 저는 속으로, 먹고사는 것보다 더 중요하고 가치 있는 일을 하겠다는 고집이 있었어요. 그때의 상황으로는 무모한 고집이었지요. 왜냐하면 제가 졸업하고 두 달 뒤에 아버님이 돌아가셔서 가족 중 누군가 돈벌이를 해야 했는데, 제가 그걸 걷어찬 셈이었으니까요.

임연심   그래서요?

서영은   실기에서 빵점을 받고, 사범학교 역사에서 발령을 받지 못한 몇몇 졸업생 가운데 한 명이 되었지요. 저의 어머니는 그 옛날에 여학교를 졸업하신 인텔리인데, 부인회 일로 강릉에서 나름대로 알려진 인사였어요. 그런데 제가 시험에 떨어지고 보니 '남사스러워서 고향에 못 있겠다' 하시며 집과 땅을 팔아서 서울로 이사하셨어요. 그리고 저는 대학 입시를 준비했는데, 사범학교는 교직 전공 분야 쪽의 과목 배당이 많아서 국영수에서 절대 불리했지요. 그럼에도 장학금 특전이 많은 두 대학에 시험을 치러서 양쪽 다 합격

했어요. 그런데 때마침 취직이 되어 저는 허술한 대학에 학적만 걸어놓고, 얼른 집을 나와 독립했어요. 그 독립이 제 인생의 칼자루를 스스로 거머쥐는 힘이 되어 저는 직장에 다니며 하고 싶었던 일, 글을 쓰기 시작한 거예요.

임연심 선생님을 아는 사람마다 저에게 선생님하고 굉장히 비슷한 점이 많다고 하더군요.

서영은 그래서 제가 말씀드리는 겁니다. 우리가 각자 사는 곳에서 자기 삶을 살아왔지만, 어느 지점에서, 무엇 때문에, 어떻게 만나게 되는지, 그것을 짚어보면 하나님께서 우리를 불러 모으시는 방법을 알 수 있을 것 같습니다.

임연심 그러고 보니, 우리 만남도 하나님의 부르심 안에서 이루어진 일이라는 생각이 드는군요.

서영은 케냐에서 YWAM의 임종표 목사님이 독일로 초청되어 오신 것은 언제쯤이에요?

임연심 1983년 초로 기억해요. 사흘간 집회를 하셨는데, 마지막 날 형부(한상택 장로)가 목사님을 저녁식사에 초대했어요.

서영은 그때 무슨 이야기를 나누셨어요?

임연심 임종표 목사님이 이끌고 계시는 YWAM에 대한 이야기를 많이 나누었어요. 언니는 그 자리에서 저의 진로를 타진하셨고요.

서영은 YWAM은 뭐 하는 곳이에요?

임연심   YWAM은 'Youth With Assembly Mission'의 약자예요. 한
국에서는 예수전도단으로 알려져 있는데, 제자양성을 목
적으로 설립된 곳이에요. 본부는 하와이에 있어요. 저는
졸업을 앞두고 어떻게 다시 비자 연장을 할 것인지 고민하
고 있었는데, 오스트리아 빈에서 음악을 공부하는 친구가
그곳으로 와보라고 했어요. 그래서 친구의 집에 묵으며 학
교를 알아보았지만, 새 학기가 시작되려면 기다려야 했어
요. 기다리는 동안 결국 추방당할 상황이 되어, 거기서 독
일 정부 상대로 연장신청을 했는데 거부당했어요.

서영은   그럼 그처럼 열심히 선교 봉사를 하셨던 건 뭐예요?

임연심   겉으로는 그랬지요. 제가 선교 실습을 열심히 했던 것은
졸업을 하면 더는 봉사할 기회가 없을지도 모른다는 생각
이 들었기 때문이에요.

서영은   오스트리아에서 어떤 학교를 지망하셨는데요?

임연심   저는 신학교 졸업장을 가지고 일반 학교로 옮겨가는 길을
찾고 싶었어요.

서영은   임종표 목사님이 계속 사인을 보내셨는데도 관심이 전혀
없으셨어요?

임연심   네, 그냥 남의 일처럼. 선교 실습할 때를 떠올리기는 했지만
그곳에 가서 훈련받을 생각은 꿈에도 없었어요. 제자훈련받
고 나면 꼼짝없이 그 길로 가야 하는데, 그때만 해도 제 생

각에는 선택할 수 있는 다른 길이 있을 것 같았어요. 그런데 계속 비자 문제가 저를 한 곳으로 몰아가고 있었던 거지요.

서영은　그것이 하나님 뜻으로 느껴지셨어요?

임연심　아니요.

서영은　그처럼 뜻이 없는 분을, 하나님께서 그 오지로 보내셨을 것 같지 않은데…….

임연심　맞아요. 하나님께서는 절대로 무리한 순종을 원하시지 않으세요. 다만 인간의 욕망이나 상황까지도 쓰실 뿐이지요.

서영은　그러니까 상황이 YWAM으로 밀어부쳤군요. 케냐로 떠나기 전에 로마의 수녀 친구를 찾아가 유언을 남긴 마음의 배경은 뭐예요?

임연심　제가 길을 바꾸는 데 대한 변명 같은 거였겠지요. 당시에는 손가락을 걸어 수녀가 되기로 약속한 친구는 이미 수녀가 되어 신앙 수업을 착실히 하고 있는데, 제가 변절하는 것처럼 보이는 것이 약이 오르기도 했구요.

서영은　YWAM에 들어가시는 것은 순조로웠어요?

임연심　네, 거기서는 신학교를 나왔다는 것 때문에 저를 조금만 훈련시키면 금방 스태프가 될 줄로 알았겠지요.

서영은　그게 사실로 드러났군요.

임연심　그보다는 언니의 믿음을 통해 하나님께서 저를 위해 예정해놓으신 길을 서서히 나타내 보이신 겁니다.

| 선교 일기 |

케냐에 전화를 해서 알아보았다. 석 달짜리 비자 받아가지고 들어와서 학생패스로 바꾸면 된다고 한다. 게스트하우스는 4월 15일까지 꽉 찼다고 하고, Y.W.C.에 방이 있다고 한다. 그곳은 안 좋다고 했는데, 어쩔 것인가. 아무튼 기쁜 마음. 은행에 가서 스페인 돈을 바꾸었다. 언니께 비행기표 값 달라고 했더니 은행에 넣어주겠다고 한다. 형부는 뮌헨에 가셨다. 경희, 철호가 와서 저녁 함께 먹고 밤 12시까지 놀다가 갔다.

아침에 남 집사님이 전화를 두 번이나 하셨다. 비행기표를 보내주시겠다고 한다. 드디어 결정이 났구나 생각하니 마음이 슬프고 이상하다. 진정 주님 안에 사는 삶이 아니라면 얼마나 허무할까. 오전에 재봉을 하고 오후에는 부엌 청소를 하고, 그리고 언니와 이야기. 무겁게 누르는 책임감과 두려움이 엄습한다.
과연 하나님께서는 나를 통해 어떠한 일을 이루어가기를 원하시는지……
이대로 이 모습 그분께 맡기고 순종하고 충성하리라는 것 외에 지금 나로서 할 수 있는 일이 무엇이겠는가. 순종과 충성.
너희 중에 큰 자는 너희를 섬기는 자가 되어야 하리라.
누구든지 자기를 높이는 자는 낮아지고 누구든지 자기를 낮추는 자는 높아지리라.

애비스쿨 어학연수 시절

제2장 부르심을 받들다

1984년~1988년

'아아, 하나님 잘못했습니다.'
두렵고 떨리는 마음으로
한참 동안 죽은 듯이 움직이지 못했다.
'아버지께서 이곳에 뼈를 묻으라시면 묻겠습니다.'

누군가의 배고픔을 채워줄
우갈리를 손에 들고

예수전도단에서 받은 제자훈련

저는 부족한 점이 너무 많은 사람이라는 것을 깨닫게 되어
좌절감이 컸어요.

선택의 여지가 없는 상황이 되어서야 그녀의 귀에 '네가 전하라' 하
시던 말씀이 다시 떠올랐다. '하나님, 그러면 일 년만 가서 봉사하
겠습니다.'

1984년 2월 임연심은 케냐에 도착했다. 당시 랑가타 지역에 있었
던 YWAM 케냐 지부에는 미주, 유럽, 아시아, 아프리카 지역에서
모여든 청년들이 제자훈련을 받기 위해 공동생활을 하고 있었다.
전체 인원 일흔 명 중에서 스무 명은 르완다 난민이었다. 전도하고
가르치고, 설교하는 능력 배양을 목표로 강의가 진행되었고, 강의
뿐 아니라 일상생활에서도 영어를 썼다. 밤낮으로 성경을 읽고 묵
상하는 석 달간의 훈련을 마치고 나면, 후반기에는 케냐 각지로 흩
어져 선교를 하는 실습 과정을 거친 뒤에 스태프의 자격이 주어졌
다. 베이스에 와 있는 한국인은 임연심 외에 몇 사람이 더 있었다.

서영은 훈련생활에서 어려웠던 점은 무엇이었어요?

임연심 수업이 영어로 진행되는데 듣기가 잘 안 됐어요. 그 때문
        에 스태프의 배려로 따로 학원에 등록하고 영어를 배우러

다녔고, 서포팅하는 일을 주로 맡았지요.

서영은 그밖에는?

임연심 하지만, 밤낮으로 성경을 읽고 기도하는 시간이 저한테는 꿀처럼 달았어요. 물론 신학교에서도 이론 공부를 하지 않았던 건 아니지만, 이제까지 발로 봉사를 해온 미션을 기도로 서서히 채워가는 느낌이랄까? 하지만 배도 많이 고팠어요.

서영은 그게 무슨 뜻인가요?

임연심 우리는 각자가 숙식비를 냈지만, 형편이 어려운 르완다 난민 훈련생의 경우에는 그렇지 못했기 때문에 늘 음식이 모자랐어요.

서영은 아, 그게 그 소리였군요. 스태프와 한국인들은 시장을 따로 봐서 식사를 했는데, 선교사님은 그런 차별에 동참하지 않으셨다면서요. 그냥 아프리카 청년들과 같이 식사를 하다 보니, 사람은 여럿이고 음식이 부족해서 양보를 하고 나면 먹을 게 없었다는 이야기를 들었어요. 한번은 삶은 계란이 너무 먹고 싶은 나머지, 혼자만 먹을 수가 없어서 계란 세 판을 사서 삶아, 다 나누어주고 나니 자기 몫은 겨우 한 알밖에 남지 않았다는 말도 들었어요.

임연심 그게 공동생활이지요.

서영은 스태프의 말로는, 사적이든 공적이든 무슨 문제가 생기면 훈련생들이 선교사님을 찾아가 상담을 하고 도움을 받았다고 하더군요. 특히 아프리카 청년들에게는 누님 같은 역할을 하셨다고. 그 말씀을 들으니, 어린 시절 소아마비 친구를 위해 가방을 들어주셨던 에피소드가 떠오르더군요. 성경에 말씀하신 '영혼의 닻'이라는 것이 긍휼, 성실, 정직함이라면 선교사님은 일찌감치 하늘나라에 영혼의 닻을 내리고 계셨던 것 같군요.

임연심 그렇지 않아요. 막상 공동생활을 해보니 오히려 저는 부족한 점이 너무 많은 사람이라는 것을 깨닫게 되어 좌절감이 컸어요.

서영은 YWAM에서는 무엇을 훈련하셨어요?

임연심 제자로서의 삶, 선교사로서의 신앙자세, 팀워크 등 문자 그대로 제자양성을 목적으로 맹훈련한다 보시면 돼요.

| 선교 일기 |

문을 열어놓고 잠을 자니 모기의 극성으로 편안한 잠을 잘 수 없었다. 어젯밤 에스더 냄새가 너무나 지독해서 문을 열어놓았더니만. 아침 먹고 교회에 가서 기도하고 돌아와 점심 먹기까지 내내 전화 오기를 기다렸다.기다리던 전화가 오지 않으니, 점심 후에는 알 수 없는 심정으로 아무것도 할 수가 없었다. 저녁에는 소나기가 쏟아지고 마음은 알 수 없는 외로움으로 가득 찬다. 내가 주의 사람인 것을 감사

해야 하겠지. 외로움. 나는 왜 이곳에 이렇게 홀로 지내야 하나. 누구를 위해, 무엇을 위해서, 그리고 무엇이 남을 것인가. 텔레비전을 보고 돌아오는 길에 하나의 십자가를 선택하게 된다면, 아니 해야 된다면 과연 어느 것을 택할까. 외롭고 조용한 것?

서영은 그 맹훈련이라는 것이, 저에게는 선수 훈련을 연상시키는 게 있습니다. 제가 서울 와서 처음으로 수영장을 찾아갔는데, 풀이 네 개의 라인으로 나뉘어져 있어 그게 뭔지 몰랐어요. 잠시 후에 보니 똑같은 수영복 차림의 소녀들이 트레이너의 지시를 따르고 있었는데, 트레이너가 어떻게 하면 속도를 높일 수 있는지, 한 사람 한 사람 자세를 교정해 주더군요. 물을 겨우 속도 경쟁하는 도구로 쓰고 있는 현장에서 저는 굉장한 충격을 받았어요. 이 사람들은 수영을 하면서도 물과 노닐고 일체가 된다는 것이 뭔지 모르고 있구나. 이런 사람들을 바다에 집어넣으면 금방 두려움에 사로잡히겠구나. 왜냐하면, 물의 인력과 불규칙한 흐름 와중에도 어떤 규칙적인 리듬에 몸을 맡기지 못하면 수영 자체가 어려워지는 것이 바다거든요. 요컨대 그런 장난감 같은 죽은 물에 라인을 쳐놓고 속도 경쟁을 해서 1등, 2등을 가려서 어쩌겠다는 건가. 겨우 그 1, 2등을 자부심으로 여긴단 말인가. 그런 시각에서 보니 도시인의 삶에도 보이지 않는 라인을 쳐놓고 그 줄로만 따라가려 하고, 그 목표는 1등을 하려는 것과 똑같은 원리가 작동되고 있는 것이 보였어요. 삶에 무슨 라인이 있겠어요. 라인 밖에서 유유히 살아가는 사람들이 보면, 그들의 마음에 그려진 라인은 자기최면에 갇히어 세팅된 삶을 살도록 조정하는 거짓 인식이지요. 그런 점에서 하나님 말씀이야말로, 너희 삶에는 아무 라인이 없다, 여호와, 스스로 있는 자인 나는 온 우주에 편만하고 그 능력은 무한하고 나의 이 능력이 은총의 핵심이다, 이 말씀을 전해야 하잖아요. 그럴려면 우리 안의 보이지 않는 라인을 걷어내어 물을 물로 느끼게 해주는 것, 물속에서 물고기가 그렇듯 그저 지느러미를 잘 작동시키는 것을 알게 해주는 것, 그것이면 다가 아닌가 싶어요. 폭풍우 치는 바다라 해도, 그 무시무시한 깊이와 요동치는 큰물의 에너지에 대해, 두려움 없는 신뢰와 파도에 자기를 맡기는 비법은 우리 안에 이미 내재되어 있는 지느러미에 있다는 것, 그것을 알게 해주는 것이 전도 아닌가 싶은데요. 그런데 DTS 훈련은 무한광대하신 우주적 능력을, 운동권에서 이데올로기를 의식화하는 것같이 그렇게 훈련함으로 해서, 그 이후의 선교 활동을 성과주의적 목표에 맞추게 하는 경향이 있지 않나 생각합니다.

임연심   지금 그 이야기는, 저로서는 매우 충격적인 인식세계인 것 같습니다.

서영은   어쨌든, 훈련을 받고 나서도 제자의 길을 가지 않는 사람
도 있나요?

임연심   훈련은 자기 선택이지만, 제자의 길을 가는 것은 하나님의
부르심이 있어야 된다고 생각해요.

서영은   중간에 포기할 생각도 해보셨어요?

임연심   아뇨. 훈련은 자기 선택이니까 포기하지 않지만 부르심은
하나님께서 불러주셔야 가는 것이니까, 훈련받았다고 모
두가 제자의 길을 가는 것은 아니지요.

서영은   자기 선택과 부르심이 어떻게 구분되나요?

임연심   대개는 자기 선택을 부르심으로 잘못 아는 경우가 많지요.
그건 자기 선택을 부르심으로 믿고 싶어 하기 때문인 것
같아요. 영적 허영이 있을 때, 또는 개인 상황에 밀려서 어
쩔 수 없을 때.

서영은   그럴 경우, 자기 선택과 부르심은 별개가 아니라 하나님께
서 그 선택을 들어 쓰시면서 비본질적인 것들을 시련으로
정화시켜 나가는 게 아닐까요? 그러면서 부르심을 입은
사람의 의지를 굳게 세우신다고 생각하는데, 영적 공격도
그 증거의 하나가 아닐까요? 제자훈련 기간 동안 공격 받
으신 건 없었어요?

임연심   글쎄요, 당시는 그것이 영적 공격인지 모르는 채 끌려가는

경우가 많은 것 같아요. 저는 그때 스태프들하고 계속 맞서는 일이 잦았어요. 제 눈에 자꾸 차별이 보였기 때문인데, 그것은 결국 저의 정의감이었겠지요. 그 덕분에 기도를 더 많이 하게 됐어요. 편치 않은 제 마음을 다스려야 했으니까요. 제자훈련에서 핵심은 오직 믿음만 의지하고 다른 것은 모두 끊어야 하는데, 우리 내면에 우월감을 형성해온 자랑뿐만 아니라, 외부적으로 의존해온 것들도 모두 내려놓아야만 해요. 저는 그동안 사실 언니의 뒷바라지에 전적으로 의존해왔는데, 그걸 마치 저의 열매처럼 으스댄 일들이 많았더라구요. 난민 훈련생들이 저를 누님처럼 따르는데도 사실은 언니가 부쳐오는 돈의 힘이 뒷받침된 점이 있는 것 같아서, 편지에 공식적 숙식비 외에는 부치지 말라고 썼어요. 또한 언니에게 배가 고프다는 말을 하지 않았던 것도 의존해온 습관을 끊고 자존하는 연습을 하기 위함이었어요.

| 선교 일기 |

새벽기도. 그리고 학교 가는 길에 태워다주어서 일찍 도착. 선생님의 눈이 새빨갛다. 왜 그러신지 물었더니 어머니가 편찮으시다는 전보를 받았다고 한다. 커피 시간에 은행에 갔더니 돈이 아직 오지 않았다고 한다. 100달러를 바꾸어 선생님께 500실링 헌금하고, 점심은 임 목사님, 에스더랑 같이 홍송에 가서 먹었다. 그리고 임 목사님 하실 말씀 있다고 하시어 베이스로 갔다. 임 목사님 내게 두 가지에 대해서 이야기하셨다. 거부당한 상처가 있으신가. 왜 내가 심하게 비판하는지, 깨끗하지 못한 관계에 대해 이야기하는지. 본인은 분명히 아니라고 말하시는데. 오늘 저녁 떠나셨다.

비가 내리는 새벽길. 기도가 쏟아져 나왔다. 성령님의 인도하심이……. 오늘은 그동안 배운 것의 시험. 선생님 세 분 앞에 앉으니 떨린다. 그럭저럭 시험을 마친 후 은행에 갔더니 돈이 50,000실링 정도 도착. 34,000실링은 달러로 바꾸어 한 목사님께 드렸다. 왜냐하면 그동안 선교 헌금이 안 와서 비상금으로 여축해놓으려니 조금 우습다. 하여간 만약의 경우를 위해 준비 보관. 40,000실링을 찾아가지고 아프리카 형제자매들과 나누었다. 에스더에게 2000실링 헌금하고, 차 운전 연습에 1500실링, 그리고 아줌마, 아저씨, 선생님께도.
드디어 일 년 비자를 받았다. 기뻤다. 오전에 운전 배우려고 갔더니 늦어서 못 하고 돌아오니 누군가 전화를 했다고.

서영은　그러니까 선교사님에게는 제자훈련 과정이 '출애굽' 과정이었군요. 우리의 믿음이 온전해지기 위해선 이 출애굽 과정을 제대로 치러내는 것이 무척 중요하더군요. 예전에 살던 가치관, 자랑, 습관 등등의 것들과 단호하게 결별해야하는데, 그게 잘 안 되는 거지요. 그런데 더 나쁜 것은 잘 안 되는 것을 직시하지 않고 계속 되는 것처럼 자기를 속이고 타협하는 점이 더 심각한 것 같아요. 타협하는 만큼 그것은 누룩처럼 신앙생활 내내 뚜껑이 덜 닫힌 병처럼, 자기는 온전하다 하는데, 계속 누룩은 곰팡이를 퍼뜨려서 끝내는 안에 든 것을 모두 썩히는 결과로 이어지는 거지요. 그래서 출애굽은 모세라는 대표성을 가진 선지자의 힘으로 완성된 것이 아닌, 각자가 자기 애굽적인 것들과 결별해야 하는 문제로, 평생 홍해를 건너고 또 건너면서 인생살이 내내 치러야 하는 문제인 것 같습니다. 이제 현장 실습 이야기로 넘어가볼까요? 왜 하필 투르카나 지역을 실습지로 택하셨나요?

임연심   실습은 아프리카 미전도 지역들 예를 들어 마사이, 몸바사, 투르카나 지역 등이 대상이었어요. 다른 지역은 지원자들이 있는데 투르카나만 지원자가 없었어요. 저는 그동안 방문 차원에서는 스태프들을 따라 투르카나에 몇 차례 가봤어요. 그래서 그곳이 어떤 곳인지는 잘 알고 있었어요. 하지만 언젠가부터 육(肉)이 하고 싶어 하는 것과 반대로 행동하는 것을 통해 스스로 믿음을 단련하는 버릇이 생겼어요. 아니, 반대로 하는 쪽에 하나님 뜻이 있다는 것을 믿는 거죠.

서영은   그 지역이 열악하고 위험한 곳인 줄 알면서도요?

임연심   알기 때문에…….

육이 원하는 반대 방향

사람 사는 곳에, 아니, 사람 있는 곳에
이토록 아무것도 없다는 것이 놀랍다.

투르카나(Turkana). 케냐 북부에 위치한 준 사막지대, 나이로비에서 700킬로미터, 자동차로 가면 스물세 시간 정도 걸리는 곳, 정부에서도 출입을 통제하는 곳, 부족 경계를 넘기 위해 따로 비자를 받아야 하는 곳, 항시 푸코 족과의 다툼으로 지역 전체가 전장이나 다름없는 데다 입을 옷이 없어 남녀가 거의 벗은 상태로 지내며 독사, 전갈, 독거미의 지뢰밭에 한 모금의 물이나 한 주먹의 양식도 귀한 열사의 극지. 그럼에도 '지원한 사람이 아무도 없는 곳'을 굳이 선택한 것은, 언제나 그녀의 행동을 이끄는 단호한 지침인, '육이 원하는 반대 방향'이기 때문이었다. 어쨌든 임연심은 기어이 투르카나까지 가야만 그 순전한 성품으로 해서 누구도 만나지 못한 하나님을 만나게 될 것이다.

서영은   현장 실습 떠날 때 상황을 좀 말씀해주세요.

임연심   네덜란드와 캐나다에서 온 실습생 둘과 한 팀이 됐어요. 우리는 불상사가 일어나도 책임을 돌리지 않겠다는 각서를 써야 했어요. 실습 기간은 총 삼 주였는데, 두 동료가 꾸리는 짐을 보니, 나름대로 그곳의 열악함에 꼼꼼히 대비하는 마음이 엿보였어요. 저는 가능하면, 그곳의 상황을 있는 그대로 겪고 싶었어요. 입고 먹고 자는 것 전부를 그곳 사람들이 하는 대로 겪어봐야, 그곳에서 선교를 어떻게 해야 할지 가감없이 알 수 있을 것 같았어요.

서영은   그야말로 마음의 '좁은 길'을 계속 따라가셨군요. 출발에서부터 다른 동료들과 마음가짐이 다르셨군요.

임연심   글쎄요, 뭐 그렇게 달랐겠어요?

서영은   이 일을 맡고 나서 저도 현지에 가봤지만, 우선 가는 길이 무척 험하고 멀더군요. 나이로비에서 기탈레(Kitale)까지 열 시간, 그리고 기탈레에서 차를 갈아타고 다시 열세 시간을 달려서 새벽 네 시에 투르카나에 도착했는데, 죽는 줄 알았어요.

임연심   그때는 도로가 포장되지 않아서 더 험했어요. 케냐에는 종단하는 길이 하나밖에 없어서 간혹 짐을 실은 트럭이 앞서 갈 때는, 앞차가 끼얹는 먼지를 그대로 뒤집어써야 했고, 차 안이 찜통이라 창문을 닫을 수도 없었어요. 그리고 도로가 울퉁불퉁해서 그야말로 파도에 흔들리는 배처럼 덜컹거리며 나아가야 했어요. 엉덩이가 너무 아파서 차라리 걸어가자는 사람도 있을 정도였는데, 어디서 어떻게 부족민이 습격을 할지 알 수 없는 상황이어서 잠시 차를 세우고 정비를 할 때도 크게 긴장을 해야 했어요.

서영은 왜 의식화 과정이 필요한지, 전사와 같은 마음가짐이 아니면 왜 들어갈 수 없는 곳인지 이해는 됩니다만…….

임연심 (침묵)

서영은 복음이 전해져야 하는 이 세상 모든 미전도 지역에 죽음을 무릅쓰고 길을 내고 가는 사람들의 이야기는 언제 들어도 눈물겨워요.

임연심 사실 투르카나에 처음 가봤을 때는 눈물은커녕, 어쩌면 이런 곳이 아직 세상에 있었다니, 기가 막힐 뿐이었지요. 실습 나갔을 때는 각오를 다지고 기도로 무장을 해서 그런지 충격보다는 그래도 마음의 여유가 좀 있었어요. 저희는 기탈레에 베이스 캠프를 차리고 이튿날 투르카나로 떠났는데, 베이스로 다시 돌아올 줄 알고 간편하게 배낭 하나 달랑 메고 떠났어요. 오는 동안 짐이 무척 거추장스럽다는 것을 알게 된 다른 두 동료는 가져온 것을 많이 덜어놓고 짐을 꾸렸어요. 막상 도착해서 베이스에 돌아가지 않는다는 말을 듣고 두 동료는 무척 당황하더군요. 저는 동료들을 안심시키며 같이 주위를 둘러보았어요. 그곳에 처음 와보는 동료는, "사람 사는 곳에, 아니, 사람 있는 곳에 이토록 아무것도 없다는 것이 놀랍다"라고 했어요. 우리가 그만큼 문명화된 환경 속에서 살아왔다는 증거겠지요. "이런

데서 뭘 먹고 살지?" 다른 동료가 말했어요. 뿐만 아니라 사람들도 볼 수 없었어요. 잘못 온 거 아니냐고요. 사방에 아프리카 아까시나무와 우산나무들이 군데군데 있고, 나뭇가지로 지은 원추형의 집들이 흩어져 있는데, 사람들은 우리를 어딘가에서 숨어서 보고 있는 것 같았어요. 듣기에는 예전에 네덜란드 선교사가 와서 잠시 머물면서 학교를 지었다는 이야기도 들었는데, 학교 같은 건물은 어디에도 보이지 않았어요. 우리가 그 지역을 구경 온 사람들처럼 이리저리 돌아보는데, 저 멀리서 양 떼인지 염소 떼인지를 끌고 지나가는 사람이 눈에 띄었어요. 그 풍경은 오히려 평화로워 보였어요. 저는 속으로, 먹지 못해 눈에 살기가 돌던 그 사람들은 어디로 갔나 하고 생각했어요. 그와 동시에 복음을 전해야 한다는 영적 필요성보다 먹여야 한다는 생각이 더 절실해지더군요. 캐나다 동료가 물을 더 많이 가져올 걸 그랬다고 후회했고, 다른 동료는 텐트가 하나뿐인데 우리는 어디서 자느냐고 저에게 물었어요. 사실 그런 곳에 던져지니 우리도 속수무책이 되더군요. 저녁 무렵, 텐트 아래서 가져온 것들을 펼쳐놓고 먹으려 하니, 어디선가 아이들이 하나둘 모여들었어요. 다들 새카맣고 삐쩍 말랐어요. 옷을 입지 않은 아이가 대부분이었고, 걸레조각 같은 것을 걸친 아이도 있었어요. 제 몫의 빵을 아이들에게 나누어주려 하니, 스태프가 말리더군요. 아이들이 벌 떼처럼 몰려들면 무슨 수로 감당하겠느냐고. 그래도 저는 처다보는 아이들을 두고 음식을 입에 넣을 수가 없어서 그냥 싸버렸어요. 누군가 '흐응' 하는 소리가 들려왔어요. 저는 한 아이와 눈이 마주쳤어요. 아이의 눈에 눈물이 그렁그렁했어요. 해가 지니 어둠이 금방 몰려왔어요. 아이들이 가버렸는지, 어둠이 아이들을 삼켜버려서 보이지 않는 건지 알 수 없었어요. 우리는 스태프들과 조금 떨어진 자리에 보자기를 깔고 누웠어요. 하늘에 별들이 총총한데, 저에게는 별빛이 눈물이 그렁한 그 아이의 눈처럼 느껴졌어요. 그러고는 언제 잠이 들었는지 몰라요. 잠결에 사각사각하는 소리 같은 것이 들렸지만, 너무 피곤해서 깊은 잠 속으로 곯아떨어졌어요.

한밤의 독대

그래, 오늘 밤 이 순간이라도
하나님께서는 내 목숨을 거두어가실 수 있다.

이튿날이었다.

"밤에 뭔가 사각거리는 소리가 들리던데, 그게 뭐예요?"

그녀가 아침인사 삼아 스태프에게 물었다.

"몰랐어요?"

"……?"

"전갈이잖아요."

죽음이 그토록 가까이 있었구나! 아찔했다. 사방을 둘러보았다. 푸른색이 바랜 듯 이글거리는 하늘과 바람 한 점 없는 대지는 메말라 희뿌옇고, 아까시나무는 그늘도 없이 고요히 서 있었다. 텐트 아래서 백인 동료와 또 다른 스태프가 수첩을 보며 일과를 의논하고 있었다. 아찔하게 스쳐간 공포는 어디에서도 눈에 띄지 않았다. 낯선 곳에 왔으나, 그 또한 다른 날과 변함없는 하루가 시작된 것이다. 숨을 쉴 때마다 후덥지근한 공기가 끈적거리듯 콧속으로 밀려 들어왔다. 부족의 관습에 따라 허리에 두르고 있는 긴 치맛자락이 다리에 척척 감겼다.

일행은 익힌 감자와 사과 몇 알, 식빵으로 아침식사를 끝냈다. 그녀는 식후에 나온 쓰레기를 거두어 땅에 묻기 위해 텐트 뒤쪽 나무 아래로 갔다. 땅을 파서 쓰레기를 묻고 돌아서서 몇 발짝 가지 않아 뒤에서 이상한 소리가 들려왔다. 어디선가 나타난 아이들의 무리가 쓰레기 묻은 자리로 몰려가고 있었다. 그녀는 의아한 눈초리로 지켜보았다. 아이들은 방금 버린 쓰레기 구덩이를 파헤쳐서 흙 묻은 감자 껍질, 사과 껍질을 허겁지겁 먹고 있었다. 그중 한 아이는 오물을 닦고 버린 물티슈를 빨고 있었다. 그녀는 망연히 서서 손으로 입을 막았다. 구토가 넘어왔다.

하나님, 저들은 누구길래 이런 데서 태어나 저런 삶을 살고, 저는 또 누구길래…… 속으로 탄식을 하는데, 갑자기 너무도 또렷하게 하나님 음성이 들려왔다. "너희가 말씀을 전하지 않아서 그렇다. 네가 요나다."

두 번째 듣는 음성이었다. 도대체 이런 데서 사람들이 왜, 어떻게 사는지 알 수 없다 했던 그들의 삶이 말할 수 없는 아픔으로, '알 수 있는 삶'으로 밀려들었다. 임연심은 이미 요나로 그곳에 서 있었다.

사막의 밤은 일찍 찾아왔다.

"종일 무슨 생각을 그렇게 골똘히 하세요?"

"하나님께서 나에게 말씀을 주시네요."

그뿐, 그녀는 입을 다물었다. 동료들이 누울 채비를 했다. 어제처럼 보자기를 맨땅에 까는 것이 전부였다. 독충에 대한 공포는 자기 혼자만으로 족하다는 생각에 그녀는 그저 물끄러미 동료들을 지켜보았다. 나이 어린 두 백인 여자는 이내 쌔근거리며 잠이 들었다. 몸이 물에 젖은 솜뭉치처럼 무거웠지만 그녀는 잠이 오지 않았다. 귀가 온통 사각거리는 소리에만 집중되어 있었다. 자는 듯 조용하던 두 동료가 잠이 깼는지 훌쩍이며 울기 시작했다. "울지 말아요. 여기가 이런 곳인 줄 몰랐어요?" 짐짓 담대한 듯 말했으나, 두려운 것으로 치면 그녀도 울고 싶은 심정이었다. 훌쩍이던 두 동료의 울음이 멈추고 침묵이 흘렀다. 각자가 말없는 가운데 기도하는 줄 서로가 알았다. 그녀는 침묵 속에서 하나님께 마음을 집중했다. 집중하는 만큼 밤이, 우주가 거대하게 커지면서 그녀는 점점 깊은 혼자로 바뀌어갔다. 전갈과 독거미에 대한 막연한 두려움은 사라지고 한 가지 생각이 분명하게 뇌리에 꽂혔다.

'그래, 오늘 밤 이 순간이라도 하나님께서는 내 목숨을 거두어가실 수 있다.'

그 생각과 함께 자신이 하나님을 아주 가까이서 대면하고 있다는 것이 깨달아졌다. '아, 머리 둔 이곳이 바로 하나님 전(前)이구나. 이래서 야곱이 두렵도다, 내 머리 둔 곳이여, 했던 것이로구나.'

안도 겉도 발가벗겨져서 자신이 환히 들여다보이고 있는 것 같았다. 그런데, 가릴 것이 아무것도 없었다. 멋을 내고 오페라를 보러 다니고, 심리학 공부를 해서 강단에 서고, 하는 따위의 이 세상을 향한 것들에 대한 제법 고상하다고 여기는 목표들이 너무나 하찮았고, 봉사 다니면서 신앙이 어쩌고저쩌고했던 것들이 다 어림없는 소리였다. 내가 잘되면 남을 위해 이러이러하겠다고 하는 것들, 죽고 없으면 못 산다고 하는 관계, 다 어림없는 소리였다. 어머니 아버지가 이곳에 계신들 나를 지켜주실 수 있을까. 인간 존재의 바닥이 너무나 환히 들여다보이는데, 아무것으로도 가릴 수 없고, 변명할 수도 없는, 완전하고도 엄혹한 독대의 자리였다. 인간은 그저 별 수 없는 죄인이었다. 연약함이 바로 악이었다.

그리고 분명하고 명징한 깨달음이 임했다. 굶주림에 지쳐 눈에 눈물이 그렁한 그 아이가 바로 하나님, 하나님 마음을 가진 이웃이 었었다. 그런 아이들이 이 세상에서 충분한 보살핌을 받지 못한다면 믿음조차도 자랑할 일이 아니었다. '아아, 하나님 잘못했습니다.' 그녀는 두렵고 떨리는 마음으로 엎드려 한참 동안 죽은 듯이 움직 이지 못했다. 그리고 몸을 일으키면서 속으로 되뇌었다. '아버지께 서 이곳에 뼈를 묻으라시면 묻겠습니다.'

서영은　저는 이때 선교사님이 하나님 앞에서 하신 마음의 결단을 '맹세'로 풀이해야 할지 어쩔지 묵상을 하고 또 하지 않을 수 없었어요.

임연심　당연하지요. 예수님이 '너희는 도무지 맹세하지 말라' 하 신 것같이 우리의 결단은 아무리 굳센 것이라 하더라도 항 상 가변적인 환경 속에서 흔들리면서 새로이 검증받아야 하는 것이지요. 오직 예수님만이 「히브리서」의 "저희는 맹 세 없이 제사장이 되었으되 오직 예수는 자기에게 말씀하 신 자로 말미암아 맹세로 되신 것이라 주께서 맹세하시고 뉘우치지 아니하시리니 네가 영원히 제사장이라 하셨도 다" 하신 말씀처럼, 저의 결단은 하나님 전에서 이루어진 것이어서, 저는 잡힌 바 되었고 그것이 빈말이 되지 않게 하려고 긴 시간, 평생 노력해온 그 험난한 과정 전체에 맹

세의 뜻이 하나님의 도우심으로 이루어져왔다고밖에 드릴 말씀이 없군요.

서영은 투르카나에 다녀와서 변하신 것은 무엇이었나요?

임연심 오직 관심이 투르카나와 아이들밖에 없었어요. 그래서 그 일을 이루기 위해서 제가 무엇을 어떻게 해야 하는지 하나님께 구해야 했어요. 하나님께서 길을 열어주셔야 하는 거니까…….

서영은 하나님께서 어떤 길을 열어주셨나요?

임연심 실습 끝나고 나이로비로 돌아갔을 때, 언니가 궁금해서 전화를 했어요. 제가 "아무래도 투르카나로 가야 할 것 같다"고 하니, 언니가 펄쩍 뛰더군요. "거기를 네가 왜? 거기는 너 같은 독신이 들어갈 수 있는 곳이 아니야. 부부가 같이 가도 사역하기 힘든 곳이야" 하고 당장 그 생각을 접으라고 하더군요.

서영은 언니분이 오히려 놀라셨군요. 하나님, 이건 아니잖아요. 우리 동생은 아직 시집도 안 간 처녀인데, 어떻게 그런 험한 오지에 가서 혼자 사역을 할 수 있단 말입니까, 하시면서도, 하나님 앞에 자신의 믿음을 비추어 보실 수 있었겠네요. 우리가 믿음, 사명을 말하지만 나 자신, 내 가족 문제에 부딪치면, 당장 구실을 내세워 빠져나가려고 하는 일이 태반이지요.

임연심   투르카나 아닌 다른 데는 가고 싶지 않다고 해도 언니는
          믿지 않더군요.

서영은   정말 놀라운 변화예요. 신앙적 허영도, 상황에 떠밀린 것
          도 아닌, 하나님의 절대주권 안에서 오직 순종하는 마음으
          로 바뀐 것이.

임연심   그것이 저에게 임하신 첫 번째 응답이었어요.

서영은   한 사람이 제대로 거듭나면, 그 사람을 통해 하나님의 참
          빛이 쏟아져 들어와 각자의 믿음을 돌아볼 수 있게 되는
          것, 우선 그것으로 이미 사역이 시작된 것이군요.

임연심   하지만 언니는 끝까지 말렸어요.

강을 건넌 뒤

더는 자기 목숨을 염려하지 않았다.
기아에 처한 아이들과 아프리카 땅을 위해서 죽자고 기도했다.

임연심은 계시를 입은 다음 날부터 확연히 달라졌다. 훈련생들은
식품을 따로 준비해와서 먹을 만큼 먹을 수 있었으나, 그녀는 굶주
린 아이들이 지켜보는 데서 차마 자기만 먹을 수가 없었다. '뼈를
묻으라' 하신 그 하나님께서 일거수일투족을 지켜보시는데……. 티

슈를 입에 물고 있던 아이를 생각하면 부모처럼 애끓는 심정이 되었다. 아이의 배고픔이 자기의 배고픔으로 느껴졌다. 그녀가 할 수 있는 일은, 자기 입으로 들어갈 음식을 조금이라도 더 남겨 아이들을 먹이는 것이었다. 아이들이 굶으면 같이 굶었다.

"이거라도 드세요."

걱정스러운 눈으로 동료가 탄산수 한 병을 내밀었다. 타는 듯한 갈증으로 치면 단숨에 마실 그 음료를 그녀는 몇 모금만 마시고 일부러 남겼다. 아이들이 그 나머지를 마셨다.

그렇다. 그녀는 마음을 사리지 않았다. 몸도 사리지 않았다. 웅덩이물로 반죽한 우갈리(Ugali, 옥수수나 기장 가루를 반죽해서 익힌 아프리카인의 주식. 수쿠마 위키와 같이 먹는다 - 지은이 주)를 그들과 함께 먹었고, 상처에서 고름이 흐르는 아이들의 다리에 맨손으로 약을 발라주었다. 바람이 한 번씩 회오리칠 때마다 구름먼지가 지나가고 나면 온몸이 뿌연 먼지를 고물처럼 뒤집어쓰지만 씻을 물이 없었다. 하룻밤 자고 날 때마다 살아 있음이 기적 같았다. 그렇게 삼주를 보냈을 때 시야는 흐릿해졌고, 볼이 홀쭉 패였다. 밤마다 머리맡에서 물것들이 사각사각 기어다녔지만, 그녀는 더는 자기 목숨을 염려하지 않았다. 기아에 처한 아이들과 아프리카 땅을 위해서 죽자고 기도했다.

서영은　DTS 과정이 끝난 뒤에는 무얼 하셨나요?

임연심　전도단의 스태프가 되어 본격적으로 선교하러 다니는 거지요. 그 사이 독일의 강영훈 목사님과 순복음교단 쪽 사역자들이 몇 분 더 오셨어요. 전도단의 단기선교 단원들과 투르카나를 다시 찾을 기회가 있었지만 그때는 방문에 그쳤어요. 그러다 몸이 너무 망가졌는데, 제가 떠나면서 수녀 친구에게 유언한 사실이 그대로 현실이 된 셈이었어요.

서영은　저는 문학을 누구한테 배운 일이 없었어요. 직장에 다녀오면 연탄불 갈아놓고 커피 마시며 글을 썼는데, 그게 소설이 되는 건지 어떤지조차 몰랐어요. 그렇게 써서 『사상계』에 응모했는데, 그게 덜컥 입선을 한 거예요. 그때 저하고 같이 뽑힌 사람이 최인호, 강은교였어요. 데뷔를 하면 무슨 일이 있을 줄 알았는데, 도무지 청탁을 해주는 데가 있어야지요. 그런데도 그저 글 쓰는 것이 좋아서 퇴근하면 곧장 자취방으로 돌아와 글을 썼지요. 아, 내가 작가가 된 거구나, 느끼게 된 건 십 년 이상의 시간이 흐른 뒤였고, 이상문학상을 타게 된 것은 오 년 뒤였어요. 그때 수상한 작품이 「먼 그대」라는 작품이었어요. 어느 평론가는 주인공 문자의 견인주의(堅忍主義)적 삶의 태도를 욥의 시련에 비유하고, 작품을 읽은 독자들도 저더러 기독교 신자냐고 하는 사람들이 많았어요. 천만에, 아니라고, 제가 펄쩍 뛰었어요. 그때만 해도 저는 제 문학에 기독교적 아우라가

씌워지는 것을 극히 경계했어요.

| 선교 일기 |

새벽에 머리가 너무 아파서 잠이 깼다. 약을 먹고 다시 잠을 청했으나, 잠이 오지 않아서 다시 일어나 운전 연습. 전화 받고 급히 나가서 노동허가증에 부칠 사진을 복사해 가지고 11시에 운전해서 시내로 나갔다. 12시에 그를 만나 이민국에 가서 재입국 비자 일 년을 받고 외국인 등록을 했다. 그리고 시청에 가서 댕기열 주사 맞는 것 알아보고 점심식사 후 한국 여행사로 가서 비행기표를 알아보았다. 다시 택시 타고 타운베이스로 돌아와 용은 자매님 만나서 랑가타베이스로 가서 저녁 먹고 돌아왔다. 톰과 앤이 약혼식 같은 날이라고 했다. 내일은 정안 자매님이 온다고 한다. 지금은 조용한 시간. 내일 다시 전화하겠다고 했다.

앞으로 사흘만 지나면 독일로 간다. 언제나 여행을 앞두면 착잡한 심정. 아침부터 바쁘게 뛰었다. 국제운전면허증을 만들고 여행사에 내일 간다고 전화. C.P.K. 게스트하우스에도 금요일 떠난다고 전화하고, 파리다를 기다려도 나타나지 않았다. 방세 1600실링 돌려받고, 김정림 목사님 오시어 점심식사 함께한 후, 김승종 목사님 부부 만나서 비행기표 값 27,000실링 수표로 주고, 내일 함께 가기로 했다. 계속 짐 정리 하고 빨래를 해서 거의 끝이 났다. 윌프레드에게 스와힐리 카세트와 케냐 지도를 사달라고 부탁했다.

소진

바싹 마른 등을 꼬부린 채 사흘 낮 사흘 밤을 잠만 잤다.

1986년 6월, 독일로 돌아가는 그녀의 손에는 다 낡은 가방 하나와 그 안에 있는 영한사전뿐이었다. 살아서 다시 올 것 같지 않았기 때문에 손수건까지도 다 나눠주었다. 너무 쇠잔해 휘청거리는 몸이 어디라도 쓰러지면, 그곳이 '뼈를 묻겠습니다' 하나님께 약속했던 그 자리가 될 터였다.

임연심이 베를린으로 돌아오던 날, 그녀를 찾아간 신학교 친구 송영희는 욕실에서 나오는 그녀를 보고, 말없이 끌어안고 울었다. 눈물이 그녀의 푹 파인 쇄골 속으로 뚝뚝 떨어졌다. 품에 안긴 것은 앙상한 몸이었으나 친구는 그녀에게서 범접하기 어려운 맑고 깊은 침묵을 느꼈다. 너는 이제 나의 친구가 아니구나! 그 침묵이 너무나 외롭게 느껴져도, 그 외로움이 위로를 거부하는 것을 알았다.

마치 죽기 직전에서야 고래 배 속에서 살아나온 요나처럼 그녀는 바싹 마른 등을 꼬부린 채 사흘 낮 사흘 밤을 잠만 잤다. '너희가 말씀을 전하지 않았다'고 하신 그 사지(死地)에 가서 그녀는 자신의 눈물로, 땀으로 그 땅을 적시고 왔다. 이가 흔들렸고, 머리카락이 술술 빠졌다.

언니 내외는 그녀의 건강을 회복시켜주기 위해 정성을 다했다.

하지만 그녀는 스스로 마음의 선을 긋고 그 안에만 머물렀다. 맛있는 음식이 차려진 식탁을 앞에 두고도 따로 먹으려 했다.

"도대체 왜 그러니?"

"그냥 그렇게 하게 해줘."

"말을 해야 알지."

그녀가 마지못해 속내를 이야기했다.

"나, 그곳에서 무슨 병균을 가지고 왔는지 몰라. 애들한테 옮기면 안 되잖아."

언니는 고개를 끄덕였다. 하지만 동생이 자기를 온통 다 던져 투르카나의 굶주림, 더위, 갈증, 끔찍한 악취, 독충들의 공격, 염소 한 마리, 양 한 마리 때문에 부족 간의 살육이 수시로 벌어지는 공포의 도가니 한가운데서 어떻게 견디며 말씀에 순종하는 시간을 살아냈는지 상상도 할 수 없을 것이다.

임연심에게 순종의 힘은, 어느 장소 어느 때든지 하나님 전에 있음을 한시도 잊지 아니하는 것, 그것뿐이었다.

가령, 음식. 그것은 투르카나에서는 일용할 양식일 수 없었다. 같은 지구상인데도 그곳 땅은 완전한 불모지여서 사람에게도 동물에게도 먹을 것을 내어주지 않았다. 너무나 굶주린 나머지 손에 잡히는 것이 무엇이든, 더러운 티슈든 쓰다버린 건전지든 입에 넣고 보면 그것이 음식이었다. 바닥에 깔아놓은 염소나 양가죽까지 삶아 먹을 때도 있었다. 그들이 그래야 했으므로 자신도 그래야 한다는 것이, 하나님 전에 있는 자의 정직함이었다. 그녀의 오그라든 위는 아프리카 아이들이 굶주리는 한 결코 음식을 넘길 수 없는 몸의 절규가 되었다.

"그렇게 조금 먹고 언제 건강을 회복할 수 있겠어."

자기 마음을 설명하는 것도 부질없는 일이었다.

지구 저 끝에서 태어나, 굶기를 밥 먹듯 하는 아이들이 있는데, 조금 먹는다고 걱정하고, 내 동생이라고 애처로워하는 언니의 그 감정이 그녀는 까마득한 추억처럼 서먹서먹했다. 캄캄한 동굴 속에 잡혀 있다 빛 밖으로 나온 사람처럼 그녀는 세계와의 적막한 단절을 느꼈다. 예전에 자기가 입던 옷을 봐도 낯설었다. 저 돈이면 우리 아이들이 열흘은 먹을 수 있는데.

그녀는 예전의 자기로 결코 돌아갈 수 없었다. 아프리카가 골수를 쩍 쪼개고 지나간 이 피 같은 흔적을 어떻게 덮을 수 있겠는가. 그녀는 침묵했다. 그 침묵 안에서 영원히 고립되었음을 깨달았다.

"나 가서 좀 누울래."

언니나 형부는 그녀가 육체적으로 힘들기 때문이라고만 이해했다. 그들은 동생이 금식성회에서 간증하는 것을 듣고 나서야 비로소 동생에 대해 좀 더 깊이 알게 될 것이다.

기력 회복은 더디었다. 어머니가 보고 싶고, 올케가 만든 김치에 흰 쌀밥을 먹으면 살 것 같은데, 짐을 챙겨 길에 나설 자신이 없었다. 두 달이나 더 지나서 간신히 몸을 추스르게 되자 그녀는 고국행

비행기에 올랐다.

독일에서 딸이 왔다는 소식을 듣고 어머니는 작은아들네 집으로 찾아오셨다. 어머니는 딸이 케냐 선교사로 떠난 이후 하루도 집에서 주무시지 않고 교회에서 기도하면서 밤을 지새우셨다.

"네가 내 딸이 맞느냐. 어디서 뭘 했길래 이 지경이 되었니."

눈물이 글썽한 어머니의 손길이 야윈 뺨에 닿는 순간, 그녀는 황급히 몸을 피했다. 하나님께 붙들린 바 된 성결한 몸이 반응한 것이었으나, 낳아주신 모친의 손길을 낯설어하는 자신을 자책하며 그녀는 한동안 괴로워했다. 마음에서 끝까지 내려놓을 수 없는 어머니를, 그녀의 몸이 그렇게 그때 저버렸다.

작은오빠네 집은 11평밖에 안 되는 작은 공간이었다. 두 칸밖에 없는 방 하나를 자신이 차지하는 것이 미안해서 그녀는 한사코 방을 사양하고, 조그만 거실 한 켠에 마련된 얇은 요 위에 쓰러졌다. 몸이 너무 말라서 신음 소리를 감추지 못하는 동생을 보고 오빠는 아내가 혼수로 해온 이불을 꺼내어 그 앙상하고 지친 몸을 조금이라도 푹신하게 해주려고 애썼다. 또한 올케는 매번 그녀를 위해 따로 상을 차렸다. 전염을 염려하여 같이 먹기를 꺼리는 시누이의 마음을 편하게 해주려는 것이었다.

그녀는 아주 소식을 했다. 어디에 있든지, 무슨 음식을 대하든지 그녀의 위는 항상 아프리카 아이들의 굶주림을 기억하고 있었다. 그 기억은 그녀가 수렁 같은 잠 속에 떨어져 있을 때도, 마치 로뎀

나무 아래서 지친 몸을 쉬고 있었던 엘리야의 잠 속에서도 부르심이 닿을 길이 만들어진 것처럼, 기억은 홀로 깨어 부르심이 닿을 길을 쉼 없이 닦고 있었다. 그것은 이상할 것이 전혀 없었다. 투르카나 이후, 그녀 자신은 오직 하나님만 섬기는 사람다워야 했다.

이상한 것은, 오빠는 이 시절 믿음이 없었고 생활 형편이 어려웠음에도 지극정성 동생을 보살폈다. 그 마음은 피를 나눈 남매 그 이상의 무엇이 있었다. 퇴근 때면 동생이 좋아하는 복숭아나 참외를 사왔고, 남매는 과일을 먹으며 강화도에서 보낸 어린 시절에 대해 이야기꽃을 피웠다. 얼마 지나지 않아 동생의 얼굴에는 화색이 돌아왔고, 두 달쯤 지났을 때는 양 볼에 도톰하게 살이 올랐다.

임연심은 집에 혼자 남겨졌을 때도 절대 냉장고나 부엌 세간에 함부로 손대지 않았다. 물 한 컵도 올케에게 부탁해서 마셨다. 두 겹 세 겹을 깔고서도 배기기만 하던 몸이 어느새 체중이 늘어나 치마를 입어도 흘러내리지 않게 되었다.

서영은   한 가지 꼭 알고 싶은 게 있어요. 선교사님은 하나님께 무얼 지켰길래 몸이 그 지경이 된 거지요?

임연심   제가 케냐로 떠날 때나 케냐에 머무는 동안에 언니를 포함해서 독일 교회분들의 후원이 있었어요. 저는 그분들의 헌금을 받긴 했지만 그 책임감 때문에 두렵고 떨렸어요. 생각에 있어서나 행동거지에 있어서나 그분들의 정성에 부응해야 한다는 강박관념까지도 있었어요. 어쨌든, 제가 한국인끼리 따로 먹는 밥상에 합류했다면 살은 조금 덜 빠졌을지 모르지만, 그건 다른 형제들을 기만하는 행위지요.

서영은 아무리 믿음이 깊은 사람이라 해도, 의식주에서 의와 주에 대한 기호는 어지간히 포기할 수 있는데, 음식만은 끝까지 포기가 안 된다고 하더군요. 그런데 음식에 대한 호불호는 둘째치고, 아예 먹는 것 자체에 대한 욕구를 통제하실 만큼 선교사님은 금식을 통해 몸을 자유자재로 다룰 수 있는 채찍이 항상 손에 쥐어져 있으신 것 같군요. (웃음)

임연심 금식이 저한테는 그다지 어려운 것이 아니긴 해요. (웃음) 그래도, 투르카나를 벗어나면 음식에 대한 호불호는 살아나지요. 제가 어느 때 나이로비로 나왔을 때 이미애 선교사가 샤브샤브처럼 고기를 물에 푹 불린 것을 내놓는데, 제가 무심결에 "나는 고기를 이렇게 물에 팅팅 불린 건 안 먹어"라고 했더니, 이미애 선교사가 선선히 "언니, 그럼 구워줄게, 잠깐 기다려." 그러더군요.

영국의 WEC에 들어가다

지금 내 영혼은 편안하다. 육신은 괴로워도.

케냐는 육십팔 년간 영국의 보호령으로 식민 지배를 받아오다 1963년 독립했다. 마흔다섯에 달하는 부족이 육십 가지로 나뉜 부족어를 쓰고 있었지만 관공서나 학교, 지식인층에서는 여전히 영어를 공용어로 사용했으며 전체 인구의 80퍼센트는 기독교인이기도 했다. 임연심은 관공서 일이나 은행 업무, 영어권에서 온 다른 목회자들과의 교류 때마다 소통의 한계에 부딪쳤다.

임연심이 기숙을 하면서 영어를 배운 런던의 애비스쿨(Abbey School)은 명문이었다. 두 달간 수업을 하고 삼 주의 방학이 주어지는 시스템이었는데, 수업이 없는 방학 때가 되면 독일 언니 집에 가지 않고 아프리카로 갔다. 예수전도단에서 형제 같은 사이로 지낸 아프리카 출신 동료들을 만나 격려와 상담, 경제적 지원을 해주었다. 그들 또한 도움의 손길을 지속적으로 베푸는 무중구(피부빛이 하얀 사람들을 뜻하는 말인데 백인과 황인 모두를 아우른다 – 지은이 주)인 임연심에 대해 남다른 형제애를 느끼고 있었다.

서영은   영어 공부를 하다가 WEC(Worldwide Evangelization Christ)
         에는 어떻게 들어가시게 됐어요?

임연심   WEC에 들어간 건, 1987년의 일이었어요. WEC는 가장 오랜 선교단체로 영국이 일찍이 세계에 파송했던 선교사들이 은퇴 후 이 단체를 만들어서 자신들의 생생한 현장 체험을 가르쳤기 때문에, 선교에 뜻을 둔 사람들은 파송될 현장에 대한 사전 지식과 정보를 수집하고, 선교 1세대들의 실패를 거울삼을 수 있는 공부를 할 수 있었어요. 이때 한 노 교수는 실패담을 이렇게 들려주었어요. "우리는 돈으로 모든 것을 해결하려 했다. 먹을 것 입을 것을 주고, 집을 지어주고 학교를 지어주었으나, 얼마 지난 뒤에 가보니 학교는 염소 우리가 되어 있고……." 또 다른 교수는 "선교를 하려면 선교지에 자주 가보는 것 이상의 다른 공부는 없다"라고 이야기하셨어요.

서영은   선교사님은 이미 경험을 풍부하게 쌓으셔서 특강을 하셔도 될 정도 아닌가요? 아니, 참 신년예배 때 간증을 하셨다면서요?

| 선교 일기 |

마지막 같은 기분으로 집을 정리한다. 아침에 은행에 가서 external 계좌와 saving 계좌를 열었다. 그리고 시내로 나가서 로드와 어린이들에게 줄 단것을 사고, 모기약 등 시장을 보고, 그와 점심식사 후 비행기표를 샀다. 함께 가기로 했으나, 과연 나중에 어떻게 될지는 모르겠다.

그러나 어쩔 수 없는 심정이라면.

모든 빨래와 비행기표 받고 마무리 짓다. 중요한 살림은 용은 자매님께 맡기고 12:30분 발 비행기를 탔다. 30분 늦게 출발. 로드와에 도착한 후 호텔에 들었다. 너무나 덥다. 땀이 쏟아진다. 중국 사람이라고 부른다. 누군가 함께이니 참으로 좋다.

교회에 나가 인사드리고 예배드렸다. 그리고 굶는다. 마시고 또 마시고 그래도 덥고 목마르다.

일찍 일어나 준비. 900실링에 차를 빌려서 칼로콜(Kalokol)로 갔다. 한시간 이상 달려서 간 그곳은 로드와보다 더한 동네. 전기가 없는 깡시골이다. 국민학교 선생님이 기다리고 있다. 이상하게 진실해 보이는 청년, 부인이 둘이서 한 방에 산다. 그곳 교회의 목사님을 방문. 상상하기 어려운 실정이다. 300실링 헌금. 그리고 돌아와서 이곳 목사님과도 이야기. 주님 뜻이 이루어지시길 기도한다.

아침은 목사님과 늦게 먹고, 은행에서 5000실링 찾아서 전기시설 해주는 곳을 찾아 한 시간 이상 걸어서 갔다 왔더니 온통 새빨갛게 탔다. 오후에는 전화를 해보고 이것저것 보며 많은 생각. 저녁에 유네스코에서 일하는 사람과 대화. 농담이 심하다. 언니에게 전화. 그리고 다시 전화가 왔다. 염려하는 언니. 밤이 깊어간다.
이곳에 온 후 내 영혼은 편안하다. 육신은 괴로워도. 변소에 갈 일이 없으니.(너무 덥기 때문에 몸의 수분이 모두 땀으로 증발되어 요의가 사라진다고 한다 - 지은이 주) 내일은 로키차에 가려고 한다.

수줍은 간증

여기서 살면 선교지요, 죽으면 순교지가 된다.

"그곳은 지옥 같은 풍경이 아니라 지옥이었습니다."
임연심은 이렇게 말을 시작했다.

신년이 되면, 순복음교회에서는 해외에 파송된 선교사들끼리 모여 연합성회를 보는 관례가 있었다. 대개 2박 3일 금식을 하며 집회를 갖는데, 임연심은 이 집회에서 간증을 해달라는 요청을 받았다.

수줍음이 많은 탓에 남 앞에 서는 것을 자신 없어 하는 터이지만, 복음을 위해서 용기를 내기로 했다. 이 용기로 해서 그녀는 자신의 갈 길을 확실히 굳히게 되었고, 그 자리에 참석한 모든 이들은 지금껏 들어보지 못한 특별한 간증을 통해 크나큰 은혜를 받게 되었다.

깡마른 데다 수줍음 많아 보이는 젊은 여성이 단상에 올랐을 때만 해도 선교사, 성도들은 저 사람이 누구야 하는 눈으로 덤덤하게 주시했다. 어쩌면 금식으로 예민해 있는 이 새해 첫날, 누군가가 한 해의 거룩한 응답처럼 우렁찬 음성으로 자신들의 영혼을 뒤흔들어 주기를 기대했는지 모른다.

조용조용하고 높낮이가 거의 없는 그녀의 음성이 차츰 교회를 꽉 메운 성도들의 마음과 귀를 사로잡으며 겸손하게, 너무나 겸손하게, 그러나 누구도 감히 엄두를 내지 못했던 곳에 처녀의 몸으로 들어가서 대담한 사역을 하고 돌아온, 죽음을 불사한 간증에 이삼일 금식으로 달아올랐던 성도들의 뜨거운 영적 열의는 삽시에 식는 듯했다. 그들은 고작 사흘 금식이 무색하고 부끄러워졌다.

그녀가 단상에서 내려오자 성도들이 열화와 같은 박수로 그녀를 다시 단상으로 불러내어 간증을 계속하게 했다. 간증의 간증이 계속되는 동안, 이곳저곳에서 온몸을 던진 충격적 사역에 할 말을 잃고 "아멘" "아멘" 하는 소리가 끊이지 않았다.

이 자리에는 유럽지부장이기도 한, 스페인 라스팔마스 교회의 이정봉 목사도 와 있었다. 불과 몇 달 전 투르카나에 다녀온 이 목사는 그곳의 참혹한 상황을 보고 목이 메여 임 선교사에게 말했다. "가자, 내가 너를 이런 데다 혼자 두고 어떻게 발길이 떨어지겠나." 나이 지긋한 남자도 고개를 돌릴 수밖에 없는 광경이었다. 설교를 하는 이 목사의 눈앞에 소복히 앉아 있는 남녀들은 아이고 어른이고 짐승처럼 벌거벗은 상태였다. 얇고 더러운 천 조각으로 앞을 가렸다 하나, 음부가 그대로 보이는 상태였다. 어린 처녀로서는 그 광경 자체가 가슴 벌렁거리는 두려움이었을 것이다. 집으로 돌아온 이 목사는 아내 앞에서 눈물을 흘리며 너무나 불쌍해서 잠이 안 온다고 했다. 아내는 남편이 임 선교사를 친딸처럼 여기는 것은 알았으나, 평소에 "여기서 살면 선교지요, 죽으면 순교지가 된다"라는 그의 말을 임 선교사가 똑같이 실천하고 있음을 알았다.

서영은 이정봉 목사님은 선교사님께 신앙의 아버지 같은 분이셨다고 들었습니다.

임연심 숨이 턱턱 막힐 때 그분을 떠올리면 용기가 생겼어요.

서영은 그분은 어떤 분이세요?

임연심 그분은 샌디에이고에서 UDT 훈련을 받으신 분이에요. 평생 생계 걱정은 안 해도 되는 그 자격증을 찢어버리고 사역의 길로 나가신 분이에요. 제가 이 목사님이 계신 라스팔마스 교회로 실습 나갔을 때만 해도, 작은 차고를 집 삼아 교회 삼아 부인과 어린 딸들 데리고 사역을 하고 계셨어요. 작업복 차림으로 선창에 나가 원양어선 선원들 상대로 전도를 하실 때 저도 같이 따라갔어요. 우락부락한 선원들이 이 목사님을 "형님, 형님" 하면서 친형제같이 지내는 사이였고, 자기의 고민과 걱정을 모두 목사님과 의논하면서 자연스럽게 말씀에 동화되고 기도하는 사람으로 바뀌는 것을 봤어요. 그분은 가족들이 있음에도, 하나님이 주시는 만나로 살아야 한다는 원칙으로 전도에만 전념하셨어요. 그때는 사모님이 아직 믿음이 깊지 않아서, 그 헌신의 여파를 어린 자녀들과 고스란히 생활고로 감당하셔야 했는데, 그야말로 땟거리가 없는데도 아무런 두려움이나 동요가 없으셨어요. 저는 그분이 그처럼 영혼이 황폐한 선원들을 상대로, 그처럼 돈이 흔하게 맹위를 떨치는 쾌락의 섬에서, 오직 성령에만 의지하고 사람들을 어떻게 감동 감화시키는지 눈으로 보고 들었어요. 그것이 저에게 사역의 지침이 되었어요.

서영은 이스라엘 민족이 여리고 성을 무너뜨렸던 그 방법으로, 카지노 도박장을 교회로 만드셨다면서요?

임연심 저는 이 목사님이 보여주신 온전한 순종을 통해, 하나님께서 어떻게 역사하시는지 목격한 산증인이라 할 수 있어요. 불황을 맞아 항구에 묶여 있는 그 큰 배들을 다시 바다로 나가게 해서 만선을 이루게 하시고, 여자와 도박과 술이 이 세상 최고의 기쁨인 줄 아는 선원들 7250명을 말씀으로 회심시켜서 그중에 목사, 선교사 되신 분들도 많아요. 거기다, 공연하러 왔다가 감금되어 성매매를 강요당하고 있는 예고 아이들도 포주로부터 빼앗긴 여권을 하나하나 사들여서 모두를 그 소굴에서 구해낸 일 등 그야말로 이정봉 행전을 쓰고도 남을 정도로 사역 일화가 많아요. 라스팔마스 도박장을 가장 성경다운 방법으로 지상에서 가장 아름다운 교회로 만드신 후에 목사님이 부르심받고 하늘나라로 가신 다음에는 사모님이 신학 공부해서 안수받고, 금식과 새벽기도 위에 교회를 세우시는 것을 보고도 저는 큰 은혜를 받았어요.

아! 어머니

내가 나의 바람을 얼마나 더 많이, 자주, 야멸차게 저버려야
이 길을 온전히 갈 수 있는가.

어쨌든 임연심은 살아 있는 지침인 이정봉 목사를 통해 '오직 하나
님께서 주시는 만나(manna)로만 살겠다'는 결단을 거울삼고, WEC
의 노(老) 선교사 강의 또한 충실히 교훈 삼았다.

임연심의 간증을 들었던 라스팔마스 교회 성도 박경심은 그에
대해 이렇게 말했다.

"달랐어요. 다른 사람들은 무엇을 싣고 가서 이렇게 나누어주었
다가 전부였는데, 임 선교사는 그곳 사람들과 함께 생활하며 느끼
신 것을 말씀하셨고 그 말씀 속에는 사랑이 담겨 있었어요."

이렇듯, 그녀의 투르카나 선교 실습은 체험 면에서도 WEC의 강
의 내용을 이미 넘어선 것이었다. 그 사실은 WEC의 책임자가 임
연심을 따로 부른 자리에서 소속 선교사가 되어달라는 요청을 해
온 것만으로도 증명되는 사실이었다. 공신력 있는 영국 선교센터에
서 한국인에게 이 같은 요청을 한 것은 처음 있는 일이었다.

어느 날 그녀는 왠지 모르게 애간장이 녹는 것 같은 고통을 느꼈
다. 꺼이꺼이 울음이 넘어올 것처럼 슬펐다. 바로 그날 그 시간에
어머니가 임종하셨으나, 형제들은 그녀에게 알리지 않고 장례를 치

렀다. 그녀는 한 달이나 지나서 그 사실을 알게 되었다.

기숙사 방문을 닫아걸고, 그녀는 먹지도 자지도 않고 애통해했다. 자신이 가려는 이 잔인한 길은 모태의 탯줄까지도 끊으면서 가고 또 갈 수밖에 없는 길인가. 몇 달 전 고국에 갔을 때 얼굴을 만지려는 어머니의 손길에 자기를 맡기지 못했던 것이 칼로 가슴을 후비듯 후회스러웠다. 내가 나의 바람을 얼마나 더 많이, 자주, 야멸차게 저버려야 이 길을 온전히 갈 수 있는가, 한탄스럽고 비통했다.

당시 선교센터에서 같이 공부를 하던 고무송 목사는 날마다 그녀의 방문에 귀를 기울이고 안의 기척을 살피다가 어느 날 장문의 편지를 써서 문틈으로 밀어넣었다고 한다. 그 편지에 담긴 간곡한 당부는, 꽉 닫힌 방문처럼 죽음에 이르기까지 슬픔 속으로 자기를 몰아가려는 그녀의 마음을 세상으로 돌려세웠다. 돌아앉은 그녀 앞에는 큰 제물을 바쳐 더 분명해진 소명의 길이 기다리고 있었다. 이정봉 목사가 전화로 그 사실을 알려주었다.

임명장, 기름 부으심

더는 바랄 응답이 없었다.
이제부터 살아야 할 생은 그 응답을 증거하는 것뿐이었다.

여의도순복음교회에서는 해마다 5월 말이나 6월 초에 해외에 파송
된 선교사들을 국내로 초청해 은혜를 나누는 대집회를 열었다. 이
정봉 목사의 강력한 추천으로 아프리카 1호 선교사가 된 임연심도
임명장을 받기 위해 이 대회에 참석했다. 1987년의 일이었다. 그녀
는 불과 한 달 전에 아프리카에서 돌아온 탓에 건강이 그다지 좋은
편이 아니었으나, 아프리카 선교 보고를 해야 했기 때문에 어려운
걸음을 했다. 대회가 시작되는 날이었다.

조용기 목사의 방 앞에는 넓은 홀이 있었고, 도처에서 모여든 선
교사들이 그 홀을 가득 메우고 있었다. 그녀는 사람들의 뒷전에서
기운 없이 벽에 기대어 서 있었다. 조 목사의 방문이 열리며 물길이
열리듯 사람들이 양쪽으로 갈라졌다. 그 물길을 타고 오듯, 조 목사
가 천천히 그녀의 앞으로 다가와서 멈춰섰다.

"아프리카를 위해 고생하고 있다는 이야기 들었소."

조 목사는 어째서 그녀를 찾아와서까지 치하를 했던 것일까. 어
쩌면 신비한 아우라에 둘러싸인 순전한 영혼을 알아보고 발길이
저절로 이끌린 것은 아닌지.

조 목사는 팔을 쭉 뻗어, 그녀의 머리 위에 손을 얹고 안수기도를 했다. 정수리부터 뜨거운 쇳물이 몸 안으로 쏟아져 들어오는 것 같았다. 온몸이 불덩이로 변했다! 그녀는…… 그렇다, 그 많은 사람들 중에서 오직 그녀만이 하늘나라의 신비를 귀로 듣고, 눈으로 봤으며, 이제 몸으로도 알게 되었다!

성령이 기름 부으신 하나님 사람과의 만남은 그렇게 마무리되었다. 그녀는 더는 바랄 응답이 없었다. 이제부터 살아야 할 생은 그 응답을 증거하는 것뿐이었다.

그녀가 받은 임명장, 그것은 잉크 묻힌 종잇장에 지나지 않았다.

서영은   선교사에게 소속이란 어떤 의미가 있을까요?

임연심   선교사는 교회를 가지고 사역하는 것이 아니기 때문에, 현실적 끈 같은 것이 필요하지요.

서영은   그것은 다만 명분일 뿐이 아닐까요. 양쪽 모두에게.

임연심   그렇게 볼 수 있는 측면도 있습니다.

서영은   명분이 너무 커지면, 그 안에서 임의적으로 농단할 수 있는 부분도 커지는 게 아닐까요? 가령, 교회 쪽에서는 파송한 선교사를 내세워 헌금을 유도할 수 있는 수단이 되고, 선교사에게는 교회의 권위를 업고 현지에서 자기 사교하는 데 명함으로 쓰인다고 할까요? 사실 영적으로 보면, 선교사는 하나님이 인(印) 치신 직속 전위부대 역할을 하는 전사(戰士)로서의 이미지면 충분한 것 아닐까요?

임연심   그건 효율성의 문제인 것 같습니다. 우선 주목을 시키려면 현실적 파워를 나타내는 깃발이 필요한 것이지요.

서영은   저는 상을 받은 것 때문에 MBC 방송의 〈11시에 만납시다〉라는 토크쇼 프로그램에 출연하고 각종 인터뷰에 얼굴을 비치다 보니 그 책이 베스트셀러가 됐어요. 작가의 가난한 자취방 문이 세상에 열어젖혀지면서 문학을 상업화하는 인공조명의 눈부신 빛이 방 안 가득 쏟아져 들어왔지요. 저는 이런저런 자리에 불려나가 단상에 올라 독자들의 열의에 부응하려 애썼지요. 하지만 그 같은 대중적 지지도가 높아질수록 저의 내면에서는 위기감이 높아졌어요. 정신적 가치에 대한 추구를 아무리 역설해도 돌아오는 질문과 관심은 허접하고 비본질적인 것들이었고, 청탁 마감에 밀리어 헉헉거리며 쓰는 글들은 우선 저 자신이 만족스럽지 못했어요. 명성은 허상일 뿐이었지요. 그럼에도 매번 쫓기듯 글을 쓰다 보니, 글 쓰는 것이 기쁘지 않았어요. 그래서 결심했어요. 마감에 내 글을 맞추지 말고, 내 글에 마감이 따라오도록 하자. 그리고 나서, 자기 본래의 리듬과 호흡을 되찾기 위해 몇 년 동안 잠수를 탔지요.

영적 전쟁

> 제가 남몰래 씨름하고 있던 문제는, 투르카나를 사역지로 택한
> 마음의 저변에 열등감이 있지 않았나 하는 것이었습니다.

WEC에서 공부를 마치고(1987.1.19.~1987.12.11) 여의도순복음교
회의 임명장까지 받아든 임연심은 1988년 2월 1일 케냐 땅을 다시
밟았다. 그녀의 일기장에는 '일 년 십일 개월' 만이라고 기록되어
있다. 명실상부한 선교사로서 첫발을 내딛은 것이다. 독일에서 나
이로비까지 오는 데는 일곱 시간이면 충분했지만, 나이로비에서 투
르카나까지는 그로부터 일 년이 더 걸려야 했다.(1989. 7. 20.)

이때 그녀는 일기장에, 원주민 속으로 깊숙이 들어가 복음을 전
하기 위해서는 동부 아프리카 4개국(케냐, 우간다, 탄자니아, 자이레)
의 공용어인 스와힐리어를 습득하는 것이 필수라는 점과 법적 체
제 완비, 선교 기관 제휴, 의료사업 기관 제휴, 동역자 확보(아프리
카 원주민 중에서), 운전교습, 비상연락망 확보 등, 사전 준비작업에
대해 꼼꼼히 적어놓고 있다.(1988. 1. 31.)

그녀는 나이로비에 있는 YWC에 우선 짐을 풀고, 메모에 적은
대로 하나하나 실행해나갔다. 우선 석 달 짜리 비자를 일 년 연장
(1988. 4. 22. 취득) 신청하고, 노동허가증과 케냐 하나님의 성회 소
속 선교사(1988. 8. 9.)로 교적도 만들고, 스와힐리어를 배우기 위해

CPK에 등록을 하고, 운전교습도 받기 시작했다.

그 사이 주거 문제로 몇 차례 짐을 싸들고 이리저리 옮겨다니는 피곤한 일이 반복되었고, 나이로비에서 활동하고 있는 교역자들, 스와힐리어 학원에서 알게 된 교사들과 교우들, YWAM에서 제자 훈련을 받았던 동료들과의 친교 또한 나날의 벅찬 일과였다.

| 선교 일기 |

혼자라는 것의 문제. 치과에 갔다. 두 개의 어금니를 뽑아야 한다고 한다. 내일 다른 의사한테 가보고 결정하리라. 수박 하나를 사가지고 임 목사님 댁을 방문했다. 한 시간 기다려 그를 만났다. 딱한 모습이다. 감정이 별로 없는 사람인가. 김치 냄새가 몹시 난다고 한다. 운전학교 선생을 결정하는 것도 쉽지 않다. 나는 정말 가기가 두렵다. 가기 싫다, 솔직히 말해서. 그러나 가야만 하는 입장이다.

외롭고 고독하다. 선생님께 2000실링을 주고 치과에 가서 월요일에 이를 뽑기로 결정하고 돌아왔다. 종일 마음이 안정이 안 된다. 아아, 정말 어찌해야 하나 알 수가 없다. 주위에서 되어지는 일들이 무엇인지 가늠할 수 없다. 나는 가기 싫다. 정말 어떻게 그곳에 가서 살 수가 있을까. 용기도 자신도 없다. 삶 자체가 짐이다. 그렇다고 어딘들 좋은 길이 있을까. 그분께 맡기지 않는 한.

12시에 만나는 것으로 오전 시간 다 보냈다. 점심 먹고 많은 갈등. 그

DTS 훈련 시절

리고 저녁이 오고……. 밖에서는 어린 소년과 나이 먹은 이혼녀의 목소리. 오후 내내 자동차 때문에 씨름하다가 밤늦게 집으로 돌아왔다. 할 수 없이 그에게 부탁해서 내 차를 그의 차에 연결시켜서 고쳐주었다. 말할 수 없는 갈등이 생겼다.

어제 오후부터 내내 잠자리에서 자다 깨다를 반복하다가 일어났다. 사방이 너무나 조용하다. 모두가 휴거되고 나만 남은 것 아닌가 하는 두려움으로 일어나 시계를 보니 새벽 4시. 주위를 살펴보며 새벽이 오기를 기다린다. 자동차들이 나와 다니는 소리가 들린다. 진땀이 날 정도로 두려워진다. 어서 모든 문제를 주님 앞에서 해결하고 말아야 될 텐데……. 이를 한 개 뽑았다. 사리센터에 갔지만 석유를 사지 못했다. 이 뽑은 자리에서 피가 계속 나온다. 금식기도에 들어간다.

서영은   선교사는 움직이는 일인 교회라고 할 수 있는데, 특히 현지 사람들의 요구에 부응하기 위해서는 여러 가지 기술이나 기능을 갖출수록 좋겠지만 다른 한편으로는, 유능해질수록 바쁘고 쫓기는 생활로 내몰려서 신앙생활에 필수적인 기도 시간을 빼앗기게 된다고 생각합니다. 또한 이역만리에서 교역자들끼리 서로를 권면하는 시간을 많이 갖는 것도 좋지만, 그 때문에 권면보다는 사교로 변질되고, 만남의 사슬이 더 광범위하게 만들어짐으로써, 생활이 분주해지고 바빠지는 것은 경계해야 할 일이라고 생각합니다.

그런 점에서 선교사님은 어떻게 자기 관리를 하셨나요?

임연심 　내면의 진정한 고요가 중요하다고 생각합니다. 중심이 깊은 데서 흔들림이 없으면, 아무리 바빠도 외부적 환경이 저를 좌지우지할 수 없는데, 깊은 데서 중심이 흔들리면 묵상할 수 있는 시간이 많은 만큼 마음의 소란이 커지는 경우도 있지요.

서영은 　꽃은 흔들리면서 핀다는 시구도 있지만, 마음의 소란을 넘어선 고요와, 아예 고인 물처럼 차단된 고요는 다르다는 말씀으로 들립니다.

임연심 　그런데 정작 제가 남몰래 씨름하고 있던 문제는, 투르카나를 사역지로 택한 마음의 저변에 열등감이 있지 않았나 하는 것이었습니다. 물론 그날 밤에 제가 받은 하나님의 계시는 거역할 수 없는 소명이었지만, 투르카나를 사역지로 택한 것 때문에 성도들이 저에게 분에 넘치는 기대를, 헌금이나 선물, 또는 아프리카 아이들을 위해 옷을 싸다주는 이런 분위기 속에 둘러싸이니 부담도 크지만 다른 한편으로 뭔지 자기 열등감에 대한 보상심리 같은 것을 느끼게 되는 것 같았습니다. 때문에 간증을 통해 성도들이 열화와 같이 공감해주시는 만큼 자만심이 커졌어요. 특히 같은 교역자들을 만났을 때, 저는 속으로 그들이 알지 못하게 '나는 당신들과 다르다'는 생각을 감추고 있었어요.

96

서영은   어이구, 초장부터 상당한 시험이자 도전이 시작되었군요.

임연심   네, 남들 모르게.

| 선교 일기 |

아침식사 후에 교회에 가서 두 시간 정도 기도하고 돌아왔다. 편지를 쓰고 있는데 윌프레드의 전화가 왔다. 만나서 점심을 먹기로 했다. 오늘은 그가 점심을 사겠다고 한다. 이제 그만 만나자고 했더니 불같이 화를 냈다. 어제오늘 일인가. 어쩌자는 것인가. 그는 당분간 결혼 같은 것은 생각할 수가 없다고 한다. 오직 하나님과 깊은 교제를 나누고 싶을 뿐이라고 한다. 그런 그에게 나는 마음에도 없는 말을 해서 그를 화나게 하고 있는 것이다. 어리석은 여자가 바로 나다. 저녁도 굶었다. 누군가가 절실히 필요한 때다. 하나님이 모든 것 아시는데 왜 내게 좋은 사람을 안 보내주실까. 정말 하나님께서 나를 위해 준비해놓은 사람이 없는 것일까. 아니면 있는데 못 만나고 있는 것인가. 있다면 언제 만날 수 있을까. 기도하자. 피곤하다, 정말로 피곤하다.

새벽기도. 배가 고파서 그런지 기도가 안 나왔다. 집에 다녀온 선생님이 어머니는 건강이 좋아졌다고 한다. 헌금한 것을 눈치챈 것 같다. 어쨌든 12시 30분까지 공부 끝내고 기다리는 그를 만나 시내에 가서 점심을 같이 먹고 서점으로 갔다. 찾는 책이 너무 오래전에 출판된 것이어서 없다고 한다. 사진 복사만 했다. 이곳저곳 다녀도 미안한 생각이 들지 않는 것은 그만큼 흉허물 없는 사이기 때문이 아닌가. 커피를 마시고 걸어서 집에 오는데 비가 내리기 시작했다. 정말로 이제는 마지막이라고 마음속으로 다짐했다.

집에 오니 백 목사님 교회의 김명숙 성도님이 1000달러를 수표로 보내왔다.

어떻게 헌금을 해야 하는지, 하나님 기뻐하시는 대로 사용되어져야 할 텐데…… 기도한다.

에스더와 아침을 먹고 시내에 나가서 닌젤 목사님 만났다. 반가워하신다. 32실링과 사진들을 전해드리니 투르카나 선교사로 임명이 되었다고 한다. 자동차를 알아보다가 다시 한 번 이야기하고 시장을 보고 편지를 찾아가지고 돌아왔다. 통곡하며 기도. 외롭다. 마음이 춥다. 그러나 모든 것 맡기고 감사하자. 에스더, 홍 선교사님이 와서 함께 이런저런 이야기를 하며 밤을 새우다.

마음의 희롱

> 투르카나 선교를 함께할 수 없다면
> 그와의 만남은 계속할 이유가 없었다.

윌프레드는 예수전도단 훈련생 중의 한 사람인 르완다 난민 청년이었다. 그는 지적이고 향학열이 강해 무엇을 가르치면 남보다 빨리 습득했다. 그를 훌륭한 인재로 키워 이 척박한 아프리카를 위해 일할 수 있도록 하고 싶다는 것이 임연심의 속내였다. 그녀는 그에게 물심양면의 지원을 아끼지 않았고, 그는 그녀의 기대에 부응하는 듯했다. 윌프레드와 친교를 나누는 동안, 그녀는 나이로비 거리와 골목의 지리를 익혔고, 피부가 검은 사람들 특유의 냄새와 표정, 말투, 셈법, 사고방식 등을 더 깊이 익힐 수 있었다.

윌프레드는 이제 그녀가 끌어안아야 하는 아프리카인 전체의 한 모델로서, 그들이 피부 하얀 사람들에게 기대하는 것이 무엇이고, 그들이 생각하는 하나님, 신앙은 어떤 것이며, 그들의 관습 속에 뿌리 내려 신앙의 방해가 되는 것이 무엇인지, 부지불식간에 알게 해주는 숨은 역할을 했다.

그녀는 언니를 비롯, 독일과 스페인 교회로부터 들어오는 헌금으로 윌프레드는 물론, 캠프에서 알게 된 동료들, 에스더, 메소드, 이오니 등을 도왔다. 뿐만 아니라, 투르카나에서 목회를 하는 가난한 목사들도 도왔다

특히 윌프레드와 그녀는 매일 만났다. 식사나 차를 마시며 많은 대화를 나누었다. 그는 그녀의 손발이 되어, 여자가 하기 힘든 일, 또는 현지인이기 때문에 수월하게 처리할 수 있는 일들을 대신해 주었고, 그녀는 선물로, 현금으로 그에게 감사의 표시를 했다. 윌프레드와의 만남이 잦아지면서, 그는 그녀의 외로움 속으로 점점 더 깊이 파고들었고, 자신도 모르게 그녀는 그를 더 깊이 의존하게 되었다. 함께 있다 헤어진 뒤에 엄습하는 허전함과 외로움은 마음의 뿌리까지 흔들기도 했다. 그런 중에도 그녀는 그가 투르카나 선교

동역자가 될 수 있는지 신중하게 지속적으로 가늠해보고 있었다. 미흡하고 부족한 점이 눈에 뜨일수록 그녀의 번민은 깊어졌다. 투르카나 선교를 함께할 수 없다면 그와의 만남을 계속할 이유가 없었다. 그럼에도 이미 그에게 기울어진 감정은 쉽사리 돌이켜지지 않았다. 해서, 함께 있으면 싫어지고 돌아서면 생각나는 관계에 잡혀 그녀는 결혼까지 결심하기에 이르렀다. 하지만 정작 결혼을 망설이는 것은 연하의 그 현지인이었다. 그들의 친교는 수면 위의 것과 아래의 것이 너무도 달랐다. 임연심은 그를 남자로서보다 투르카나 선교의 지렛대로 삼으려는 것이었고, 현실적 성공을 추구하는 그는 임연심의 신앙을 오히려 열린 지갑쯤으로 여기고 있었다.

어느 날 임연심은 윌프레드의 속마음을 확실히 타진해야 했다.

"윌프레드, 우리 평생 함께하며 투르카나에서 선교하면 어떨까?"

그는 대답을 오래 기다리게 했다. 그의 마음속에는 애초부터 투르카나란 없었다. '아!' 그녀는 그를 믿은 자신에 대해 수치를 느꼈다. 단호하게 마음을 수습했다. 무너진 것은 윌프레드였다. 그는 한 여자를 임신시켜 그녀의 선교 행보에서는 아주 제외되었으나, 그를 아프리카 인재로 키우려는 그녀의 열의만은 지속되었다.

'뼈를 묻겠습니다' 했던 강력한 소명의식의 반향(反響)에 둘러싸여, 무엇을 하든, 어디에 가든 붙잡힌 바 된 그 길 외에는 아무것도 보고 들으려 하지 않았음에도, 몸은 나날이 아무 소득 없이 지쳐가는 것 같았다. 마음에는 막막함이 두꺼운 장막처럼 드리워졌고, 투르카나는 조금도 가까워지지 않았다. 반면에 친교가 넓어지면서 써야 할 편지, 만나야 할 사람, 걸어야 할 전화를 하는 동안 하루가 덧없이 지나가고 나면, 자신을 향한 하나님의 뜻이 무엇인지 돌연 알 수 없어지기도 했다.

잡다한 일상과 더위에 지쳐 마음이 방향을 잃은 듯 무기력해질 때가 많았다. 노동허가를 받아야 투르카나로 들어갈 수 있는데, 케냐 하나님의 성회 총회장인 닌젤이 그녀의 투르카나행을 적극 반대하기 때문이었다.

"거기는 여자 혼자 들어가 살 수 있는 곳이 아니다."

"미쳤나, 다른 지역도 많이 있는데, 왜 하필 그곳에 가려 하느냐."

그녀를 아끼는 사람들이 모두 만류했다.

닌젤 회장은 그녀에게 삼부루를 선교지로 추천하기도 했다. 닌젤과 함께 삼부루로 가보기로 했으나, 마치 하나님께서 막으시는 것 같이 첫 번째는 닌젤에게 급한 회의가 있어 약속이 무산되었고, 두 번째는 그곳에 비가 억수같이 쏟아져서 물바다가 되었다는 소식이 길을 막았다.

임 선교사는 다시 처음의 결단 앞에 자신을 세웠다. 하나님 앞에서, 살아보지 않은 모든 날들까지 다 걸고 이미 투르카나에 '뼈를 묻었고', 그 믿음대로 살기 위해 준비하고 있지 않은가. 제물이 된 자신의 무덤 속에 산 채로 들어가 앉은 사명자를, 먼 훗날 '이제 이루었다' 해주실 분은 오직 하나님 한 분이었다.

서영은 하나님 세계는 정말 오묘하다는 생각이 드는군요. 한마디로 선교사님으로 하여금 투르카나로 들어가지 못하도록, 여러 사람이 여러 형태로 영적 방해를 했던 것 같습니다. 우리가 주목할 것은 가족을 포함해서 '나'를 걱정하고 생각해주는 얼굴로 다가오는 사람들이 그들 자신도 모르게 영적 방해를 하고 있다는 것이지요. 베드로가 예수님께 "그리하지 마옵소서" 했을 때, 예수님이 곧바로 "사탄아, 물러가라"고 꾸짖으셨잖아요. 이때 베드로 자체가 사탄이 아니라, 베드로 속의 생각이 곧은길을 가시려는 예수님께 '걱정과 사랑'을 가장한 무지를 드러내 보인 것이지요. 겉으로 보면 선교사님이 윌프레드를 도와주는 관계처럼 보이지만, 윌프레드의 출현은 선교사님을 단련시키기 위한 보조 역할일 수도 있겠습니다. 현지인들이 선교사를 현실적으로 이용하려는 마음, 그 마음을 이쪽에서 역이용할 수도 있는 상황에 대한 날카로운 자기 성찰, 먼 이국땅에서 온갖 것을 혼자 감당해야 하는 고립 상태의 외로움을 파고드는 의도된 친절, 친교가 깊어질 때 무의식적으로 의존하게 되는 자기 타성 등이, 이 기간 동안 한 사람을 두고 여러 형태로 시험 받는 가슴앓이를 함으로써, 고뇌를 통해 인간의 속성을 깨닫는 과정이 되신 것 같습니다. 즉 윌프레드는 선교사님이 자기 마음을 시험하는 프리즘 같은 역할을 했다고 보입니다. 어쨌든, 그 마음고생이 있었기에 선교사님은 광야로 들어갈 수 있는 영적 무장을 하신 것으로 보입니다. 그런 훈련은 꼭 그 사람이 아니어도, 누구를 통해서든 반드시 거쳐야 하는 훈련이 아니었나 싶습니다. 때문에 영적 공격은 우리 믿음의 의지를 더욱 굳게 하고, 깨어 있게 하기 위해 끊임없이 치러야 하는 싸움인 것 같습니다.

임연심   저도 그렇게 생각해요. 영적 진보라는 관점에서 보면 투르카나라는 광야로 들어가기 전, 처녀인 제 감정이 어떤 식으로든 할례를 받아야만 하는 과정이었던 것 같아요.

서영은   저에게는 문학 외에 사랑이 또 다른 우상이었어요. 제가 김동리를 만난 건 스물네 살 때였어요. 열아홉 살 때 아버지가 돌아가시고, 저는 마음속으로 '이다음에 아버지 같은 사람 말고 카리스마가 강한 사람한테 시집갈 거야'라고 주문처럼 계속 다짐했어요. 그러다 박경리 선생님 소개로 김동리를 만났는데, 처음에는 그분이 너무 어렵기만 했지 아무 감정이 없었어요. 제가 그분과 사랑을 하게 된 것은 순전히 그분의 노력 때문이었어요. 마음의 빗장이 열리자, 나는 이제 이 남자의 여자라는 생각이 들더군요. 그리고 한결같은 시간이 삼십 년 가까이 흐르는 동안 저는 그 사랑이 세상 전부인 듯이 살았어요. 불륜임에도 그것까지 불

사할 정도로 맹목적이었어요. 그토록 오래 잡혀 있었던 것
은 그분의 저에 대한 집착이 사랑인 줄 알았던 거지요.

금식기도

그 여자 선교사는 쇄골이 푹 파일 정도로 야위어 있었고,
금방이라도 주저앉을 것같이 보였다.

또다시 나이로비 북부 웅공르드 지역의 폐가 같은 단칸방으로 거
처를 옮겼다. 거처를 옮기자마자 임연심은 곧바로 금식기도를 시작
했다. 기도 제목은 '예수 십자가 길에 집중, 노동허가증 받는 것, 주
님의 이름으로 구하는 것마다 능력과 기사와 이적이 일어나고, 주
께서 기뻐하시는 사역을 위해 지혜를 구하며, 정직하고 깨끗하고
거룩한 종이 되기 위해서'였다.

이 무렵 성미경은 건축설계사인 남편을 따라 나이로비에 와 있
었다. 그녀의 남편은 나이로비에서 아름답기로 유명한 사파리 파크
호텔의 인테리어 설계를 맡았던 사람이다.

기도 중에 선지자 엘리사를 섬기는 수넴 여인에게 마음이 붙들
린 성미경은 남편의 일이 순조롭게 풀리자 커다란 이층집으로 이
사를 하고, 선교사들을 섬기기로 마음먹었다. 낯선 땅에 와서 음식

때문에 고생하는 선교사들을 위해 문을 활짝 열어놓고 흰 쌀밥과 김치를 대접하기 시작한 것이 어느덧 소명이 되었다. 이른 아침부터 밤늦게까지 열어놓은 문으로, 교파에 상관없이 많은 선교사들이 드나들었다.

어느 날, 그녀는 한 선교사에 관한 이야기를 듣게 되었다.

"금식기도를 하며 방에서 꼼짝도 안 하는 선교사 한 분이 북부 응공르드에 계시다고 들었다."

그녀는 당장 운전사를 불러 응공르드로 찾아갔다.

폐가 같은 집이었다. 단칸방에 들어섰을 때 단발머리의 그 여자 선교사는 쇄골이 푹 파일 정도로 야위어 있었고, 기운이 없어 금방이라도 주저앉을 것같이 보였다. 방에는 나무로 짠 엉성한 의자 한 개뿐 아무것도 없었다. 선교사는 손님에게 그 의자를 권하고 자신은 서 있었다. 싸가지고 온 것을 꺼내서 드시라고 권했으나, "도로 가져가라"는 답변이 돌아왔다. "그래도 놓고 갈 테니 금식 끝나면 드시라"고 강권을 해도 선교사는 끝내 거절했다.

첫 만남에서 무안할 만큼 냉대를 받았으나, 성미경은 금식이 끝나는 날에 맞추어 또다시 음식을 가지고 갔다. 그렇게 시작된 성미경의 임 선교사 공경은 십오 년간 지속되었다.

| 선교 일기 |

어제 저녁 9:40분부터 1월 1일 새벽 6:30분까지 송구영신 예배를 발리로드 교회에서 드리고 와서 오전 내내 잠을 잤다. 계획으로는 금식하며 기도 속에서 한 해를 맞이하려 했는데, 기침이 심했고, 몸살약과 안약을 먹어야 하기에 음식을 해서 먹고 휴식했다.

한 해가 또 이렇게 시작되는데, 금년 한 해의 삶은 어떻게 전개될까. 며칠 전 교회에서 어느 청년의 간증 중 "자식이 아비에게 떡을 달라면 돌을 줄 자가 어디 있으며 생선을 달라면 전갈을 줄 자가 어디에 있겠느냐"는 말씀이 깊이 부딪쳐왔다.

지난 한 해 참으로 기가 막히게 살아왔다. 선교 헌금 없이 살았던 한 해의 삶. 그랬기에 더욱더 하나님과 깊은 사귐이 있지 않았었나. 기도하지 않고 살 수 없는 삶. 그런데 선교 헌금 보낸다고 한 그때부터 기도가 안 되는 이유는……

얼마나 스스로가 보잘것없는지 한 해 동안도 주님의 은혜를 구하며 아버지가 주시는 지혜와 힘으로 살아야 되겠다.

밤에 성 집사님이 국을 가지고 와서 가정싸움 이야기하다 밤늦게 돌아가셨다.

많이 아프다. 목소리도 나오지 않는다. 그래도 빨래를 하고 방세 5500실링을 내고 아가다에게 초콜렛과 안경을 선물하고 힐링헐에 가서 약 사가지고 은행에 들러보니 아직 송금되어온 게 없다. 아무래도 먹어야 하겠기에 시금치와 샐러드 버섯을 사가지고 와서 점심을 해서 먹고 약을 먹었다. 약국에 갔을 때는 자지러지게 기침이 나오고 진땀이 쏟아졌다. 기침이 이렇게 심한 적은 없었는데…… 회개할 일이 많은 걸까?

오후에 루케베 전화. 이사를 가야 되겠는데, 주님이 나를 통해서 자기네를 도와주시지 않을까, 생각한다고. 전화를 끊고 그래야겠다고 생각했다. 홍 선교사님 오셨길래 4000실링을 주었다. 방세 주라고 데오가 전화를 했기에 걱정하지 말라고 했다. 밤에 밥 해먹고 나니 임 집사님에게서 전화가 왔다. 새해 인사를 한단다. 참으로 주님께 감사드린다. 한없이 한없이…….

간밤에는 잠을 잘 수가 없을 정도로 기침이 나왔다. 아침에 김경수 목사님 사모님이 전화를 주셔서 나이로비 병원에 같이 갔다. 김치를 주셔서 받고, 진찰 후 네 가지 약을 사가지고 왔다. 중간에 은행에 들러서 10,000실링을 찾았다. 7000달러가 입금되었다. 의사가 은행에 왔다. 이상하다는 생각. 오는 길에 홍 선교사님 만나서 매트리스 한 장 전해주고, 점심으로 찬밥 먹고 약 먹고 책 읽고 있는데, 권 선교사님 생강을 깎아가지고 왔다. 교제 나누고 있는데, 10시가 넘은 시간에 의사가 전화를 했다. 과잉친절, 무엇 때문일까. 로드와 교회에서 전화가 왔다. 아이들의 소식을 들었다.

서영은   월드비전과는 어떻게 연결이 되셨어요?

임연심   이삼십 명 되는 고아 아이들이 허름한 움막 같은 데서 지내고 있는데, 그 아이들을 월드비전에서 돌본다고 해요. 그런데, 도움이 오다 안 오다 해서 아이들이 굶기를 밥 먹듯 하는 거예요.

서영은 월드비전도 재정이 열악했었나요?

임연심 그건 아닐 거예요. 중간에서 누군가 아이들에게 지원하는 후원금을 개인적으로 착복한 것으로 생각돼요. 그래서 제가 그곳 직원을 만나서, 내가 지금 로드와에서 사역하고 있는 선교사다, 아이들을 책임지고 먹일 테니 재정을 나에게 맡겨라, 그렇게 간청해서 제가 고아들 삼십여 명을 맡은 뒤 백여 명까지 늘어난 거예요.

서영은 그러면 킹스키즈(King's Kids)라는 이름은 선교사님이 붙인 거예요?

임연심 네.

서영은 월드비전의 고아 지원은 잘 이루어졌나요?

임연심 일 년쯤 지난 뒤에 자기들은 손을 떼겠다고 하더군요.

서영은 그래서요?

임연심 제가 혼자 꾸려나가게 된 거지요. 그때 이후 내내.

서영은 그러면 여의도 본부에서 지원을 해줬나요?

임연심 여의도에서는 반년 가까이 선교 헌금도 안 보내왔어요.

서영은 그때 어떻게 지내셨어요?

임연심 독일에서 언니가, 그리고 각 곳의 성도님들이…….

서영은 아직 본격적인 사역은 시작도 안 했는데, 어떻게 그분들이 아시고…….

임연심 1987년 언제인지『신앙계』에 저에 대한 기사가 났어요. 그걸 보신 분들이……. 미국 필라의 김동헌 목사님도 그때부터 헌금을 보내주셨고, 이호선 목사님도 한 달에 1200달러씩 이 년 가까이 헌금을 보내오셨어요. 그밖에 성도로서 맺어진 후원자 중에는 임종숙 집사님도 있어요.

서영은 이런 후원자분들이 모두 넓은 의미의 동역자로 볼 수 있지 않을까요? 꼭 아프리카에서 벽돌을 맞잡아야만 동역이 아니라, 어디에 살든 선교를 뒷받침해주는 후원자들이 모두 동역자 역할을 하는 것인데, 이 동역자의 출현을 긴 흐름 속에서 자세히 관찰해보면, 자기 생각으로 만남이나 후원을 결정한 것 같아도, 영적으로는 각자의 '때(momentum)'들이 만나서 하나님 뜻을 이루어가는, 숨은 그림을 그리는 것 같습니다.

숨은 후원자들

그러자, 눈물이, 뜨거운 눈물이 흐르며
'내 종이 아프다' 하는 말씀이 들려왔다.

임종숙 집사는 교구장 강석자 전도사의 인도로 신앙생활을 하던 중, 여의도 교회 강대상 꽃꽂이 봉사를 담당하게 되었다. 처음에는 노트에 적힌 기도 제목이 짤막했고 자기 주변 사람들뿐이었는데, 차츰 기도 제목이 늘어나면서 주변을 넘어선 기도에서 더 나아가 주보에 이름이 실려 있는 선교사들의 선교에 대해서까지 중보기도를 하게 되었다. 그러던 중 1988년 '아프리카 선교 창립의 밤'에 초청된 임연심 선교사의 간증을 듣고 마음에 불이 붙어 만남을 청했다. 마포 가든호텔에서의 만남은 임 선교사의 빡빡한 일정 때문에 한 시간도 채 못 되어 헤어졌다. 하지만 영적 여운은 강렬했다. 이때부터 임 집사는 임 선교사를 섬기기로 작정했다.

임 집사는 평소에 운전수를 두고 살고 싶다는 꿈을 가지고 있었음에도, 무슨 까닭인지 운전을 배워 일찍이 면허를 취득(1980)해 가지고 있었다. 그 면허가 생각지도 않게 임 선교사를 위해 아주 뜻 깊게 쓰이게 되었다. 임 선교사가 선교대회를 위해 입국을 하면, 자가용 기사처럼 따라다녔다. 공항 마중에서부터 오빠네 집까지 모셔가고, 건강 상태를 체크할 수 있도록 반년 전부터 예약해둔 병원, 한의원으로 모셔가고, 공적 사적 만남 때도 약속시간에 늦지 않게 이곳에서 저곳으로 바쁘게 같이 움직이고, 만남이 끝날 때까지 차에서 기다렸다가 다시 안전하게 집으로 모셔다 드리는 일을 하루같이 했다. 때문에 임 집사는 아주 근거리에서 임 선교사를 자세히 알 수 있었다. 말라리아에 걸려 세 번이나 국내로 실려왔고, 한동안 말라리아 약을 한 움큼씩 먹어야 했고, 교회 장로님 소개로 모시고 간 서울대 치과에서는 영양실조의 여파로 잇몸이 삶은 호박처럼 물러 있다는 의사의 걱정스러운 소견을 옆에서 같이 듣기도 했다. 전문의들이 모여 숙의를 했으나, 60퍼센트나 상한 잇몸에 어떤 치료를 해야 할지 뾰족한 수가 없다는, 가슴이 덜컹 내려앉는 이야기도 들었다. 지속적으로 머리를 쏘는 두통 때문에 찾아간 방사선과에서는 뇌 속에 종양이 있다는 진단을 받았는데, 임 선교사는 가족들에게는 절대로 알리지 말라는 부탁 외에 그 어떤 조치도 거절한 채 아프리카로 돌아갔다. 돌아간 뒤에 전화를 해봤더니, 금식 중이라고 했다. 금식 후 보식용 우암식을 해서 선편으로 보내고, 비싼 보양식은 항공편으로 보낸 뒤, 얼마 후에 전화를 해봤더니, 다 나누어주고 본인은 십 분의 일도 먹지 못했다고 한다.

선교대회 기간 중 이곳저곳의 교회로부터 초청을 받고, 간증을 하고 나면 그 사례로 선교 헌금을 드리는데, 임 선교사는 선교회나 교회로 보내라며, 본인은 절대로 받지 않았다. 그리하여 내막적으로는 아프리카 전 지역에 보내지는 선교 헌금은 후원자들이 임 선교사에게 보내는 것을 분배하는 셈이었다.

이 모든 일들이, 너무나 정교하게 서로가 서로를 받쳐주고 이끌어주도록 설계되어 있는 하나님 나라의 비밀스러운 섭리를 마음 깊이 새기고 있음에도, 임 집사에게 임 선교사 섬기기는 기쁨일 때보다 고통일 때가 더 많았다. 도무지 섬기는 자의 마음을 배려하고 고마워하기는커녕, 그보다 무시하는 듯한 야멸찬 말투에 상처 입는 일이 더 많았다.

한번은 공항으로 마중 나가 선교사를 차에 태우고 시흥동 오빠네 집으로 갔으나, 문이 잠겨 있었다. 기진맥진한 선교사의 입에서 절로 신음이 새어나왔다. 금방이라도 쓰러질 듯 벽에 맥없이 몸을 기대는 선교사를 뒤로하고 임 집사는 구르듯 계단을 뛰어내려왔다. 단지 안에서 놀고 있는 아이들을 일일이 붙잡고 올케의 행방을 묻다가, 조급한 마음에 미친 듯이 가가호호 문을 두드리고 다녔다. 부모 형제, 남편, 연인일지라도 그만큼 애탈 수 있을까.

어느 때 임 집사는 길을 걸으며 쌓인 상처를 하나님 앞에 낱낱이 꺼내 보이며 속상한 마음을 토로했다. 그리고 불현듯 발걸음이 멈춘 자리에서 무릎을 꿇고 싶어졌다.

그러자, 눈물이, 뜨거운 눈물이 흐르며 '내 종이 아프다' 하는 말씀이 들려왔다.

| 선교 일기 |

아침에 아픈 몸으로 간신히 일어났다. 보이지 않는 눈으로 시내에 나가서 투르카나 들어가는 비행기표 알아보았다. 아직 준비가 안 되었다고 한다. 외롭고 슬프고 아프다. 눈이 잘 안 보인다. 말라리아 약 때문인가 보다. 친절한 양미 자매(나중에 J 선교사와 결혼 - 지은이 주)에게 견딜 수 없는 심정을 토로, 모두가 걱정해준다. 선홍 형제님 부부가 다녀가고 나서 그가 왔다. 그렇게 화를 냈는데도 과일을 사가지고 웃으며 방문.

피곤한 아침. 정신은 맑은데 눈이 안 보여서 온종일 침대에서 뒹굴었다. 무슨 일이 생긴 것 같다. (말라리아로 사흘간 실명 상태 - 지은이 주) 아버지가 혹시? 슬프고 외로워서 주님 앞에서 통곡을 한다. 저녁에 베이스에 가서 홍 선교사님과 식사하고 돌아왔다.

종일 바쁘다. 아침에는 총회장 목사님 만나고 하람배 5000실링과 초청 건에 대한 이야기를 나누었다. 헐링험 은행에 들려서 3000달러를 바꾸어 은행에 저축하고, 비행기표 값을 준비해놓는다. 미국 김동헌 전도사님 교회에서 600달러가 송금되어왔다. 집에 돌아와 일하고 있는데 Rev.(목사님에 대한 존칭) 목사님이 동생과 함께 찾아왔다. 목사님 노동허가 서류를 만들기 위해 신학교에 들러 이민국으로 갔다. 그들에게 점심을 사주고 집으로 돌아왔다. 성 집사님이 오시고, 홍 선교사님 다녀가셨다. 밤에는 임바나바 목사님, 이 선교사님이 다녀가셨다. 종일 정신이 없다. 힘이 없다. 하루를 금식하는데 왜 이렇게 힘이 드는 것일까.

서영은   김동헌 목사님과의 영적 유대와 평생 지속된 경제적 지원에 대해선 뒤에서 따로 여쭙겠습니다. 어쨌든, 1990년까지는 한 달에 한 번 정도 투르카나로 가서 네댓새 계시다가 나이로비로 나오는 일을 반복하셨더군요. 5월에는 한국 나오셔서 선교대회 참석하고, 목사 안수도 받고.

임연심   네, 몇 년은 마음의 준비, 실제적인 준비 기간이었어요.

서영은   이미 선교사가 되었는데, 목사 안수를 또 받으신 이유가 있습니까?

임연심　영적으로는 없어요. 다만, 투르카나에서 제가 현지 목사님들과 동역을 해야 했기 때문에, 그들에게 끌려다니지 않으려면 동등한 자격이 필요했어요.

서영은　며칠씩 계실 때는 무슨 일을?

임연심　식량을 나눠주고, 교회 방문해서 예배 같이 보고, 현지 목사님들 면담이란 게 전부 도울 일들이에요. 한번은 의료진들과 같이 나페이카르를 방문했는데, 식사 때 양고기 요리를 내왔어요. 굉장한 환대를 하는 건데, 고기가 덜 익어서 피가 줄줄 흘렀어요. 저는 비위가 유난히 약해서 보는 순간 속이 메스꺼웠으나, 눈 딱 감고 그걸 먹었어요. 그런데, 다른 사람들은 물론, 현지 목사님들도 손을 안 대고 있더군요.

서영은　신앙의 표현이 꼭 그렇게까지…….

임연심　그건 신앙의 문제가 아니라, 아니 결론적으로는 그렇지만, 그 사람들에게 자기들과 똑같이 하겠다는 제 의지를 암묵적으로 보여준 거지요.

서영은　그리고 괜찮으셨어요?

임연심　콜라로 속을 달랬지요. 사실 그 이후로 콜라를 입에 달고 지내게 됐는데, 속이 계속 메스꺼워서 콜라를 마시지 않을 수 없었어요.

서영은 하루 몇 병씩?

임연심 대여섯 병 정도.

서영은 부딪쳐볼수록 그곳 사역이 만만치 않겠다는 생각이 들었을 것 같은데, 후회되지 않으셨어요?

임연심 1989년 연말 즈음 언니네 집에 갔는데, 갈 때는 좀 오래 있겠다고 생각하고 갔어요. 기도를 하다 보니 내가 살아야 할 곳은 투르카나라는 응답이 돌아오더군요.

서영은 그렇다면 투르카나에 '머물면서' 본격적으로 사역을 하신 것은 1991년부터라고 해야 하나요?

임연심 네.

서영은 떠날 때 만족할 만큼 준비가 되셨나요?

임연심 노동허가증도 받고(1988. 11. 11.) 운전면허도 취득하고(국제운전면허증 1988. 11. 22.), 자동차는…….

서영은 아, 그 차는 어떻게 된 거예요?

임연심 임명장을 받은 후 선교위원장 임시한 장로님이 제게 2만 달러를 주겠다고 하셨어요. 저는 나중에 필요하면 그때 주시라고 사양했어요. WEC의 교수님들이 들려준 실패담을 생각해서, 일단 어느 기간 동안 맨몸으로 생활을 해보고 난 뒤에 판단하려고 했거든요. 현지인들보다 저 자신의 적응력을 시험해보기 위함이었는데, 굶는 아이들을 보니 먹이는 것이 시급했고 식량을 사서 나르려면 차가 있어야겠다는 생각을 한 거지요. 아마 일 년 이상 지난 뒤였을 거예요. 교회에 말씀드렸더니 40,000달러를 지원해주시더군요. 그걸로 파제로를 샀어요.

서영은 그 때문에 구설이 좀 있었던 걸로 아는데요, 선교사가 비싼 차를 타고 다닌다고.

임연심 아이고, 사람들이 그 차 덕을 얼마나 많이 봤는데요

서영은 저에게 있어서 애급은 사랑, 김동리구나, 하고 깨달은 것은 그분이 1990년 뇌졸중으로 쓰러지신 다음이었어요. 하루는 병원에서 지쳐 돌아왔더니, 집에 자식들이 모두 와서 저를 기다리고 있었어요. 그들이 저를 보는 눈빛은 아버지가 계셨을 때하고 판이하게 달랐어요. 그 눈빛을 보고 저는 오랜 무명(無明)에서 화들짝 깨어나는 기분이었어요. 아, 이거였구나, 남의 눈에는 내가 이렇게 보였던 거구나, 싶으니 그동안 사랑에 목 매고 살아왔던 것이 너무나 허망하고, 어이없는 꿈을 꾸고 있었던 것 같았어요. 그들이 저에게 집에 있는 통장을 모두 내놓으라고 하더군요.

제3장 기도와 수고로 닦는 길

1989년~1999년

그곳 사람들과 같이 살기 위해 그녀도 '간다'.
이제 그녀의 헌신적 순종으로,
악이 저지른 무고한 피로 붉게 물든 세상의 길은,
약속의 길, 사랑의 길로 바뀌게 될 것이다.

투르카나 맘과 아이들

혼자 가는 길

위험과 믿음은 동전의 양면처럼 같이 움직이며
하나님의 임재를 드러낸다.

동행 없이, 혼자 운전을 해서 투르카나로 가는 것은 처음이었다.

그동안 경비행기를 이용할 때는 표를 구하기도 어려웠고, 가방 하나 외에는 아이들에게 아무것도 가져갈 수 없었다. 사역의 진정한 시작은 지금부터였다. 짐으로 가득 찬 자동차에 시동을 걸기 전에 그녀는 핸들을 꽉 잡고, 두렵고 떨리는 마음으로 기도를 드렸다.

사랑하는 아들을 바치라는 말씀에 순종하여 사흘 길의 대모험에 나선 아브라함의 믿음을 떠올렸다. 그래도 아브라함은 아들과 종이 함께한 길이었다. 지금부터 자신은 아들의 목숨이 아니라, 자기 자신의 목숨을 던지는 머나먼 장도에 오르는 것이다. 가는 길에 어떤 위험을 만나게 될지 알 수 없지만, 위험과 믿음은 동전의 양면처럼 같이 움직이며 하나님의 임재를 드러낸다.

걱정이 먹구름처럼 밀려온다. 도중에 차에 이상이 생겨서 멈추게 된다면? 비상연락망이 있다 해도 그들이 도움을 주기 위해 오기까지 걸리는 시간이 너무 길다. 그 사이 목숨은 열두 번도 더 백척간두에 놓일 수 있다. 그녀는 중간에 화장실에 가지 않으려고 아무것도 먹지 않았다. 물도 마시지 않았다. 최소한 기탈레까지 가는 열세 시간 동안은 쉼 없이 달려야 한다.

나이로비 시내를 벗어나 케냐의 유일한 국도로 들어서자 마음이 긴장되기 시작했다. 간혹 지팡이를 지닌 깡마른 남자나 숯을 머리에 인 여자가 길 옆으로 스쳐 지나갔으나, 얼마 후에는 그마저 인적이 끊기고, 하얀 띠 같은 기나긴 길이 큰 산의 허리를 휘감고 있다. 시야가 트여, 길에 이상 징후가 나타나면 금방 알 수 있기는 하지만, 그렇다고 위험이 감소하는 것은 아니다. 천지간에 아무도 없는 길을 혼자서 달리고 있다는 것만으로 얼마든지 탕가(아프리카인이 쓰는 큰 낫 모양의 다용도 기구 - 지은이 주)를 든 괴한들의 표적이 될 수 있다.

불현듯 그녀는 자신이 거룩한 표적이라는 사실을 상기한다. 이 길을 지나다닌 사람들은 내외국인 할 것 없이 많이 있을 것이다. 선교를 위해서만도 적지 않은 사역자들이 위험을 무릅쓰며 오갔고, 그중에는 강도를 만나 희생된 사람들도 있다. '네가 가서 전하라'는 그 말씀에 순종하여, 그들의 뒤를 이어 그곳에서, 그곳 사람들과 같이 살기 위해 그녀도 '간다'. 이제 그녀의 헌신적 순종으로, 악이 저지른 무고한 피로 붉게 물든 세상의 길은 약속의 길, 사랑의 길로 바뀌게 될 것이다.

그렇다. 이것이 하나님의 절대 선(善)을 믿는 믿음이다. 그럼에도 이 믿음은 "너의 의로움을 인함도 아니며 네 마음이 정직함을 인함도 아니요" 오히려 "너는 목이 곧은 백성이니라" "이는 다 너를 낮

추시며 너를 시험하사 마침내 네게 복을 주려 하심"일 것이다. 그 복은 이미 하나님의 계획에 참여하는 것으로 이미 시작된 것이다.

굶주리고 헐벗은 아이들, 돌봄받지 못하는 아이들이 세상의 끝에서 퀭한 눈으로 기다리고 있는 것이 선연하게 보였다. 이제 그녀에게 '본다'는 것은 마음 안에 지워지지 않는 길을 낸다는 뜻이다.

그녀는 더 힘껏 액셀레이터를 밟았다. 마력 좋은 자동차에서 터져 나오는 엔진 소리가 지축을 울리며 '할렐루야'를 외치는 것 같았다.

서영은 그날로 로드와에 도착하셨나요?

임연심 아니요, 나쿠루(Nakuru)를 거쳐서 기탈레에 도착할 때면 날이 이미 저물고, 그 이상은 위험해서 더 갈 수도 없어요. 그래서 숙소를 정하고 하룻밤을 묵었어요. 선교 실습 때 묵었던 집이 있는데, 말은 호텔이지만, 그저 지붕과 벽이 있는 정도로 아시면 돼요. 거기서 우선 급한 용무를 보고, 경비할 사람을 구해서 짐 실은 차를 지켜야 해요. 그런데 밤이 되면 정작 그 사람이 무서워요. 그는 내게 돈이 있는 줄 알기 때문에 이방인이고 혼자 몸인 나를 힘으로 제압하려면 얼마든지 할 수 있는 상황이지요.

서영은 머무는 곳에서도 안심하고 쉴 수 없군요.

임연심 사실 그곳에는 문에 잠금쇠가 없기 때문에 안이나 바깥이나 마찬가지예요.

서영은　독충들도 그렇겠지요?

임연심　네, 비몽사몽 하다가 아침이 되어 눈을 떠보니 벽에 커다
란 독거미가 붙어 있더군요. 하나님이 지켜주신 거죠.

서영은　하나님은 우리가 잘못된 길을 가도 끝까지 지켜보시다가
돌이킬 기회를 주시는 것 같아요. 저는 그분이 의식이 깨
어나면 그때도 여전히 같이 살 것인지, 스스로에게 물어보
곤 했어요. 그러다가 '깨어나세요. 그러면 이 모든 사실을
알았음에도, 당신 곁을 떠나지 않는 것'으로 허망함을 넘
어서겠다고 다짐했어요. 그런데 결국 그분은 깨어나지 못
한 채 가셨고 저는 그분이 남긴 모든 과제 앞에 홀로 던져
져 있었어요. 그 홀로라는 것은 육신적 '혼자'만을 의미하
는 게 아니라, 제가 절대적 의미를 부여하고 살아왔던 문
학과 사랑이 결정적인 환난의 날을 맞아 조롱받고 무기력
하게 짓밟히는 그 현실이 저를 더욱 고통스럽게 했어요.
저는 아무도 제 일에 끌어들이지 않았어요. 요컨대, 친정
식구 누구도. 많은 사람들이 제 옆에 모여들고, 저를 도와
주는 뜻으로 이 이야기 저 이야기를 해주었는데, 그들의
이야기를 귀 기울여 들어봐도 제 마음 안에 없는 세상적인
방법들이어서 결과적으로는 아무 도움이 되지 않았어요.
그 무렵 한 친구가 저의 지근거리에서 많은 도움을 주었지
만, 그 도움이 대가를 바란 것이라는 것을 알고 나니 우정

도 믿을 수 없더군요. 몸도 마음도 지칠 대로 지쳤지만, 누구도 의지하고 싶지 않았어요. 어느 날 이가 너무 아파서, 치과에 가서 의자에 누워 있는데 의사 선생님이 좋은 친구가 될 수 있는 분이 있는데 만나보겠느냐고 하더군요. 저도 모르게 참았던 눈물이 주루룩 흘러내렸어요. 그분이 백성기 장로님이시고, 저에게 남서울교회 이영자 권사님을 소개해주셨어요.

고아들의 어머니

오래 굶주린 사람들이 기뻐하는 것을 보며
하나님께서도 기뻐하시지 않을까,
그것이면 됐지 하는 마음이었어요.

파제로는 뿌연 먼지와 함께 낡고 허름한 고아들의 숙소 앞에 멈추어 섰다. 그녀는 핸들을 잡고 감사의 기도부터 드렸다. 아이들이 숙소에서 쏟아져 나왔다. 또 다른 아이들도 어디선가에서 나타나 달려왔다. 그녀는 자기도 모르게 흐르는 눈물을, 안경을 밀어올리고 손으로 닦았다. 손에서는 먼지가 버석거렸다.

　그 눈물이 그녀의 속내를 대신 말하고 있었다.

'이제 내가 너희들의 엄마다.'

| 선교 일기 |

새벽에 일어나 교회로. 처음 담임 됐다는 호스피털을 만나 이야기 듣고 있는데, 파추릭 목사님 오셔서 자리를 함께했다. DC 사무실로 가서 옥수수 서른 자루를 다른 지역에도 나누어줄 것을 부탁. 언니가 준 500달러로 옥수수 스무 자루와 쌀 다섯 자루 샀다. 쌀 네 자루는 목사님 네 분께, 한 자루는 어린아이들. 점심은 아이들만 먹이고, 급하게 돌아와 옥수수 세 자루를 교회에 보내고, 열다섯 명 성도들에게 옥수수 6킬로그램씩 나누어주고, 예배 드리고 나니, 밤이 되었다. 수고한 집사들을 초대해서 함께 저녁을 먹고 헤어졌다. 밤 10시가 넘었다. 정말 피곤하다.

피곤한 몸. 일찍 아침을 먹는데, 교회 집사가 오고 나서 뒤이어 목사님이 왔다. 서둘러 DC 사무실로 가서 옥수수 운반하는 것 부탁하고 내일 트럭을 보내주기로 약속. 폴을 병원에 데리고 가서 사진 찍게 하고, 기도해주고, 돌아오는 길에 사감을 만났다. 남편이 사고를 당해서 병원에 입원해 있다고 해서 다시 병원으로 갔다. 교회로 돌아와서 남자 기숙사 점검. 부엌으로 가서 요리하시는 분들에게 200실링 주고, 소아마비 집사님이 만드신 바구니를 400실링에 사고, 아주머니 100실링 드리고, 칼로콜 목사님 P.O. 박스 없다고 해서 600실링에 깎아서 마련해드리고, 밀린 400실링과 그냥 500실링을 드리고, 로키차 목사님 500실링 드리고, 열심히 할 것을 부탁. 모두가 너무나 기뻐했다. 급하게 마마 데보라 만나 인사하고 와서, 월드비전 존 부부 만나서 점심 같이 먹고……

서영은   새벽부터 이런 일정을 반복하다 보면, 소문이 나서 다음 날은 줄이 더 길어질 것 같군요. 그만큼 선교사님은 피로가 누적되고.

임연심   주님이 맡기신 것을 열심히 열심히 나누어주기만 하는 건데, 직접 농사지어서 옥수수나 쌀을 수십 자루 만든다고 해보세요, 그리고 돈은 성도들이 하나님 일에 쓰라고 맡긴 걸 저는 나누어드리는 거고, 그분들은 단돈 100실링을 벌자 해도 얼마나 힘들겠어요. 저는 다만 오래 굶주린 사람들이 받을 때마다 기뻐하는 것을 보며 하나님께서도 기뻐하시지 않을까, 그것이면 됐지, 하는 마음이었어요.

서영은   정말 그것이 전부다, 하게 되던가요?

임연심   처음에는 그렇게 겸손하다가도, 받는 사람들이 비굴하면 화가 나다가도, 어느새 살짝 마음이 그들 머리 위로 올라가는 것을 잡아내리는 거죠.

서영은   로드와에서 선교사님 숙식은 어떻게 하셨어요?

임연심   한 달에 20달러 하는 방을 빌렸어요.

서영은   거기도 방을 빌려주는 데가 있었나요?

임연심   그나마 지붕과 벽이 있는, 일렬로 된 방들을 가진 할아버지가 있었어요. 그런데 방에 창이 있긴 한데, 창문이 없어 훤히 들여다보이는 데다, 화장실은 공동으로 써요. 화장실이라는 것이 그냥 땅을 판 웅덩이인데, 간신히 가림막이 있긴 해도 시늉뿐이었어요. 그게 제일 힘들었어요. 용변을 참는 것으로 견디노라니 나중에는 변비가 생겨 평생 고생했어요.

서영은 날씨는요?

임연심 이루 말할 수 없지요. 특히 밤이 더 지옥이었어요. 매트리스 한 장 깔고 모기장을 치는데, 모기장을 매트리스 밑으로 꾹꾹 눌러 넣어서 전갈이나 독사 같은 것이 못 들어오도록 방비를 하지만, 너무 더워서 대야에 물을 떠놓고, 수건 한 장을 적셔서 그걸 덮고 자는 둥 마는 둥 하다 보면 수건이 이내 말라요. 그러면 모기장을 들추고 다시 수건을 물에 적시기 위해 밖으로 나와야 하는데, 손전등을 켜고 일일이 모기장 주변을 다 살피고, 신발 속에도 독충이 있는지 살피고, 대야 물속도 살핀 뒤에 수건을 적셔서 모기장 안으로 들어온 뒤에 독충 방비를 다시 하다 보면 어느 때는 날이 밝아와요.

서영은 매일 밤 그렇게 하셨어요?

임연심 네, 매일 밤.

서영은 전등은 있었나요?

임연심 물론 없었어요. 손전등이나, 촛불, 등잔 같은 걸로. 하지만 대개는 캄캄한 채로 그냥 지내는데, 어느 때 손전등을 켰더니 머리맡에 독사가 또아리를 틀고 있어 밤새도록 부들부들 떨었던 적도 있어요. 어쨌든 손전등만은 생명을 지켜주는 필수품으로 머리맡에 두지요. 그 후로는 모기장 올리는 것이 두려워 땀이 비 오듯 흐르는데도 그냥 고스란히 배길 때도 많았어요.

서영은 그 머나먼 곳에서 혼자 누워 캄캄한 천장을 쳐다볼 때 무슨 생각을 하셨어요?

임연심 가끔 자기 연민 같은 게 지나가요.

서영은 자기 연민요?

임연심 하나님께 붙잡힌 바 된 자기가 남보다 훈련받아야 할 일이 더 많은 이유가 있는 것처럼 느껴지면 눈물이 나기도 해요. 그러다가 하나님께 쓰임 받는 삶이 아닌 다른 삶을 산다면 행복할까? 천만에, 아니지, 싶어 소스라치게 회개하며 감사하게 돼요.

서영은 윌프레드 생각도 났었나요?

임연심 그렇지요. 인간에게는 무의식적 속성 같은 게 있나 봐요. 아이들이 부모하고 떨어졌을 때 사탕을 빠는 것처럼 주변하고 너무 멀리 떨어져 있으면 조금이라도 마음 가는 사람을 놓고 생각을 뒤척이며 스스로 허전함을 채우는 거지요. 그 사람이 특별히 그립다 하는 것과 상관없이.

머나먼 방

무찔러도 무찔러도 자고 일어나면
똑같은 자리에 그대로 있는 적을 상상해보세요.

떠나온 가족들과 친지들이 아득하게 멀리 느껴지는 만큼 하나님께
가까이 와 있는 건가?

실존은, 너무나 덥다는 것과, 혼자라는 것과 두려움을 떨쳐낼 수
없다는 것이다. 등잔불이 희미하게 밝혀주고 있는 작은 방에 문은
오직 출입구뿐이고, 창문이 하나 있으나 유리창이 없다. 출입구에
는 잠금 장치가 없고, 유리가 없는 창으로는 실내가 훤히 들여다보
인다. 그래서 보자기로 창을 가리긴 했으나, 누가 마음먹고 보자기
를 들추고 안을 들여다보려고만 하면 얼마든지 가능하다. 선교사는
불안한 마음이 일 때마다 보자기를 고정시킬 방도를 궁리해보다가
아침이 되면 8시부터 들이닥치는 사람들로 번번이 잊어버린다.

어제는 크리스틴이 와서 같이 잤지만, 매번 그렇게 하면 다른 아
이들이 서운해 할 수 있어 부르지 않았다. 크리스틴은 아홉 살이라
고 하지만 실제 나이는 분명치 않다. 시계와 달력이 없는 곳이어서
이곳 사람들은 마음대로 나이를 늘렸다 줄였다 한다. 어쨌든 크리
스틴은 착하고 정직한 아이이다. 선교사는 정직이라는 개념 자체를
알지 못하는 이곳 사람들에게 하도 많이 당해서 머리가 똑똑한 아

이보다 크리스틴을 더 신뢰한다. 크리스틴이 있을 때는 방에 든든한 자물쇠를 채운 듯이 믿음직하고 마음이 편안하다. 그녀는 사실 머리맡에 둔 가방 속의 돈이 불안한 것이 아니라, 괴한이 침입해서 몸을 덮치지 않을까 그것이 불안하고 두렵다.

어쨌든 이곳에선 방문이라는 것을 불필요하게 여기며, 자물쇠로 방문을 채운다는 것은 더욱 불필요한 일로 여긴다는 사실이, 단순한 관습의 차이가 아니라, 그녀에게는 죽고 사는 일과 관계된 것처럼 느껴진다. 며칠 전 달밤에 아이들이 모두 밖에 나와 자는데, 여자 아이들까지 아무렇지도 않게 밖에서 잠을 자는 것을 보고, 그녀는 문에 연연하고 자물쇠에 연연하는 자신에게서 문명의 흔적을 느꼈다.

그렇다면, 자신은 이곳에서 사역을 해온 지 십 년 세월이 지나는 동안 하나님과 독대의 시간을 가졌던 그날 밤의 마음자리로부터 오히려 멀어진 것인가. 아득히 높은 밤하늘을 마주한 채 맨바닥에 등을 대고 누워 있을 때, 안팎으로 완전히 벗겨져 있었음에도 그 무엇도 두려운 것이 없었다. 그런데, 지금은 모기장도 치고 매트도 깔고 사면이 벽으로 둘러싸인 방에 누워 있음에도 엄습하는 두려움과 불안의 이 정체는 무엇이란 말인가.

사역을 하면서 하나님께 가까이 간 것이 아니라, 마음에서는 문명이 더 가까이 살아난 것인가. 더욱 우스꽝스러운 것은 돈을 빼앗길까봐 두려운 것이 아니라, 괴한에게 육체가 능욕당하는 것을 두려워하고 있으니, 여자에게 있어 정조는 마지막까지 남아 있는 문명의 흔적이라는 말인가?

| 선교 일기 |

굉장히 덥다. 밤마다 시끄럽다. 제너럴 모터를 돌리는데 불도 안 들어오고 밤새 뒤척이다가 아침에 늦게 일어났다. 아침도 못 먹고 마이클 데리고 칼로콜 교회에 가서 설교하고(「시편」 14편과 18편 1절 말씀으로), 목사님께 시계 주고 성령폭발대회에 대해서 상의했다. 음료수 한 병씩 마시고 흙바람 속에서 교회를 떠났다. 오는 길에 노인 한 사람 태워오면서 전도하고 로드와 도착. 우갈리, 수쿠마 위키(sukuma wiki, 아프리카 시금치)로 점심 먹고 오려니, 칼로콜 교회 성도였던 초등학교 선생을 만났다. 다시 카쿠마에서 칼로콜로 갔단다. 부인이 세 명. 두 번째 부인은 교회에서 만났는데, 임신을 했다. 다섯 번째 아이고, 첫 번째 부인에게는 아이가 세 명, 세 번째 부인은 이제 첫 아이다. 젊은 남자가 부인을 셋이나 데리고 사는데, 조금도 잘못된 일이라고 생각지 않는다. 믿는다는 게 무엇일까, 이들에게. 왜 많은 선교사들이 투르카나에는 오지 않는 것일까. 왜 복음이 증거되지 않는 것일까. 무엇 때문일까. 마이클이 하는 말은 킹스키즈 아이들도 말을 안 듣고 제멋대로라고 한다. 도대체 어떻게 해야 되는가. 목사는 신경이 예민해져 마치 감시하는 듯하다. 그럴 수도 있겠지. 오후에 로드와 로지로 돌아와서 빨래하고 휴식했다. 무덥고 답답한 것을……. 찬송하고 음료수로 저녁을 때운다. 촛불 켜놓고 글을 쓸까, 편지를 쓸까, 책을 읽을까, 공부를 할까. 자이레, 수단, 에티오피아에 무슨 어려운 일이 생긴 것 같다. 어제 아침 칼로콜과 로드와 사이에서 남자 셋과 여자 셋, 여섯 명의 강도가 권총 들고 지나가는 트럭을 세우고 돈을 빼앗았다고 한다. 아찔하다. 내가 칼로콜에 갔던 비슷한 시간이다. 나중에 경찰이 강도를 잡았는데, 한 명은 사살했다고 한다. 나이로비 가는 길은 어떨지. 시국이 어려운 때다. 경제 정치적으로 그리고 부족 간의 싸움으로 어수선하다. (포코 족과 투르카나 족은 서로 원수지간으로, 싸움이 일어나면 포코 족은 지나다니는 차량을 급습하여 투르카나 족이면 그냥 끌어내어 칼로 목을 치는데, 투르카나 지역에서 사역하고 있는 임 선교사도 그들에게는 원수로 취급된다 - 지은이 주)

하나님 손에 맡기고 사는 삶. 그분이 지켜주실 것이다. 할 일이 남아 있는 이상. 기름값 4350실링, 기탈레 클럽 730실링, 터크웰 로지 1750실링.

서영은   그곳에 방을 빌려 살게 됐을 때 선교에 더 큰 도움이 되는 점은 뭐예요?

임연심   길게 살수록 그곳 사람들에게 제가 이방인이 아니라, 이웃이라는 느낌을 주게 되겠지요. 또한 저 자신에게는 '가나안'이라는 이방을 이웃으로 만들어가는 내외적 전투를 하루하루 더 치열하게 치러내는 것이 되지요.

서영은   날이 쌓이면 친숙함이 생겨 뭔가가 더 쉬워질 것 같은데, 왜 전투라고 표현하지요?

임연심   아니요. 제 앞에 길게 늘어선 줄은 아직 말씀을 모르는 날 (生)것대로의 욕망이며, 규범을 세워 줄을 세우지 않으면 더 많이 받으려 하고, 더 힘센 자들이 힘으로 빼앗으려 하는 난투장이 될 거예요. 그곳 사람들은 목사들 가운데도 문맹이 있고, 글을 읽더라도 성경학교에 다닌 적이 없는 사람들이에요.

서영은   성경을 모르면서 어떻게 목회자가 될 수 있지요?

임연심   그냥 '믿습니다, 아멘' 하면 목사 안수를 다 주었다고 해요. 그래서 식량만큼 시급한 것이 목사들을 재교육시키는 거였어요. 제가 몸가짐을 각별히 신경 쓰는 것은 저들에게 '보이는 성경'이 되어야 하는 이유였어요.

서영은   우리가 입는 옷은 그렇게 보이게 할 수 있어도, 속마음까지는 어렵지 않을까요?

임연심   당연히 어렵지요. 저는 우선 현지 사람들과 똑같이 사는 방법을 익힘으로써 제 마음을 바깥의 율법에 맞추려고 노력했어요. 어느 날 몇몇 아이들이 제 방 앞에 몰려와서 물을 좀 달라고 하더군요. 정말 더운 날이었어요. 그래서 물을 줬더니, 아니 이 물 말고 다른 물을 달라는 거예요. 그래서 제가 방으로 들어오라고 했지요. 그들은 근처에 가톨릭 수녀님들이 냉장고를 쓰고 있고, 거기에 찬물이 있는 걸 알았기 때문에 저도 냉장고에 물을 넣고 먹는 줄 알았나 봐요.

서영은　죄송한데, 웅덩이 물로 만든 우갈리랑 뿌연 웅덩이 물을 먹어도 배탈이 안 나셨어요?

임연심　우갈리는 가열해서 찌기 때문에 균이 죽는다고 봐야지요. 그리고, 식수는 펌프 물을 길어와서 실지렁이 같은 것이 없는지 살펴보고 끓여서 먹어요. 사실 그 사람들과 식사를 같이할 때는 우갈리를 먹긴 먹는데, 배 속은 정직해서 한없이 느글거려요. 그래서 조금 먹다가 말곤 해요. 저는 나이로비에서 먹을 것을 아무것도 가지고 오지 않아서 갈수록 콜라에 허기와 갈증을 의존하게 됐어요.

서영은　저는 전갈, 독충도 염려되는데요.

임연심　두꺼운 스타킹을 상시로 입었어요. 얇은 스타킹으로는 벌레에 물리는 것을 막을 수 없어서 한겨울용 두꺼운 스타킹을 신고 다녔는데, 아마 다른 사람들 같으면 몇 분 안 돼서 피부가 짓무를 텐데, 다행히 저는 피부가 튼튼해서 그런지 괜찮았어요. 두 배로 더워서 그렇지.

서영은　아까 가나안 이야기를 하셨는데, 그곳에서 무찔러 넘어뜨려야 할 것은 척박한 자연이라는 점에서, 하나님께서 우리에게 주시려는 기업이 이 땅의 복이 아니라 영적 영토임이 그곳에서처럼 적나라하게 실감될 수가 없겠군요.

임연심　그래요. 무찔러도 무찔러도 자고 일어나면 똑같은 자리에 그대로 있는 적을 상상해보세요. 사십 도를 넘는 날씨에, 물 없고, 먹을 것 없고, 여성에 대해 무자비한 관습 등, 싸워서 이길 수 있는 적이 아니라, 너무 강해 이길 엄두조차 낼 수 없는 그런 적과 겨룰 수 있는 힘은 말씀적 가치를 레마(Rhema)로 바꾸는 초자연적 인내밖에 없는 거지요. 그렇다 해도 저는 한 달 이상은 버틸 수가 없었어요. 당연히 하나님께서 도와주셔서 그나마도 버틸 수 있었지만.

서영은 하나님께서도 미션을 강권하실 때 그만한 그릇을 찾아서 하시는가 봐요. 어쨌든 임 선교사님이 자기를 세워 하늘나라를 침노하는 신앙의 지점을 투르카나라는 극단의 지역으로 선택한 것은 처음부터 묘수였군요.

임연심 그래서 제 입에서 언젠가부터 나의 신앙적 경쟁자는 바울뿐이다, 이런 말이 맴도는데…… 사실 남이 들으면. (웃음)

서영은 이영자 여사님은 저에게 그냥 친구가 아니라, 성경을 가르쳐주는 특명을 받은 분이었어요. 처음 일 년은 교회에 같이 가자, 성경공부 모임에 나와라 해도 제가 이리저리 핑계를 대며 움직이지 않았어요. 어느 날 저희 집에 오셔서 성경을 같이 보자고 하시더니, 그것이 시작이 되어 비가 오나, 눈이 오나 토요일마다 성경공부 모임이 이어져 왔어요. 처음 일 년간 모두 아는 이야기인데, 내가 이미 「먼 그대」에 쓴 이야기인데, 싫더군요. 그제서야 사람들이 저를 보고 왜 기독교 신자냐고 물어봤는지 알 것 같더군요. 하나님이 계셔야 할 자리에 문학과 사랑이 있었던 거지요.

돌아가는 길

> 하나님, 이것이 저의 최선입니다. 한 달이 저에게는 최선입니다.
> 그 한 달은 시간이 아니라, 저의 목숨입니다.

이전에는 나이로비를 벗어나 투르카나를 향해 귀가 길에 올랐다. 그러나 지금은 투르카나를 벗어나 나이로비의 허름한 빈 방으로 돌아간다. 떠나온 곳이나 돌아가는 곳이나 아무것도 없기는 마찬가지다. 누군가 일인용 중고 냉장고를 주긴 했으나, 그것도 거의 사용하지 않는다. 성미경이 오렌지 주스 두 병을 가지고 와서 냉장고에 넣어주며, "이건 선교사님만 드셔 딴 사람 주면 절대로 안 돼" 했을 때 그녀의 대답은 "선교사가 어떻게 그래"였다.

임지를 뒤로하는 그녀는 '그곳으로 다시 돌아갈 수 있을까' 싶을 만큼 기진해 있었다. 예수전도단의 지침은 '선교사는 모름지기 자신이 사역하는 곳에서 머물라'였다. 하지만 그녀는 하나님이 아실 것이라고 생각한다. 단 1실링도 남김없이 그곳에다 모두 남겼고, 손수건 한 장 들 수 없을 만큼 기운이 모두 소진되었다.

'하나님, 이것이 저의 최선입니다. 한 달이 저에게는 최선입니다. 그 한 달은 시간이 아니라, 저의 목숨입니다.'

먼지 때문에 생긴 부채꼴 모양의 자동차 앞 유리로 멀리 곧게 뚫린 길 위에 무언가 알 수 없는 물체가 길바닥에 있다. 그녀는 덜컥 겁이 나서 피가 머리로 솟는다. 얼마전 들려온 소식으로는 괴한들이 못을 촘촘히 박은 송판을 길바닥에 깔아놓아, 지나가던 선교사 부부가 탄 자동차에 펑크가 나서 차가 멈추자, 한 떼의 검은 남자들이 나타나 남편을 먼저 돌로 때려 실신시키고, 부인을 돌아가며 윤간을 하고 나서 가진 것을 모두 빼앗았다고 한다. 그들은 실성한 부인과 피투성이 남편을 내버려두고 유유히 사라졌다는 끔찍한 소식이었다. 핸들을 쥔 손이 덜덜 떨렸다. 길 위의 물체가 무엇인지 알 수 있을 만한 거리로 가까워지는데, 그것이 무엇인지는 가늠되지 않았다. 사람의 시체이기에는 크기가 작았지만, 그로 해서 차의 속력을 늦추거나 멈출 상황은 될 수 있었다. 그녀는 머릿속으로 재빨리 결심했다. 최소한 못이 촘촘히 박힌 송판이 아닌 것만은 분명했으므로, 무조건 속력을 최대한 높여서 이 지역을 벗어나야 한다는 것이었다. 그리하여 액셀레이터를 힘껏 밟아 계기판이 휙 돌아가는 순간에 물체를 지나쳤다. 자동차 바퀴가 무언가를 뭉개고 지난 느낌이 들자마자 그녀는 알아챘다.

그것은 큰 뱀이었다.

온몸에 소름이 돋았고 등줄기로 식은땀이 흘러내렸다.

그 지역을 벗어난 지 삼십 분 정도 지나면서 그녀는 믿음의 문제에 대해 생각하기 시작했다.

하나님께서는 주의 일을 하기 위해 생명의 위험을 무릅쓰는 종들에게 어째서 그런 봉변을 당하게 하시는 걸까. 그 선교사 부부도 길을 떠나면서 기도를 간절히 하고 나서 행로에 나섰을 것이다. 이 길을 지나다니는 한 자신도 늘 그와 같은 생명의 위험에 노출되어 있고, 떠날 때도 기도, 운행 중에도 계속 기도를 하며 달린다. 무사하면 하나님께서 기도에 응답하신 것이고, 봉변을 당하면 응답을 안 하신 것인가. 안 하신 이유는 무엇일까. 자기의 자녀가 무참히 짓밟히는데도 하나님은 왜 침묵하시는 것일까. 하나님의 침묵은 우리 믿음의 지평이 땅을 향하고 있는 것을, 하늘로까지 높게 끌어올려 주시려는 뜻을 담고 있는 것이 아닐까. 육체는 발기발기 찢기든, 고이 숨을 거두든 벗어놓는 옷 같은 것이다. 그 육체가 영혼을 벗어놓는 정황은 사람마다 천차만별이다. 예수님께서는 가시면류관을 쓰시고, 십자가에 매달려, 로마 병정에게 옆구리를 창으로 찔리시고, 긴 고통 속에서 운명하셨다. 믿음이 클수록 무지한 인간들에게 큰 욕을 당했던, 난폭한 로마제정 시대 때 수많은 순교자들의 죽음을 보면 알 수 있다. 그러므로 선교사 부부는 믿음대로 죽음을 맞이한 것이다. 가장 숭고한 이름의 순교(殉敎).

서영은　어느 때인지 잘 모르겠는데, 지금은 아프가니스탄에서 사역하고 계신 이성제 선교사를 만난 일이 있어요. 이분이 말하기를 자기가 아프가니스탄 선교를 자원하게 된 것은 단기선교로 아프리카에 갔을 때 임연심 선교사를 만나고 나서 그분의 참된 종의 자세에 감동을 받은 영향이라고 하더군요.

임연심   저는 누군지 잘 모르겠네요.

서영은   그러시겠지요. 그런데, 그분에게 식사를 대접하는 자리에서 이 선교사가 담담히 털어놓는 아프가니스탄 선교의 간증을 듣고 있는 동안, 차츰 그분의 눈으로 저 자신을, 요컨대 저의 생활 태도, 옷차림 같은 것을 돌아보지 않을 수 없었어요. 그와 동시에, 사지(死地)에서 선교를 하시는 분들이 고국에 나와서, 교역자나 지인들을 만나면, 이곳의 안이하고 태평스러운 일상 분위기에 큰 괴리감을 느낄 것이라 짐작되더군요. 많이 우울해지더군요. 그래서 저의 느낌을 그분에게 말했어요. 그랬더니 그분이 입술을 꾹 깨물고는 지난 일주일 동안 목사님들, 장로님들을 많이 만났는데, 뭔지 모를 배신감을 느끼게 됐노라고, 속마음을 털어놓더군요.

임연심   무슨 말씀인지 알겠어요.

서영은   저는 그 점에서 굉장히 예민한 영적 후각이 있어서 결국 소설을 쓰게 됐고, 소설에서도 그 같은 주제, 속물성의 극

복을 지속적으로 다루어왔어요. 그 선교사님이 우리의 어떤 상태를 두고 배신감을 느꼈는지, 너무 잘 이해되었어요. 『돈 키호테』라는 소설에 그 뉘앙스를 절묘하게 묘사하고 있는 부분이 있어 소개해 드리려고 합니다.

위선과 허영

오직 하나님 외에는 위선을 분별할 수 없다.
그것은 보이지 않게 걸어다니는 유일한 악이다.

돈 키호테가 자기는 이미 신분과 생활을 약간 말해주었으니 길손도 이름을 말해달라고 청했다. 그랬더니 푸른 벨벳의 신사가 대답했다. '슬픈 얼굴의 기사님, 저는 하나님께서 허락하시면 오늘 우리가 저녁식사를 하게 될 다음 마을에 사는 지주계급입니다. 저는 보통 이상으로 재산이 넉넉한데, 이름은 '돈 디에고 데 미란다'라고 합니다. 집의 아내와 자식들과 친구들과 더불어 세월을 보내지요. 제 취미는 사냥과 낚시인데, 매나 사냥개는 기르지 않고 얌전한 포인터와 말 잘 듣는 사냥용 족제비 한두 마리를 기르고 있습니다. 책은 팔십여 권이 있는데, 스페인 말로 된 것도 있고 라틴 말로 된 것 있고, 역사책도 있고 신앙서도 있지만 기사도에 대한 책은 한 권도 우리 집 문지방을 넘어본 적이 없습니다. 저는 신앙서보다는 세속 책을 더 많이 읽는데, 그 이유는 그 말들이 흥미가 있고, 그 허구가 매혹적이고 놀라워서 순수한 즐거움을 주는 까닭입니다. 그러나 스페인에는 그런 종류가 대단히 드물지요. 가끔 이웃과 친구들 집에 가서 식사를 같이하기도 하고, 저는 꽤 자주 그들을 대접합니다. 저는 음식을 조금도 아끼지 않고 정성껏 대접을 합니다. 저는 딴 사람에 대한 소문을 지껄이는 것을 좋아하지 않아서 제 앞에서는 절대로 남의 흉을 보지 못하게 합니다. 저는 이웃 사람의 생활을 들여다보려 하지 않으며 남의 행위를 엿보려 하지도 않습니다. 저는 매일 미사에 참석합니다. 저는 가난한 사람들과 재물을 나누어 씁니다만, 조심할 만큼 조심한다고 해도 교묘히 파고 들어오는 위선과 허영이라는 큰 원수를 마음속에 들일까 염려하여 자신의 선행을 자랑하지 않습니다. 저는 서로 다투는 사람들을 화해시키려 애씁니다. 저는 하나님께 심신을 바쳤으며, 우리 주 예수님의 무한하신 사랑을 늘 믿고 있습니다. (오화섭 번역, 을유문화사 세계문학전집 제52권 『돈 키호테』에서 발췌 인용)

서영은　　이 신사는, 얼핏 보면 나무랄 데 없는 신앙인인 것처럼 보이지요. 그 인물의 지위, 취향, 말투, 신앙에 대한 자기 나름의 나이브한 소신 등을 오늘의 장로 내지 독실하다고 여겨지는 교인들에게 대입해보면 너무나도 유사한 점들이 발견됩니다. 그가 종교생활을 하는 것은 맞습니다. 하나님을 믿는다 하면서 그 마음의 중심은 여전히 세상에 꽂혀 있어, 하나님을 우상 숭배하듯 믿는 믿음인 거지요. 목사님들도 예외는 아닌 것 같습니다. 기도하면서 열심히 설교 준비하지만, 그 마음은 아들의 사법고시 시험, 또는 의사와 선보러 나간 딸에 대한 초미의 관심이 말씀과 뒤엉켜 있는 거지요. 해외박사 학위로 담임 목사에 초빙되기는 했으나, 교회로부터 은근히 부흥의 압박을 받고 있어, 십자가 진리 안에서의 자유함보다는 하나님 자리에 자신이 있어, 자기를 섬기는 신앙을 유도하는 설교도 있어요. 하나님께서 삶을 통해, 좀 더 엄격한 체로 치시면 우수수 걸러질, 인문신학적 지식이나 윤리의식, 또는 의협심 정도를 신앙으로 착각하고 있는 것 같습니다. 그 착각은 자기에게 가장 소중하다고 여겨지는 것을 잃게 되었을 때 여지없이 본색을 드러낼 수밖에 없는 것이지요. 존 밀턴은 『실락원』에서 "오직 하나님 외에는 위선을 분별할 수 없다. 그것은 보이지 않게 걸어다니는 유일한 악이다"라고 했어요.

임연심 그와 같은 위험은 저에게도 있지요. 선교사이기 때문에 더욱 자기 미혹에 빠질 위험이 크다고 할 수 있어요. 뿐만 아니라, 저도 사람이니 숨을 좀 쉬어야지요.

서영은 무슨 뜻이에요?

임연심 제가 드라마를 굉장히 좋아해요. 그래서 나이로비 나간다 하면 이미애 선교사가 미리 드라마테이프를 빌려다놓고 있다가 가져다주어요. 그러면 어떨 때는 밤새도록 드라마를 보기도 해요. 〈벤허〉나 〈쿼바디스〉 같은 성화도 있지만, 〈대장금〉 〈각시탈〉 같은 드라마를 보며 세상을 들여다보는 재미에 푹 빠져요. 그리고…….

서영은 왜 웃으세요?

임연심 명품도 좋아해요. 그렇다고 제가 가지고 싶다는 것이 아니라, 비행기를 갈아탈 때 공항에서 서너 시간씩 기다려야 할 때가 많아요. 그러면 면세점의 명품 가게를 구경하노라면 시간이 빨리 가거든요.

서영은 그건 휴식 차원의 이야기고요, 우리 속성의 연약함에서 오는 이중성에 대한 이야기를 하려는 건데요, 아무도 지원하지 않는 곳을 지원하신 것 때문에, 그 사실이 점점 선교사님에게 시험이 될 수 있는 여지에 대해 말씀드리고 싶군요. 왜냐하면, 라스팔마스나 독일 교회, 그 밖의 다른 지역의 교인들은, 선교사님이 아직 어떤 사역을 하는지 드러나지 않았으므로 알지 못한 채로, 그곳이 연약한 여성 혼자 사역하기 어렵다는 것만으로 감동된 나머지, 헌금과 선물을 아낌없이 주고 싶은 마음이 생기게 됩니다. 그 때문에 선교사님은 하나님으로부터 선교사역 자체를 통해 내면 성화를 이루어가시기도 전에, 사람들로부터 의롭다 하는 칭찬을 듣기에 부족함이 없으신 것처럼 보임으로써, 남을 의식한 사역을 하지 않을 수 없는 거지요. 그래서, 남 보기에 대단한 일을 이루어가는 만큼, 밖으로 형성되고 있는 그 틀에 자기 자신을 맞추는 것이 점점 버거워지면, 안으로는 자기 자신을 속이고, 밖으로는 세상의 눈과 타협할 소지를 갖게 된다는 것이지요. '네 눈이 긍휼히 보지 말라. 생명은 생명으로, 눈은 눈으로, 이는 이로.' 하는 말씀같이 눈은, 예수 인격을 닮지 못할 때는 서로가 서로에게 기만의 통로가 되는 거지요.

임연심 맞아요. 피곤에 지쳐 천장을 쳐다보고 누워 있노라면 '엄마, 나 보고 있지?' '엄마 막내딸 참 잘하고 있지?' 하는 칭찬의 말을 자신한테 해요. 하지만 그건 하나님보다, 엄마의 이름으로 다른 사람들을 의식한 생각이었던 것 같습니다. 사역 내내 저는 헌금을 받으면 남김없이 그곳 아이들을 포함한 타인에게 쏟아부었기 때문에, 당연히 하나님 보시기에도 잘하고 있다고 확신했지요. 그런데 배부르게 먹이고, 좋은 것을 입히고, 교육시키고, 돕는 일에 골몰한 결과는, 자기가 왕 같은 권력자가 되고 있더라는 거지요. 그게 이미 시험의 시작이었어요.

서영은 저는 십삼 년 넘게 성경공부 모임을 해왔음에도 여전히 글을 써서 세상과 소통하고, 그 글은 저를 세상에 더욱 알리고, 그 외에도 학교에서 가르치고 심사를 하는 것을 통해 일종의 문학 외적인 권력 아우라가 형성되는 것을 느끼게 됐어요. 물론 권력의 아우라가 지닌 선기능도 분명히 있지요. 그러나 속성상 그것은 우리 마음을 세상 쪽으로 이끌어가는 힘으로 작용하기 때문에 웬만큼 깨어 있지 않으면 어느새 그것에 먹혀 종노릇하는 거지요. 종은 자기의 역할을 섬김에 두고 있지만 종노릇은 겉으로는 남 위에 군림하면서도 자신이 휘두르는 힘의 종이 되는 것이죠. 문학은 금권 사회에서는 나약한 존재이기 때문에, 내적 우월감을 표면화할 수 있는 작은 구실이라도 생기면 아무도 알아주지 않는 이름으로라도 권력화하려는 유혹에 쉽게 무너집니다. 저는 그러한 자기의 모습에 철퇴를 내리지 않으면, 자신의 조그만 출세를 즐기면서 무늬만 신앙인인 채 죽을 수도 있다는 위기감이, 나이와 더불어 고조되고 있었어요. 그즈음 하나님께서, 저에게 돕는 이를 보내셨어요. 산티아고를 네 번이나 갔다 온 사람인데, 제가 산티아고 길을 걷겠다면 자기가 안내를 하겠다고 하더군요. 그 길을 걸으려고 작정했을 때 저는 이제 더는 무늬만 신앙인이 되지 않겠다고 단호하게 결심하고, 길 위에서 죽으면 죽으리라 하는 심정으로 유언장까지 써놓고 떠났어요. 길을 걸으며 저는 머리로 배운 말씀을 가슴으로 사는 것 같은 체험을 하게 되었어요. 무엇보다, 800여 킬로미터라는 어마어마한 대지를 오직 두 다리로 걷는 것으로만 해가 뜨고 해가 지는 나날들이었는데, 제가 바다에서 큰물을 몸으로 체득했을 때의 자연에 대한 속 깊은 친근감이 되살아나는 것 같앉어요. 처음에는 그 물에 자기가 삼켜질 것처럼 느껴져 온힘으로 방어를 하다가, 물이 자기를 품고 띄우고 있는 것을 느끼게 되면, 일엽편주 같은 존재지만 맡긴다는 것의 해방감이 이루 말할 수 없는 기쁨이 되고, 이것으로 전부다, 이런 심정이 되는 것처럼, 대지에서도 걸음을 통해 땅이 크나큰 품으로 느껴지더군요. 그러는 사이 저는 제 앞에 이제까지 경험하지 못한 어떤 놀라운 일이 가까이 다가오는 기미를 느끼기 시작했어요. 하나님께서 네 번의 선명한 꿈으로 예시해주신 뒤부터는, 길 떠날 때, 하나님 살아계시는 분이면 제 앞에 좀 나타나주시라는 간절한 바람 같은 것도 마음 안으로 수그러들고, 걸으면서 제가 그런 바람을 품었다는 것도 잊어버리고, 그저 한 걸음 한 걸음을 옮길 때마다 '집중, 집중'만 마음에서 되새겼어요. 그리고 열엿새째 되는 날 하나님이 정말 저를 만나주시더군요. 하나님은 제 앞에 홀연히 나타난 나귀로서 현시되어, 보고 듣고 만져지는 존재로서 잠시 저와 머무셨지만, 제가 본 것은 이전의 육체의 눈으로가 아니라, 성령이 제 안에서 역사하심으로 영의 눈으로 보게 된 하나님이셨어요.

뼈아픈 시험

거울이란 비춰지는 자가 스스로 자기를 심판하는
무언의 도끼날 같은 것이 아닌가 생각합니다.

시험은 이미 마음 안에 와 있었다. 1988년 8월 나이로비 자유공원
에서 독일의 부흥사 본케가 개최한 집회에는 어마어마한 군중이
운집했다. 임연심은 조용기 목사의 베를린 집회를 떠올리며 이건
아무것도 아닌데, 하는 생각을 지울 수 없었다. 그날 자신이 체험한
그 뜨거운 성령 체험에 비하면, 본케 부흥사가 이끈 집회는 어딘지
맹맹하고 감동이 없었다. 그로부터 넉 달 뒤, 12월 31일 귀국길에
오른 임연심은 조 목사의 당회장실로 찾아가서 어렵게 말을 꺼냈
다. "케냐에도 오셔서 집회를 해주시면 어떨까요?"라고 조심스럽게
초청의사를 타진한바 "나는 그곳에 대한 비전은 없네." 한마디로
거절하는 답이 돌아왔다. 그녀는 포기하지 않고 뜻을 세워 계속 기
도를 해왔다. 그러는 한편, 조 목사가 비전을 가질 만한 프로젝트를
공들여 만들었다. 그녀는 그 프로젝트를 놓고 J 선교사와 의견을 나
누었다. 그런데 얼마 후에, 어찌된 일인지 바로 그 프로젝트를 J 선
교사가 그녀 몰래 추진하고 있었다.

그녀는 잠을 이룰 수 없었다. 애초에 독일 부흥사 본케의 집회를
보고, 조 목사님도 케냐로 오셔서 집회를 하면 좋겠다고 생각한 그

마음의 바탕에 무엇이 있었나를 깊이 묵상했다. 운집한 군중이었다. 조 목사님이 같은 장소에서 더 많은 군중을 열광시키는 광경을 상상해보고, 몸이 떨리도록 흥분되었던 그 속내는 다름 아닌 군중이라는 세상세(勢)와 '높은 자리'에 미혹된 마음이었다. 그녀는 회개하고 다시 평정심을 찾으려고 노력했다. 그러나 심기는 갈수록 불편해졌다. 그녀의 마음이 고통스러웠던 것은 가까이 지낸 동료로부터의 배신이었다. 그 배신은 단순히 프로젝트를 가로채였다는 사실보다, 세상적 야망을 하나님의 이름으로 포장하고 있다는 점에서, 자기 자신은 얼마나 떳떳한가 하는 성찰을 내포하고 있었기 때문이다. J 선교사가 전화로 만나자고 했으나 그녀는 거절했다.

그러는 사이, 그녀가 만든 아프리카 부흥회 프로젝트는 J 선교사 주도로 서서히 진행되어, 1993년 3월에 케냐 자유공원에서 열리게 되었다.

서영은 그 부흥회는 여의도교회 조직의 모든 사람에게 시험이 된 것 같습니다. 믿음이 불안정했던 J 선교사는 말할 것 없고, 조 목사님을 대동했던 장로님들, 어쩌면 조 목사님도.

임연심 다른 분들은 잘 모르겠고, 저한테는 확실히 그랬어요. 우선 그 프로젝트를 빼앗겼다는 마음 때문에 그 동료를 예전처럼 살갑게 대할 수 없었고, 25일부터 부흥회에 참석하기 위해 나이로비에 속속 도착하는 손님들을 맞이하기 위해 공항으로 마중 나가고, 호텔에 모셔다 드리고, 손님들의 투르카나 방문을 위해 경비행기 예약을 하고, 다른 한편으로는 투르카나 현지 목사님들을 부흥회에 참석시키기 위해 단체로 성경책을 구입해서 나누어주고, 성미경 집사님이 그 짧은 시간에 구해온 양복도 입히고 등등 이런저런 준비에 녹초가 되도록 뛰어다녀야 했어요. 그런데 선교헌금을 가지고 오기로 한 아프리카 선교회가 빈손으로 왔다는 바람에 마음이 상해서 갑자기 만사가 다 귀찮아지더군요. 사실 투르카나 여덟 교회 목사님들의 양복을 구해서 입히고, 예순 명이나 되는 초교파 목사님들을 버스 대절해서 부흥회 참석시키려는 것은 제가 무리해서 추진하는 일이지 꼭 그래야 하는 것은 아니었어요. 비용 문제로 초조해지다 보니 마음이 시험에 들더군요. 그러나, 그 이튿날 나이로비에 당도하신 교역자들을 만난 자리에선 심기가 완전히 바뀌었어요. 목사님, 장로님마다 악수를 청하고, 헌금과 선물을 주고, 시드니에서 부탁받은 헌금까지 전해주시고, 국민일보 기자는 '역경의 열매'에 실릴 인터뷰를 요청하고……. 당시는 어제의 무시가 오늘의 보상으로 바뀐 것이 하나님 은혜인 줄 알았어요. 그러나 단 아래 있든, 위에 있든, 그것은 어쩌면 인간끼리 보여주기 위한 '쇼'라는 깨달음이 오더군요. 따라서 말씀하신 대로 그 같은 집회에서는 남에게 높이 보여지는 것 자체가 큰 시험이라는 것을 알면서도 '군림'하고 싶은 속성에 대부분 사람들이 굴복하는가 봅니다.

서영은   그 부흥회에서 많은 사람들이 결단을 약속하고, 소아마비로 운신이 불편했던 사람이 일어나고 그랬다면서요?

임연심   네. 감격스러웠어요.

서영은   저는 그런 집회에서 일어나는 일종의 이적에 열광하는 것은 표적 신앙이라고 생각합니다. 중요한 것은 예수를 영접함으로써 성령의 눈과 귀로 보고 듣고, 그분의 인격을 닮아가는 것인데, 그것은 삶 속에서 지속적으로 나는 죽고, 그분이 살아나시면서 자발적으로 기쁘게 십자가를 지는 일이 아닌가요? 개인의 삶으로 보면, 그 같은 영적 진보는 매우 은밀하게, 자기중심적 사고를 하는 사람들 뒷전에서 이루어져 점점 온유한 존재가 되지 않나 싶습니다. 가령, 세상과의 사교를 내려놓고 있는 사람은 얼핏 보면, 무덤덤하고 잘 웃지 않아서 거만해 보일 수도 있지요. 주변에 모여드는 사람도 별로 없어 보여요. 이런 분들은 세(勢)를 짓지 않기 때문에 힘이 없고 무능해 보이는 거지요. 이것이 우리가 죄성의 눈으로 보는 오류이지요.

임연심   은혜도, 시험도 하나님 앞이라면 그 무엇도 궁극적 실패가 될 수 없어요.

서영은　J 선교사에게는 그 집회가 더 큰 시험이 되었던 거지요?

임연심　그랬던 것 같아요. 아프리카 집회로 그 성과를 인정받고,
이름이 알려지자, 그이는 한국인 자체적으로 만든 KAG 성
회를 좌지우지했어요. 그리고 저를 끌어들이려고 했는데
당연히 저는 관심이 없었어요. 그건 아프리카 선교회를 내
세워 무슨 다른 프로젝트를 추진하려는 의도였어요. 저는
그런 기미를 미리 차단하고, 그저 해온 대로 하나님 은혜
가운데서 주어지는 대로 성실히 사역하겠다는 소망을 다
시 한 번 다졌지요. 어쨌든 그는 아프리카 동부지방 회장
으로서, 다른 선교사들을 지휘하고, 직위를 이용해 여기저
기 얼굴을 알리는 계기를 만들었어요. 저의 투르카나 사역
방송 촬영 때도 지방 회장이라는 이름으로 영상에 출연했
어요. 그 즈음인지 전인지, 그가 나이로비에 여의도순복음
신학교를 세우려 한다는 말이 있었는데, 저의 사역 영상이
나간 이후로 여의도에 모인 헌금을 놓고 구체적인 물밑작
업이 진행된 것으로 알고 있어요. 하지만 그가 손잡은 현
지 사람은 아프리카 KAG에서 쫓겨난 문제 인물이었어요.
케냐 총회장과 탄자니아 총회장이 여의도 본부로 편지를
보내서, 그 위험성을 사전 고지했지만, 여의도에서는 듣지
않았어요.

서영은　선교사님도 그 일에 대한 위험을 알고 계셨나요?

임연심   네.

서영은   그럼, 여의도에 경고하셨나요?

임연심   아니요.

서영은   왜요?

임연심   ……제가 비겁해서라거나, 지혜로워서라거나 그건 중요하지 않아요. 세상 모든 일은 하나님 경륜 안에서 일어나기 때문에 정말 지혜 있는 자는, 그 사건을 통해 하나님께서 나에게 무엇을 깨닫게 하시려는 건지 그것만 잡으면, 벼랑 끝에서 떨어져도 살길이 되는 거지요. 그런 뜻에서, 일어난 일은 끝까지 일어나는 것이 하나님 뜻이라고 생각해요. 아마도 J 선교사에게도 그 일이 없었던 것보다 있었던 것이 훨씬 좋았을 거예요. 자기가 어떤 사람인지 알았을 테니까. 그건 저도 마찬가지였구요. 바하리 교회 예배에서 무시당하고 집에 와서 찬밥 먹으면서 언니에게 전화를 했어요. 제가 막 우니까 언니가 사연을 듣더니 분개하더군요. 그런데 그 이튿날 이차로 도착하신 목사님들과 장로님들을 호텔에서 만났을 때 다들 환대해주시고, 집회에서 단상에도 올라가고 그랬다는 이야기를 제가 지금까지도 언니에게 하지 못했어요. 이게 나였구나 싶어서 집회 끝나고 인터콘티넨털 호텔에서 밥을 먹고 돌아와서 진짜 애통한 마음에 눈물이 나더군요.

서영은 「산상수훈」에 애통해하는 자는 복이 있다고 하신 말씀대로, 우리는 자기를 알게 되면 애통할 것밖에 없는 존재인 것입니다. 베드로가 예수님을 세 번 부인하고 애통해한 것 때문에 사도로 변할 수 있었던 점을 깊이 묵상해봐야 할 것 같습니다. 그건 그렇고, 그분은 그 뒤로 뭘 하셨어요?

임연심 일이 터진 것은 1997년 이후였던 것 같아요. 여의도에서 부지 매입, 건물 건축, 부대비용을 위해 거액의 돈을 보내주었는데, 나중에서야 사기에 걸린 것을 알게 됐어요. 그러고도 우여곡절 끝에 학교를 세우긴 했으나, 그것마저 현지법을 내세운 그 사기꾼들에게 빼앗겼어요. 뿐만 아니라, 조 목사님이 생신 때 아드님으로부터 받은 축하금에 여의도 본부에서 얼마를 더 보태서 상당한 금액을 병원 지으라고 보내줬는데, 그것마저 유치원 하는 친지에게 빌려주고 받지 못했어요.

서영은 우리 모두 다 참 측은하고 애잔해요. 어떡하든지 하나님 만나야 하고, 만난 뒤에는 훈련을 하면서 깨어지고 또 깨어져야 겨우 성화가 된다고 봅니다.

임연심 제가 언니에게도 차마 말 못한 것이 있는데, 부흥회 공식 집회가 끝난 뒤, 조 목사님 배웅해드리고, 아프리카 선교회의 관광과 쇼핑 안내를 부탁받았어요. 구 년 넘게 살았지만 관광지로는 돌아다니지 않아서 제가 아는 데가 없었어요. 정말 아는 데가 없는데, 사람들은 제가 거짓으로 꾸미는 줄 아는 거예요. 그날 저녁 아프리카 선교회 주최로 실업인들과 그동안 수고한 사람들이 함께하는 저녁식사에 서였어요. 저는 태어나서 그처럼 모욕적인 자리는 처음이었어요. 손님들이 떠나는 마당이지만 더는 참을 수가 없어 인사도 못하고 돌아왔어요. 집으로 오는 길에 어찌나 저 자신이 비참한지 차라리 인생이 끝나버렸으면 싶더군요.

서영은 무슨 일이 있었는지 여쭈어봐도 될까요?

임연심 하지만, 그건 제 마음이 낮아지지 않아서 모욕으로 느껴진 일이기에 오히려 회개할 일이었어요. 장로님 가운데는 교회 안의 직위를 세상 직위처럼 휘두르면서 선교사, 목사들을 휘두르고, 줄을 세우려는 분들이 있어요.

서영은 그럴 때는 말없이 대야에 물을 담아와서 그분 발을 씻겨드리면 좋겠군요. 그분이 그때까지 그게 뭔지 몰라서 대야 물을 얼굴에다 끼얹으면 뒤집어쓰는 거죠. 유다가 마음속에 음흉한 생각을 품고, 무기 가진 사람들을 뒤에 데리고 와 예수님을 포옹하며 입 맞추었을 때, "어서 너의 생각대로 하라"라고 말씀하신 것같이, 선(善)이 끝까지 드러나야 하듯, 악(惡)도 끝까지 드러나야 하지 않겠어요?

임연심 그건 예수님이시니까, 이렇게 말하고 싶지만 그럴 수가 없군요.

서영은   제가 아는 교수님이 계신데, 그분이 속한 학자들 모임에서 어떤 프로젝트를 놓고 회의를 하던 중, 점심시간이 되었답니다. 그런데, 그 모임의 좌장 격인 한 교수가 그분에게 "당신은 나가서 먹어." 이렇게 말하더랍니다. 그래서 나와서 혼자 밥을 먹고 다시 그 모임에 들어가서 아무 일 없었다는 듯이 원래 자리에 앉았더니 서늘한 침묵이 한동안 흐르더랍니다. 그 침묵은, 믿음의 성화가 먼저 그리고 좀 더 깊이 이루어진 사람이, 시험에 든 미성숙자들의 분탕질하는 흙탕물을 뒤집어쓰며, 그 죄된 속성을 깨닫게 하는 거울이 되는 거지요. 거울이란 비춰지는 자가 스스로 자기를 심판하는 무언의 도끼날 같은 것이 아닌가 생각합니다. 그런데 얼마 후에 그 프로젝트를 맡겼던 기관보다 더 상위 기관의 우두머리가 그분을 찾아와서 훨씬 의미 있는 일을 의뢰하더랍니다. 하나님은 인내한 자에게는 오래 기다리게 하시지 않고, 즉각 위로를 해주시는 것 같습니다.

임연심   저에게도 위로의 응답이 있으셨어요. 부흥회 끝난 뒤에 로드와로 돌아와서 4월 25일 주일 예배 끝난 뒤였어요. 부흥회 때 참석했던 목사님들이 모두 로드와 교회로 모였어요. 모두가 하나같이 삶이 변했고, 기도하는 법이 달라졌고, 그때 이후 책과 카세트 테이프를 계속 듣고 있는데, 어떻게 하면 한국 교회를 통해 말씀을 더 깊이 배울 수 있느냐며, 열의가 대단했어요.

서영은   저는 순례길에서 돌아왔을 때, 돌아온 집은 이전의 그 집이었으나, 집 안에 있는 모든 것은 이미 저하고 상관없어진 느낌이었어요. 순례 이후의 저는, 이전의 육적 눈과 귀가 들려주던 것을 듣고 보던 존재가 아니라, 다시 말해 죄성으로 보고 듣는 그 존재가 아니라, 성령과 연합한 존재로서 보고 듣고 있음을 확연히 깨달을 수 있었어요. 영의 눈을 뜨니 문을 찾게 되었고, 문으로 들어가니 목자의 음성을 듣게 되었고, 목자는 자기의 양을 알아보고, 양은 목자를 따라가는 일이 너무나 자연스럽게 이루어졌어요. 아침에 눈을 뜨면 무엇을 해야 할지 저절로 알아졌어요. 그렇게 알아진 일을 하는 것이 전혀 어렵거나 망설여지지 않았어요. 값나가는 물건들을 모두 기증하고, 몸에 걸쳤던 장신구들도 모두 나누어주고, 자기에게 손해를 끼쳤다고 생각해온 조카를 용서해줄 뿐만 아니라, 그를 빚의 사슬에서 풀어주었지요. 어쩌면 그는 이미 참담한 실패를 통해 빚으로부터 풀려난 것인데, 제가 놓지 못해 스스로를 사슬에 얽어매고 있었더군요. 그동안 듣고 배운 모든 말씀이 그리스도라는 진정한 목자의 음성으로 들리면서 저는 사랑이 '오는 천국'과 '가는 천국'을 열어주는 것을 나날이 경험하게 되었어요. 그래서 김동리는 이제 나에게서 '지나

155

간 남자'라고 선언할 수 있었어요. 이생에서 여한 없이 사랑한 그것으로 족했고, 애굽 같은 그 존재로부터 출애굽한 이상 뒤를 돌아보지 않겠다고 결심했지요. 그리고 문학과 예술 그 자체보다, 그로 해서 뒤따르는 세상적 의미와 가치들이 제 삶에서 저절로 버리어지며, 가능하면, 조용하고, 소박하게, 그리고 하나님께 집중하는 삶으로 전환하는 작업이 서서히 진행되는 동안, 저의 기도 제목은 오직 '말씀하소서, 듣겠습니다'였어요.

왕의 아이들

코를 벌름거리며 숨차게 뛰어와서 선교사 얼굴을
한 번 보고 두 번 보고 싱글벙글하며 학교로 되돌아갔다.

"선교사님이 왔다!"
컴파운드 뜰 안으로 들어서는 파제로를 먼저 발견한 아이가 서행하는 자동차를 따라오며 큰 소리로 외쳤다. 그녀는 더욱 천천히 브레이크를 밟았다. 기뻐서 들뜬 아이의 외침은 죽은 듯 조용하던 넓은 뜰의 빛바랜 나무들까지 흔들어 깨우는 듯했다. 낡은 고아원 건물 안에 기운 없이 늘어져 있던 아이들이 건물 밖으로 달려 나오며 저마다 소리쳤다. "선교사님이 왔다!"

자동차는 교회 앞에 섰고, 그녀가 문을 열고 차에서 내렸다. 순식간에 자동차를 둘러싼 많은 아이들이 깡충깡충 뛰며 좋아했다. 과연 왕의 아이들이었다. 그 왕은 세상 위에 군림하고, 세상을 통치하는 그런 왕이 아니라, '하나님께서 이름을 두시려고' 그녀를 통해 '끝까지 돌보는 마음'으로 아이들 앞에 나타나신 것이다.

아무것도 가진 것 없기에 온통 천진한 기쁨인 아이들만이 왕을 모셔올 수 있었다. 세상에는 저마다 왕이라 칭하는 사람들이 금칠한 옷을 입고 거드름을 부리고 있지만, 정작 까마득히 높고 먼 곳에서 눈물 어린 간절한 기다림을 보셨기에 진짜 왕이 오신 것이다.

자동차에는 그 어느 때보다 짐이 많이 실려 있었다. 부흥회를 위해 서울서 찾아온 손님들이 주고 간 헌금이 아이들을 위한 갖가지 선물로 교환되었다. 선교사의 손을 거쳐 고아와 과부를 돌보는 손으로 바뀐 하나님 마음들이었다. 네 짝의 문과 트렁크 문이 다 열렸다. 그녀가 짐을 하나씩 꺼내어 아이들이 벌린 가녀린 두 팔뚝 위에 얹어주었고, 아이들은 짐을 교회 안 작은 곁방으로 옮겼다. 자연스럽게 자동차에서 교회의 문 앞으로 이르는 줄이, 소망의 줄이 생겼다. 작은 방에 짐을 내려놓은 아이들은 싱글벙글 웃음을 띠고 재빨리 다른 짐을 받기 위해 그녀 앞으로 뛰어갔다. 그 사이 학교에 있던 아이들까지 어떻게 소식을 알았는지, 코를 벌름거리며 숨차게 뛰어와서 선교사 얼굴을 한 번 보고 두 번 보고 싱글벙글하며 학교

투르카나에 소망의 길을 만든 자동차

로 되돌아갔다. 뒤이어 선교사가 학교를 방문하면, 부모 있는 아이들이 오히려 부러워했다. 아이들은 '엄마가 너무나 자랑스러워서' 어깨를 으쓱거리며 빼기는 것이다.

짐 옮기는 일이 끝나자마자 그녀는 병원으로 갔다. 열다섯 살 난 레베카와 열한 살의 엘리자베스가 결핵으로 입원해 있었다. 말이 병원이지, 아이들을 격리시켜놓은 것 외에 특별히 치료해주는 것은 달리 없었다. 그녀가 아이들에게 사주는 빵과 우유가 치료라면 치료였다. 앙상하게 마른 두 아이가 허겁지겁 먹는 것을 보면 빵과 우유가 약이 될 수도 있을 것 같았다.

그녀는 돌아오면서 아이들의 주거를 개선해줄 방도를 깊이 고민한다. 좁고 불결한 공간에 영양 상태가 좋지 않은 아이들이 함께 복닥대기 때문에 앞으로 더 많은 환자가 발생할 수 있었다. 교회로 돌아온 그녀는 이상한 냄새에 주위를 둘러보다 기겁을 했다. 사십 도를 넘는 날씨에 시체가 한쪽에 방치되어 있었다. 폴이라는 이름의 그 성도는 사망한 지 일주일이나 지났음에도 아직 장례를 치르지 못하고 있었다. 선교사가 오기를 기다린 눈치였다. 그녀는 목사님에게 내일 장례 치를 준비를 하라 지시하고 임시 주거지로 돌아왔다. 한두 시간 쉬었을까, 고등학교 선생이 방문했다. 그녀가 부탁했던, 아이들 방에 놓아줄 장롱 제작 문제였다. 애초에 20,000실링에 해주기로 했으나 35,000실링을 받아야 한다는 이야기가 나왔다. 그 사이에 물가가 올랐다고 한다.

| 선교 일기 |

비교적 잘 잔 아침. 아침 먹고 교회에 가서 아이들 만나고, 오늘 폴 장
례식 치르는 일로 오전 내내 Rev. 목사님과 바쁘게 다녔다. 자동차 앞
유리가 이유없이 금 간 것 때문에 여기저기 들러 알아보았고, 레베카
와 엘리자베스를 찾아가서 우유와 빵 사먹이고, 폴 담당 의사와 간호
원 만나 선물 주어야겠다고 생각했다. 폴 장례식 참석.
점심은 아이들과 같이 먹고, 아이들과 대화 시간 가졌다. 마드론이 내
일 결혼식에 가야 한다고 해서 허락해주었다. 소아마비 성도가 만든
바구니 가지고 와서 200실링 주고, 오는 길에 장로님들 드릴려고 바
구니 세 개(170실링, 150실링, 110실링)를 샀다. 오는 길에 콜라 마시며
전도하고 나서 뜨거운 물 얻어다 라면 끓여먹었다. 구 년 전 박천달
선교사님 가족이 오셔서 라면 같이 먹던 생각이 났다. 로드와에서 처
음으로 같은 방에 둘러앉아 라면을 먹어보니 말이다. 모인 김에 기도
하기로 마음먹고, 찬양, 말씀 읽고…….
어떻게 하면 하나님 뜻대로 일을 할 수 있을까. 킹스키즈를 위해, 교회
를 위해, 그리고 투르카나 사람들을 위해서.
바람이 몹시 분다.

계란 두 알을 사서 삶아가지고 교회에 들렀다가 병원으로 갔다. 우유
계란 빵으로 아이들 먹이고, 존 엘림 엘림을 만나러 갔다가 미팅 중이
라 내일 만나기로 했다. 교회로 돌아와서 예배 드리고 가져온 물건들
을 나누어주었다.
비누 1개, 티셔츠 노란색과 빨간색 각각 1장씩, 반바지 2벌씩, 킹스키
즈 아이들 가방 1개, 노트 3권, 연필 2자루. 볼펜 1자루, 지우개 1개,

그리고 중고등학생에게는 작년 선교대회 때 만든 볼펜 1자루씩을 더 주었다. 점심 때가 지나도록 주고 나서, 목사님 부부와 우갈리 먹고 월드비전 가서 여러 가지 의논하고 오는 길에 다니엘을 만나 내일 3시 30분에 만나기로 하고 돌아와서 저녁 먹고 기도, 피곤하다. 목사 부인에게 2000실링, 마드론 1000실링, 요리사 2명에게 각각 500실링 주었다.

내일은 8시 30분에 아이들과 사진을 찍기로 했다.

서영은 선교사님 선교 일기를 보면서, 성경 속 제자들의 '행전'을 보는 것 같았어요. 행동이 곧 움직이는 말씀이다, 하는 생각도 들었구요. 이해관계에 따라 움직이는 동선이 아니라, 오직 구제에서 구제로 이어져 선(善)이 쌓이는 동선(動線)으로 하루가 시작되고, 하루가 저무는데…… 어떤 점에서 「창세기」에 하나님께서 엿새 동안 열심히 일하시고 나서 "보기에 좋았더라" 하신 말씀이나, 칠일째 되는 날 "쉬셨더라" 하신 말씀이 갑자기 아주 먼 성경 속 이야기가 아니라 우리의 삶에도 적용되는 이야기일 수 있겠다, 하는 놀라운 공감이 있었습니다. 다만 그동안 그것이 성경 속 먼 이야기로 읽힌 것은, 그처럼 완전히 자기를 떠난 행동의 동선이 우리 삶에 많지 않기 때문이 아닌가 하는 생각도 들었습니다.

임연심 하지만 헌금을 하신 분들은 보지 못하니까, 제가 그 헌금을 어떻게 쓰는지 몹시 궁금해하셔요. 개인은 또 그렇다 치더라도 교회 차원의 헌금일 경우 서류상 갖추어야 할 증거가 필요하기도 하구요. 그런데 아시다시피 투르카나 로드와에서는 외부와 연락할 방도가 전혀 없었고, 나이로비로 나가야 전화나 팩스를 사용할 수 있는데, 나이로비로 나오면 대개 며칠은 너무 아파서 꼼짝도 못할 때가 많았어요. 몸을 조금 추슬러서 몇 장의 감사 편지를 쓰기도 했지만, 어느 때 '하나님께서 내가 어떻게 일하는지 다 아시는데, 누구를 위해 이런 걸 증명해야 하나' 하는 회의가 들더라구요. 게다가 여의도 본부에는 교회 차원에서 아주 공식적인 보고를 해야 하는데, 전화 팩스를 사용하는 것이 여간 힘들지 않아요. 왜냐하면 제가 나이로비에 늘 머무는 사람이 아니기 때문에, 돌아오면 전화가 끊겨 있을 때가 많기 때문에요. 다시 복구시키려면 시간이 많이 걸리고. 그런 사정이다 보니 보고하는 일 자체가 힘든 상황이었어요. 그러나 무엇보다 저의 의식 바탕에, 아이들과 투르카나가 우선이다 싶으니까, 보고하는 일은 뒷전이 된 거지요. 나이로비에서도 학교에 다니는 아이들 찾아가고, 더 시급한 문제들이 많아서 정신없이 바쁘기는 마찬가지였어요. 그러다 보면 다시 투르카나 들어갈 시간이 되어서 준비해야 되고. 아주 나중에서야, 컴퓨터를 쓰기 시작하면서 인터넷으로 서류 보고를 하게 되었을 때도 저는 컴맹이라, 이미애 선교사 남편인 김명수 목사님 도움을 받곤 했어요. 마음먹고 컴퓨터를 어느 정도 익혔어도, 투르카나 한번 들어갔다 나오면 머리가 하얗게 비어 다시 배우기를 반복했지요. 그것도 아주 기초만.

서영은 이런 일이 우리가 '본다' 또는 '안다' 하는 것의 한계인 거지요. 자기 사는 만큼의 사고로 사람을 보고 판단하는 것도 오류가 많은데, 보고를 위한 보고로 영적 동선을 작성한다는 행위의 어이없는 한계, 그렇지만 교회란 바로 그런 형식적인 서류철로 만들어진 제도적 집단으로 변질되고 있는 것이 걱정스럽지요. 나이로비에 삼십 년 이상 살면서 숙박업을 해온 분이 들려준 이야기에 의하면, 각 교단에서 파송한 아프리카 선교사들이 사백 명쯤 되는데, 나이로비에 머물면서 인터넷에 매달려 지내는 분들이 많다고 하더군요. 그들은 컴퓨터로 보고서만 그럴듯하게 작성해서 교직자나 후원자들의 환심을 사서 후원금을 끌어모아 좋은 차 사서 굴리고, 자기 아이들을 선진국으로 유학 보낸다고 하더군요.

임연심 저는 모르는 일이에요.

서영은 뭘 모르세요. (웃음) 미국의 김동헌 목사님조차도 초기에

나무 아래 교회와 성도들의 헌금으로 지은 교회

는 이분은 왜 선교 헌금을 받고도 답장이 없나 궁금해했는데, 이정봉 목사님이 미국을 방문하셨을 때 물어보았더니, "답장 받을 생각이면 헌금 보내지 마라. 거기는 그럴 경황이 없는 곳이다"라고 하는 말씀에도 감이 잘 안 왔는데, 비디오를 보고 나서 아아, 이래서 그랬구나 하고 스스로 혀를 찼다고 하더군요.

세상의 소동

하나의 비명이 그녀의 손을 꽉 잡고 놓아주지 않는다.
그녀는 너무나 미안한 듯이 손을 맡긴 채
발길을 옮기지 못한다.

1996년 선교대회 때 방영된 그 비디오는 하늘에서 내려다본 메마른 투르카나 전경으로부터 시작된다. 여기저기 가시덤불이 흩어져 있을 뿐 그 땅은 물이 나지도 식물이 자라지도 못하는 불모지다.

끝없이 펼쳐진 메마른 땅, 그 까마득한 지평선을 향해 자동차 한 대가 달려가고 있다. 광활한 땅에 뿌연 흙먼지가 일고 두 줄의 바퀴자국이 생김에 따라, 그것이 비로소 길이 되고 있다. 갈 때마다 없어진 길을 새로 만들며 찾아가야 하는 곳. 자동차 운전석에는 꽃다운 나이의 임연심 선교사가 핸들을 잡고 있다. 꼭 다문 입술에 먼 곳을 향한 눈길이 곧고 강하다. 차는 마침내 나무들 사이에 군데군데 흩어져 있는 몇몇 건물들, 킹스키즈 고아원과 교회 건물이 있는 컴파운드 안으로 들어선다.

그녀가 차에서 내리자 아이들이 소리를 지르며 달려온다. 아이들에게 임연심 선교사는 이전에 잠시 와서 선물 주고 가면 그뿐인 그런 사람이 아니다. 먹여주고 입혀주고 같이 사는 살가운 엄마. 엄마는 말한 것은 반드시 지키고, 떠나더라도 반드시 돌아왔다. 돌아올 때는 상상도 못할 선물을 가득 싣고 왔다.

엄마를 반기는 아이들의 기쁨이 엄마로 하여금 긴 여로의 피로를 한순간에 날려버리고 크고 환한 웃음을 짓게 한다. 임 선교사는 아이들을 치마폭에 감싸듯 데리고 숙소부터 찾아간다. 고아원 건물은 군데군데 덧바른 흙이 떨어져나가고 한쪽 벽이 무너져 있고, 플라스틱 반투명 지붕도 삭아서 구멍이 숭숭 뚫려 있다.

건물 안 맨바닥에 어린아이들이 가득 모여 있다. 빈 컵을 하나씩 든 채, 허기가 채워지기를 몇 날 며칠을 기다려왔던 아이들이, 이제는 그 허기를 채울 기대로 눈을 빛내며 목청껏 소리를 높여 노래를 부른다. "함께 갑시다, 내 아버지 집. 함께 갑시다."

임 선교사는 안경을 밀어올리며 참았던 눈물을 두 손으로 닦는다. 곧이어 아이들에게 먹일 음식을 끓이고 있는 부엌으로 가서, 솥에 끓이고 있는 수쿠마 위키와 염소 고기를 큰 막대로 휘저으며 들뜬 음성으로 말한다.

"오늘은 잔칫날이에요. 이걸로 백 명의 아이들을 먹일 겁니다."

급식이 시작되자, 시늉뿐인 아이들의 줄은 이내 참았던 굶주림만큼 아우성으로 변한다. 줄을 서게 하려는 회초리마저 이내 포기하고 만다. 아, 누군들 이 아우성을 탓할 수 있으랴.

자기 몫의 접시를 받아든 아이들은 저마다 느긋하고 흐뭇한 표정으로 체크무늬 식탁보가 덮여 있는 긴 식탁에 둘러 앉아 손으로 우갈리를 먹고, 염소 뼈다귀를 뜯는다. 아이들과 나란히 앉아 음식을 먹는 임 선교사는 자기 입으로 들어오는 음식보다, 아이들의 입으로 들어가는 음식에 더 배부르고 감사해서 연신 싱글벙글한다.

또 다른 날의 풍경. 먼 데서부터 사람들이 꾸역꾸역 모여든다. 가느다란 룬구(rungu, 지팡이)에 몸을 의지하고 간신히 걷는 사람에서부터, 먼지 부는 바람 속을 얼마나 걸어왔는지 온몸이 횟가루를 뒤집어쓴 것 같은 사람도 있다. 교회 앞에서 시작된 줄은 끊일 줄 모르고 길게 길게 뒤로 이어지고 있다. 먹지 못해 젖이 나지 않는 엄마의 품에 안겨 있는 아기의 얼굴은 온통 눈물로 뒤범벅되어 있다. 어떤 아기는 울다 지쳐서 울지도 못하고 눈만 멍하니 뜨고 있다. 벌거벗은 작은 아이 하나가 어른들의 긴 줄에 필사적으로 끼여 서 있다. 그들이 기다리고 있는 긴 줄의 앞에서 옥수수 가루와 옥수수 빵이 배급되고 있다.

임 선교사는 옥수수 가루 배급을 다른 스태프에게 맡기고, 우선

급한 대로 바로 먹을 수 있는 옥수수 빵을 나누어주고 있다. 여기저 기서 아우성치듯 뻗쳐오는 손이 너무 많아 빵을 나누어주는 손길 도 다급해진다.

빵이 이미 동이 난 뒤에도, 그녀 앞으로 모여드는 배고픈 손들은 소리 없는 비명처럼 자꾸자꾸 늘어난다. 하나의 비명이 그녀의 손을 꽉 잡고 놓아주지 않는다. 이제 더는 줄 빵이 없으므로 그녀는 너무 나 미안한 듯이 그 손에 손을 맡긴 채 발길을 옮기지 못한다…….

검은 장작개비 같은 다리에 상처가 나서 진물이 흐르는 여인이 선교사 앞으로 다리를 뻗고 있다. 선교사는 여인 앞에 쭈그리고 앉 아 맨손으로 연고를 발라주고 있다. 또 다른 남자 아이는 벌거벗은 몸에 넝마 같은 헝겊 쪼가리를 어깨에 두르고 있다. 배가 볼록하다. 돌봄을 받아본 적 없는, 버려진 생명처럼 보이는 아이.

"이 아이는 영양실조로 몸이 이래요. 저는 더 할 말이 없습니다."

울음을 간신히 참으며, 아이를 부둥켜안은 채 선교사는 기도를 드린다. "하나님, 이곳에는 전하는 사람이 없어서 사람들이 하나님 을 알지 못합니다. 먹을 게 없어서 사람들이 굶어 죽고 있습니다. 이들을 기억해주시옵소서."

허허벌판에 나무 한 그루가 서 있다. 그늘 아래 웅성웅성 사람들 이 모여 있다. 찬송 소리가 들려온다. '우리 예수님과 함께 천국 갑 시다.' 이름하여 '순복음 나무 아래 교회'. J 선교사가 설교를 한다. "길이요, 진리요, 생명이신 예수 그리스도께서 십자가에 못 박혀 죽으셨습니다. 우리가 구원받는 것은 어떻게 알 수 있을까요? 그것은 성경에 씌어 있습니다."

교인들이 두 팔을 쳐들고 "할렐루야"를 외친다. 전도대회라고는 하지만, 옥수수 한 됫박을 나누어주는 행사다. 옥수수를 나누어준다는 소식을 듣고 노란 플라스틱통 하나를 들고 한나절이나 걸어서 온 지친 사람들이 나무 아래로 꾸역꾸역 모여든다.

기아와 질병과 굶주림에 지친 사막의 깊숙한 오지로 찾아간 말씀과 기도의 손길임에도 그 절박함 앞에서는 너무나 연약하고 무능해 보인다. 임 선교사가 한숨을 쉬며 말한다.

"저 사람들을 어떻게 해야 하나. 우리가 나눠줄 옥수수는 천 명 분밖에 안 되는데, 오는 사람들은 그 이상이 되네요."

자루 안의 옥수수를 플라스틱통에 담는 임 선교사의 두 손이 옥수수를 꾹꾹 눌러 담아보지만, 옥수수알들은 그냥 흘러내린다. 겨우 다섯 명이 한 끼밖에 못 먹는 양의 옥수수, 다 해어지기 전에는 벗을 수 없는 한 벌의 옷을 나누어주면서, 마음은 이전보다 더 미어지는 것 같다.

나무 아래 모여 있던 사람들은 이제 다 사라지고, 태초의 모습 같은 한 그루 나무만 우뚝 서 있다. 그 먼 시간으로부터 하염없이 걸어온 배불뚝이 사내아이는 더는 입을 수 없이 해어진 옷임에도 가슴에 꼭 끌어쥐고, 소리 없는 비명을 삼킨 채 눈물이 그렁한 눈으로 어딘가를 응시하고 있다.

임 선교사의 마음을 대변하는 영상 속 아나운서의 음성이 호소
이자 기도 같은 말로 끝을 맺는다.

한 모금의 물에 목이 타고, 한 주먹의 양식에 애가 타는 사람들.
더욱 신실한 믿음을 위해 받는 시험이라면 하나님 감당하게 하소서.
임 선교사는 하나님께서 말씀하신 약속을 믿는다.
찬양이 통곡이 되기 전에 투르카나 땅에 만나가 내릴 것을.
아무리 깊은 오지라도 하나님께서는 언제나 거기 계신다.
주린 배를 움켜쥔 채 그들이 그리도 힘차게 원하는 것은
우리 안에 살아계신 하나님의 역사가 케냐의 오지 투르카나에도
똑같이 이루어질 바로 그것이니까.

서영은 비디오가 방영된 뒤 교회 안에서 그토록 이름이 자자하셨
음에도 저는 그때 목회자들을 별로 만나보지 못했던 때라,
윌리엄 블레이크, 알베르트 카뮈, 버지니아 울프, 프란츠
카프카 같은 작가는 이웃사람처럼 익숙하게 잘 알고 있었
지만 임연심이라는 이름은 들어본 일이 없어요. 그만큼 사
는 결이 달랐던 거지요. 어쨌든 그처럼 뜨거운 반응에 선
교사님은 어떤 감정이셨어요?

임연심 사실 제가 보기에도 가히 폭발적이긴 했어요. 세상 모든
사람이 저만 주목하고 있는 듯이 착각할 지경이었지요. 사

역 비디오는 아홉 시간 정도 찍어서 편집을 한 것이었어요. 편집의 위력이 그처럼 대단한 건지 저도 얼떨떨했어요. 어쨌든 거기서 스태프 중 한 사람이 "지금 가장 먹고 싶은 것이 무엇이냐"라고 물었어요. "하얀 쌀밥에 김치를 좀 실컷 먹어봤으면 좋겠다"라고 대답했는데, 그건 꼭 그걸 못 먹어서라기보다, 고국에서는 일상적으로 먹는 쌀밥과 김치가 투르카나라는 곳에서는 도무지 구경조차 할 수 없는 음식이라는 뜻으로서 드린 말씀이었는데 나중에 듣자하니, 비디오를 본 성도님들이 그 말을 잘못 오해해서 조 목사님에게 "도대체 우리가 바치는 헌금을 어디다 쓰시길래, 선교사님이 쌀밥을 먹고 싶다는 말을 한단 말인가요?"라고 항의하는 전화가 많이 있었다고 해서, 제가 참으로 난감했어요.

서영은　그건 제가 듣기에는, 일부의 성도들이 선교사님 말을 액면 그대로 받아들여 조 목사님께 문의성 전화를 했다 치더라도, 본질은 그것이 아니라, 선교 헌금의 불투명한 집행에 대한 평소의 불만을 그런 방식으로 에둘러 표현한 것이라 생각합니다.

임연심　그 내막이 무엇이든, 저하고는 무관할 뿐 아니라, 신앙 면으로는 무슨 별나라에서의 소동 같은 거였어요. 때문에 정작 저는 남의 일 구경하듯 흔들림 없는 심정이었어요. 다만 그 같은 호응이 아프리카로 이어져 그곳의 과제를 좀 더 빨리 앞당길 수 있겠다는 기대를 하게 됐어요. 왜냐하면 작정 헌금을 써내는 성도들이 줄을 섰다는 말이 들려오고, KBS에도 선교 사역 일부가 방영되고, 청와대 신우회 모임에서도 간증 초청이 들어오고 등등 저로서는 그런 기대를 할 수밖에 없었지요.

서영은 저도 그 비디오를 구해서 봤는데, 정서적 흥분을 절제하기가 쉽지 않은 영상이더군요. 영상 속 성우의 목소리도 다소 선동적이어서, 우리가 생각지도 못한 곳에서 하나님의 역사가 어떻게 이루어지는지 그 점을 새겨봐야 하는데, 임 선교사님을 보낸 교회의 홍보적 성격이 도드라져 영상이 잘못 이용될 소지가 있는 것으로 보였어요. 성도 입장에서는, 그리고 각지에 파송된 다른 지역의 선교사님들께는, 우리 교회가 이렇게 대단한 일을 하고 있구나, 동시에 아무도 엄두를 내지 못하는 아프리카 오지에 우리 순복음 선교사가 가서 저렇게 수고하고 있구나, 하는 생각을 하게 해서, 조직의 결속을 강화하는 점도 엿보이구요. 사실 그 영상의 참된 의미는 아이들이 부른 노래의 가사처럼 "함께 갑시다, 내 아버지 집"을 다시 한 번 확인함에 있어, 내 가족, 내 이웃뿐만 아니라, 나라도 언어도 다른 세계인의 차원에서 복음이 전해져야 하는 중요성을 깨우칠 수 있는 영상이었다고, 저는 생각합니다. 어쨌든 어떤 뜻의 소동이 있었든 간에 선교사님 마음에 시험이 되지는 않으셨어요?

임연심 다소는.

서영은 무엇이 시험이 되셨어요?

임연심 이건 저만이 느낄 수 있는 문제였는데요, 아홉 시간에 걸쳐 영상을 찍는데, 제가 배우가 아니잖아요, 그리고 촬영을 하는 카메라맨은 전문가이다 보니 영상이 성에 차지 않으면 계속 반복하게 해서, 아이들을 모아놓고 엄마가 나타나면, 웃으면서 달려오라든가, 아이들이 너무 빨리 달려와 미처 카메라를 돌리지 못하면 아이들 보고 다시 가서 하라든가, 저더러는 인터뷰를 할 때 오른쪽 왼쪽을 한 번씩 천천히 보고 나서 대답을 하라는 둥, 말할 수 없이 쑥스럽고 어색한 일들이 많았는데, 저의 성격상 당장 때려치우자고 하고 싶을 때가 수도 없이 많았어요. 저는 그렇다 치더라도, 아이들은 오히려 평소에는 저한테 잘 달려들지 않아요. 속으로는 좋아할지라도 겉으로 그저 싱글벙글 웃는 게 다인 것이 이곳 아이들인데, 그런 아이들에게 카메라를 들이대고 연기를 시키는 셈이잖아요, 왜 무엇 때문에 이래야 하나 싶더군요.

서영은 제가 보기에는 그 점이 오히려 감동적이고 선교사님의 깊은 마음이 읽히는 대목이었어요. 너무나 어색해하면서도 끝까지, 성심을 다하는 그 마음이, 자기 마음이 아니라 아이들과 투르카나를 사랑하는 마음의 깊이로 느껴졌어요. 열 번 백 번 카메라맨이 시켜서 웃는 웃음이라 해도, 그 웃음은 사랑이기 때문에 한 번도 가짜처럼 보이지 않았어요. 그러니까, 성품껏 하고 싶은 것을 참는 그 모습이 진정한 사랑을 느끼게 해줬다는 이야기입니다. 하지만 그것과 별개로, 그 영상은 선교사님 일기와 앞뒤가 맞지 않는 부분들이 몇 가지 있었습니다. 가령 1993년 5월 1일 일기에는 '사랑의 축제'라는 이름으로 아이들에게 성경을 베껴쓰게 하고 상을 주는데, 염소 세 마리, 차파티와 칩스양간과 오렌지와 환타를 준비해서 아이들 생애 처음으로 고기와 차파티를 배불리 먹이고, 그것이 너무 기뻐서 주님의 은혜에 감사하는 장면도 있고, 5월 1일에는 장롱 맞추고, 샤워실 고친 것, 매트리스 세 장씩 넣을 수 있는 어린이용 침대 제작비가 48,000실링이라고 기록되어 있어요. 그리고 5월 14일 나이로비 나오게 됐을 때도, 아이들 대책없이 놔둔 게 아니라 못 들어가게 될 날짜까지 맞추어서, 아이들 위해 30,000실링, 강낭콩 값 5200실링과 마이크 3000실링, 매니저 파울 2000실링, 마마 데보라 4000실링을 급하게 송금하는 부분도 있어요. 그런데 비디오에는 아이들 숙소는 허물어질 듯 낡았고, 영상 멘트도 엄마가 나가 있을 때 아이들이 배고픈 채 방치된 듯 암시하는 장면도 있더군요. 오히려 선교사님이 실제로 하고 있는 사역은 더 나가 있는 데, 영상이 못 따라주고 있더군요.

임연심 그건 초기에 찍은 영상일 거예요. 그래서 제가 편집에 대해서 얼떨떨했다고 말씀드렸잖아요. 어쨌든 저로서는, 지난번 나이로비 부흥회 때 이미 한 번 시험에 든 일이 있었기 때문인지 마음이 담담했어요. 저도 그렇지만, 시험에 든 다른 분들의 평정심을 잃은 행동으로 인해 제가 입은 상처가 오히려 약이 되었다 할까요. 그럼에도 아직 치러야 할 시험이 많이 있겠지요만. 모든 시험은 우리가 하나님 주관하시는 세상에 살고 있다는 것을 아직 덜 믿고, 덜 깨달았기 때문에, 우리의 부족한 믿음이 불러오는 인과응보이고, 그것은 늘 언제나 하나님 사랑의 확인으로 귀결된다고 생각해요. 시험에 든다는 건 아프고 힘든 일이지만 자기를 직시하는 기회이므로 피하지 않으려고 합니다. 어쨌든 밖에서 무슨 일이 일어나든, 저는 제 앞의 당면 과제를 위해 더 구체적인 계획을 세워야겠다고 생각했지요.

서영은 자꾸 일기 이야기를 해서 죄송한데, 보여진 부흥회보다는 선교사님이 부흥회 준비과정에서 보여주시는 성품의 진정성이 더 주목할 만했어요. 투르카나 목사들을 어떻게 하든지 많이 오게 해서 성령받게 하려고 옷 준비에서부터 성

경, 성경 가방까지 마련하느라 애쓰시는데 정작 자기 생색
내기 바쁜 Rev. 미사카는 "목사님 스물네 분은 가시는 게
확실한데, 스물아홉 분까지는 두고 봐야 한다"는 둥 "가는
도중에 식사할 것까지 책임져 달라"는 둥 유세를 부리니
선교사님 힘이 빠지겠더군요. 월간지 『에스더』의 취재 요
청 때문에 전화가 자꾸 오지만, 기사가 난들 무슨 의미가
있나 싶은 마음이 급기야 가눌 수 없는 외로움으로 바뀌는
데요, 그 외로움이 너무 처절하더군요.

"나는 왜 이렇게 외롭고, 고독한 것일까. 정말 정말 언제까
지 이래야 되는 것일까. 외로워서 일찍 자려고 한다, 잠이
들면 아무것도 느끼지 못할 테니까. 주님은 아시는데. 한국
에 전화, 0683에 전화, 다른 사람이 받아서 조용히 내려놓
는다. 어쩌면 좋은가, 내일 어쩌면 좋은가, 정말 어쩌면 좋
은가. 주님은 나를 위한 짝은 왜 안 주시는 걸까. 정말 외
로운 것이 무엇인지 고독이 무엇인지, 자살하는 사람들의
심정을 알 것 같다. 주님이 계시고 얼마나 나를 사랑하시
는지는 아는데, 나는 왜 이렇게 외롭고 고독한 것인가. 어
쩌란 말인가. 아무도 없다. 아무도 없다. 아무도 없다. 함께
삶을 나눌 사람이 없다. 지금은." 그런데, 그 내일을 특별히
지목하신 이유가 무엇인지 슬그머니 궁금해지더군요. 하
지만 기억을 되돌려보신다 해도 특별한 의미가 있는 것은

아닌 줄 압니다. 어쩌면 준비에 너무 골똘한 나머지, 공허 감 같은 피로감이 아닐지.

임연심 기억이 안 나요. 아니, 괜히 그러는 게 아니라, 정말 왜 그런 감정이 들었는지 기억이 안 나요.

서영은 제 경우에는, 강연을 할 때 지금 현재 상태보다 훨씬 이전의 시점을 기준해서 말을 시작하다 보면, 청중의 이해를 돕기 위해 스스로 자신을 좀 비하해서 말하는 경우가 있어요. 이것 또한 자기를 꾸미는 것이 아닌가 하는 의구심이 들지요. 이미 극복된 상태에 대해 더는 할 말이 없으니까요. 아까 당면 과제라 하셨는데, 그곳의 시급한 과제는 무엇이었어요?

임연심 나무 아래서 예배 보는 나페이카르에 예배당을 짓는 것.

서영은 제가 영상을 보고 웃음이 나왔던 것은, 원주민들이 나무 아래 모여서 그야말로 원시적으로 드리는 예배를 두고 '순복음 나무 아래 교회'라고 이름 붙인 것은 조금 약삭빠른 처사로 보였기 때문입니다. 하여간 그래서 돌아가실 때 교회 지을 넉넉한 헌금을 들고 가셨나요?

임연심 아니요. 그건 교회 차원의 일이고, 저는 그저 아이들이 필요한 것들을 사다 보니 짐의 중량이 초과되어 성도님들이 먹으라고 싸주는 김이나, 고추장 같은 것도 못 가지고 가는 형편이었어요.

또 다른 시험

돈이 있는 곳은 그곳이 십자가 바로 아래라 해도
'죽음에 독수리가 모이는' 것 같은 현상이 벌어진다.

정작 시험에 빠진 것은 제삼자들이었다. 그녀를 둘러싼 대단한 소동은 성도들의 영적 허영심을 부추겨서 마치 임연심과 친한 관계면 자기의 영적 상태의 보증이 되는 듯이 다투어 가까이하려는 분위기 때문에 여기저기서 그녀를 불러대는 전화통에 불이 날 정도였다. 또한 같은 목회자들, 특히 같은 지역의 선교사들에게는 '다 같은 선교사인데 왜 한 사람만 조명을 받는가' 하는, 억누를 수 없는 시기심을 불러일으켰다. 그 시기심은 본인 사역의 열매를 하늘나라에서 찾지 않고 세상의 명성에 뜻을 두고 있기 때문이었다. 때문에, 특히 아프리카 선교회를 이끌며 직접 영상에 등장하여 영상 해설까지 맡았던 J 선교사는 마음이 심히 불편했다. 그는 임 선교사의 사역에 감동한 성도들의 열화와 같은 호응을, 세상 열매로 인식한 나머지 자기 직위에 큰 위협을 느꼈다. 그것은 그를 뒤에서 도와주었던 일부의 권력 지향적 장로 집단에게도 마찬가지였다. 자신들이 뒤를 봐주는 선교사가 아닌, 독자적 행보를 하는 다른 선교사가 혁혁한 존재감을 드러내자 그들은 자신들의 숨은 저의를 한층 강화된 다른 것으로 위장하지 않을 수 없었다. 그들은 자기들이 행사하는 권한이 성도들로부터 위임받은 것임을 망각하고, 조직의 기획 예산 인사 등의 업무를 관장하는 지위를 이용해 세력화의 수단으로 삼는 경향이 있었다.

과연 줄을 이은 작정 헌금은 상당한 거액이었다. 돈이 있는 곳은 그곳이 십자가 바로 아래라 해도 '죽음에 독수리가 모이는' 것 같은 현상이 벌어진다. 그것이 바로 J 선교사가 동부지방 회장으로 있는 한인 KAG 이름으로 추진되었던, 나이로비에 조용기 순복음신학교를 짓는 프로젝트로 나타났고, 앞서 언급했듯이 거액의 돈은 사기꾼의 검은 뱃속을 채우는 것으로 끝났다. 뿐만 아니라, 2000년에 임연심 선교사를 교단에서 퇴출시키는 음모로 이어졌다.

자동차 헤드라이트와 새벽기도

기도를 잔뜩 머금은 어둠은 더 이상 두려움이 아닌
빛의 씨앗이 뿌려진 고요의 밭이었다.

사방이 칠흑처럼 캄캄했다. 교회 앞에만 어둠 속 저 멀리 레일처럼 길게 뻗친 네 줄기 빛이 아이들을 손짓하고 있었다. 미처 잠이 덜 깬 아이들이 눈을 비비며, 하품을 하며 빛을 향해 걸어왔다.

"포투웅이데 아티페이.(potu ng'ide atipei. 애들아 어서 와라)"

맘의 따뜻한 음성이 아이들을 반겼다. 먼저 온 아이들은 맘이 손짓하는 자리에 차례차례 자리를 잡고 앉았다. 아이들은 더러 눈이 부신 듯 손으로 얼굴을 가리기도 했지만, 다른 한편으로 그 빛이 싫지 않은 듯, 옆의 꼬마 친구를 돌아보며 입가에 우갈리 부스러기가 묻어 있는 것을 손가락질하며 벌죽 웃었다. 하지만 거의 모든 아이들은 비누 세수를 해서 얼굴이 깨끗했고, 이제 맨발이 아니었다. 아이들에게는 자기 사물함이 있었고, 그 안에는 'GOD IS LOVE'라고 쓰인 킹스키즈 유니폼과 책가방과 학용품, 여벌의 옷이 한두 가지 들어 있었다. 아이들은 잠도 커버를 씌운 매트리스 위에서 잤다. 거의 모든 아이들이 돌봄을 잘 받는 아이들답게 건강하고 피부에 윤기가 돌았다.

맘은 그렇게 달라진 아이들을 볼 때마다, 흐뭇하고 감사해서 웃음이 절로 나왔다.

맘이 먼저 손뼉을 치며 노래 첫 소절을 시작했다.

"함께 갑시다. 내 아버지 집~"

"내 아버지 집~ 내 아버지 집~" 아이들도 손뼉을 치며 노래를 따라 부르자, 벽도 천장도 없는 노천 뜰이 바로 예배당으로 변했다. 빛이 있어 이토록 밝고, 찬양이 있어 이토록 즐겁고 기쁜 예배당이 어디 있을까. 빛이 밝은 것은 주변의 칠흑 같은 어둠 때문이고, 찬양이 기쁘고 즐거운 것은 아이의 얼굴에 묻은 우갈리만이 아니라, 엄마의 사랑이 참으로 배고픔을 채워주었기 때문이다.

찬양이 멈추었을 때 맘은 선교사로 바뀌어, 새벽기도의 시작을 여는 기도를 시작했다.

기도는 이곳에 말씀을 전하게 해주신 은혜와 이 아이들을 자녀로 주신 은혜와, 아이들이 먹고 입고 공부할 수 있는 물질을 주셔서 감사하다는 내용이었다.

임 선교사는 설교 대신 「시편」과 「잠언」의 말씀을 읽어주었다.

내 아들아 네가 만일 나의 말을 받으며 나의 계명을 네게 간직하며

네 귀를 지혜에 기울이며 네 마음을 명철에 두며

지식을 불러 구하며 명철을 얻으려고 소리를 높이며

은을 구하는 것같이 그것을 구하며 감추인 보배를 찾는 것같이 그것을 찾으면

여호와 경외하기를 깨달으며 하나님을 알게 되리니

대저 여호와는 지혜를 주시며 지식과 명철을 그 입에서 내심이며

그는 정직한 자를 위하여 완전한 지혜를 예비하시며 행실이 온전한 자에게 방패가 되시나니

대저 그는 공평의 길을 보호하시며 그 성도들의 길을 보전하려 하심이니라

「잠언」 2장 읽기가 끝난 뒤에는, 아이들 각자가 기도를 하도록 시켰다. 십 분 남짓한 기도가 끝난 뒤에 찬양을 함께 부른 뒤 새벽기

도는 끝이 났다.

맘은 마지막 아이가 숙소 안으로 사라질 때까지 손을 흔들어 배웅을 하고 나서 헤드라이트를 껐다. 주변은 다시 칠흑 같은 어둠과 고요로 되돌아갔다. 그러나 그 어둠은 이전의 어둠이 아니었다. 기도를 잔뜩 머금은 어둠은 더는 두려움이 아닌 빛의 씨앗이 뿌려진 고요의 밭이었다.

서영은 새벽기도 모임을 매일 하셨나요?

임연심 방학 동안만요. 방학 때가 되면 나이로비에 나가서 공부하는 아이들이 돌아와요. 그 아이들에게 작은 아이들의 공부를 돌보게 하고, 저의 일도 거들게 해서, 가족처럼 한 형제처럼 친해지도록 합니다. 또한 믿음이 자라나기 전에는 모든 것을 제가 하는 줄 알기 때문에, 새벽예배를 통해, 아이들을 먹이고 입히고 공부시키는 분은 하나님이시며, 하나님께서 후원자를 통해 도움을 주시는 것이라는 걸 계속 말해줍니다. 그러니까 우리의 새벽예배는 하나님께, 후원자님들에게 드리는 감사예배입니다.

서영은 그런데, 예를 들어서, A라는 후원자가 헌금해온 것을 한 학생에게 등록금으로 주면서 '이건 하나님께서 A라는 분을 통해서 너에게 주시는 학비다' 이렇게 말했을 때, 그 학생은 후원자가 누구인지 특별히 알 이유가 있을까요? 어

그 길은 쪼개고 나누어서 하나인 좁은 길이 아니라,
모든 것을 내포한 전체, 근본으로서의 하나이다

차피 얼굴도 모르는데.

임연심 제 생각은 조금 다릅니다. 아이들은 모르지만, 하나님께서 아시고, 제가 알잖아요, 어느 분이 저에게 헌금을 맡겼는지. 저의 역할은 그저 전달자라는 사실을 아이들에게 알게 해주려는 거지요. 특히 제가 아이들에게 꼭 말해주고 싶은 후원자가 있어요. 선교 비디오가 방영되고 난 뒤인 것 같은데, 아프리카 선교회로 누가 찾아왔다고 해서 나가보니 모르는 분이었어요. 남자분인데, 선교 헌금이라고 봉투를 내미는 손이 기름때에 쩌들어 있었어요. 저는 어쩐지 이분의 헌금만은 선교국으로 갖다드리라고 말하면 안 될 것 같아서 받았어요. 그리고 그날 볼일을 다 보고 나서 집으로 가서 봉투를 열어보고 깜짝 놀랐어요. 소액일 거라는 저의 짐작과는 달리 놀랄 만한 거액이었어요. 나중에 알고 보니 그분은 자동차 정비를 하시는 분인데, 가게를 차리려고 적금 붓던 것을 해약했다고 해요. 자기가 드리는 헌금을 받아주는 것만으로도 너무나 감사하다는 그분의 말은, 곧 저에게 하나님 음성으로 바뀌어, 이런 것이 네가 받는 헌금이다, 하시는 것 같았어요. 그러니, 아이들도 자기들이 어떤 사람의 사랑으로 양육되고 있는지 알아야 하지요.

서영은 하지만 냉정하게 말하면, 아이들 입장에서는 엄마를 통해 후원하는 사람이 어떤 사람이건, 그건 엄마와 후원자와의 관계이고, 아이들로서는 하나님께서 엄마를 통해 자기들을 돌본다는 것이 훨씬 동기 부여의 뜻이 강해지는 게 아닐까요? 우리나라에서라면 '누구누구'라고 하는 게 의미가 있지만, 투르카나 아이들 경우에는, 지역 경계 밖을 모르는 상황이잖아요. 게다가 선교사님이 아이들에게 헌금 가지고 노골적으로 생색을 내실 분도 아니구요. 그렇다면, 그건 선교사님 성품의 결벽성에서 오는 것일 수도 있지요.

임연심   아니요, 저는 우리 킹스키즈 아이들이 미래에는 비행기 타고 이 나라 저 나라 다니게 되리라고 믿고 있어요. 해마다 선교대회 때 현지 목사님이나 대학생이 된 아이들을 데리고 가는 것도, 자기들을 후원해준 사람이 이런 나라에서 사는구나, 하는 유대감을 가지게 해주려는 것이고, 더 나아가 너희들이 크면 너희 형제들을 위해 너희들이 받은 도움을 갚아야 한다는 것을 가르치려는 거지요.

서영은   그게 바로 엄마의 마음이군요, 알겠습니다.

길 없는 길

믿음은 표적에 의존하지만, 그곳에 이르렀을 때는 보이는 표적은 사라지고, 그곳으로 이끈 보이지 않는 신앙만 남게 된다.

자동차에는 아이들 셋이 타고 있다. 아이들은 엄마와 함께 소풍을 가는 것처럼 기분이 들떠서 엉덩이를 들썩거린다. 엄마도 마음이 여간 든든한 게 아니다.

생각해보면, 자신이 이곳에서 사역한 시간이나, 아이들이 태어나 자라온 시간이나 비슷한데, 임 선교사는 컴파운드 밖으로 나오면 아직도 어디가 어딘지 헷갈린다.

오늘은 주일, 임 선교사는 나페이카르 '나무 아래 교회'에 가서 예배를 보려고 한다. 이미 열 차례 이상 가본 곳임에도 갈 때마다 길을 못 찾아 헤맨다.

로드와를 벗어나 1킬로미터 정도는 외길 형태의 길이 뚜렷하다. 길 양쪽으로 펼쳐진 광활한 벌판을 지나노라면, 멀리 야트막한 바위산도 보이고, 혼자서 타박타박 걷고 있는 붉은 줄무늬 옷을 걸친 남자가 지팡이를 들고 스쳐 지나가기도 한다. 염소 떼를 이끌고 가는 목동의 모습도 보인다. 푸른 하늘에 유유히 떠서 흐르는 뭉게구름 아래 지상의 풍경은 꼭 구약시대를 연상케 한다.

하지만 그쯤 달리다가 핸들을 동남 방향으로 꺾어야 하는데, 어

슬레이트 한 장을 뜯어내고 하늘이 보이는 지붕 아래 자리에서 선교
사는 늘상 본향을 그리워했다. (처음에는 이곳에 매트리스 한 장밖
에 없었다.)

디서 꺾어야 하는지 아리송하기만 하다. 두 달 전에 찾아갔을 때 눈에 익혀둔 나무가 있었는데, 모두가 그 나무에 그 나무 같다. 가지 한쪽이 잘려져 나간 것을 구별하는 표식으로 삼았는데, 지금 와서 보니 잘려진 나무들이 한두 그루가 아니다. 바퀴 자국이라도 있을까 해서 눈여겨보지만, 그마저도 비에 씻겼는지, 모래바람에 덮였는지, 흔적이 없다. 그래서 이미 세 번째나 옆에 앉힌 크리스틴에게 물어본다.

"여기야?"

크리스틴이 자신 있게 팔을 쭉 뻗어 좀 더 가라는 손짓을 한다. 잠시 후 아이가 "여기!" 하고 소리친다. 선교사가 보기에는 여기나 저기나 다를 바 없는데, 도대체 무얼 보고 '여기'라고 하는지 알 수가 없다. 그녀는 핸들을 꺾어 외길을 벗어나 사막 안으로 들어선다.

사방팔방 아득한 지평선으로 둘러싸인 드넓은 곳에 있는 나무 한 그루가 교회이다 보니, 찾아가는 길은 달리 길이 정해져 있는 것이 아니라, 그 방향으로 달려가면 그게 길이 되는 것이다. 이곳에서처럼 길이라는 뜻이 하나가 아니라, 찾아가는 사람마다 길이 되는 곳도 흔치 않다. 아니 흔치 않은 게 아니라, 저마다 자기 뜻을 길로 여기면 길은 각자의 인생만큼 다양할 것이다.

하지만 비교 우위 자체가 불가능한, 절대 우위의 신적 영역 안에서 우리가 살고 있다는 것을 깨닫는 순간부터, 진리를 찾아, 신의 뜻에 합일하는 길을 찾아 살아가게 된다면, 그때부터 아무리 광활한 사막 한가운데 있는 나무 한 그루 같은 표적이라 할지라도, 그 목표에 닿게 하는 길만이 참된 길이 된다.

무엇을 찾아가는가에 따라 길은 수없이 많고, 닿는 곳도 제각기 달라진다. 때문에 닿아야 하는 곳이 오직 한곳인 사람에게는 찾아가는 길도 오직 하나일 수밖에 없다. 예수께서 "내가 길이요, 진리요, 생명이니 나로 말미암지 않고는 하늘나라로 올 자가 없다"고 말씀하신 그 길은, 쪼개고 나누어서 하나인 좁은 길이 아니라, 모든 것을 내포한 전체, 근본으로서의 하나이다. 그리고 그 길은 외부에 표적이 있어 찾아가는 길이 아니라, 마음의 믿음으로 찾아가는 길이다. 그런데 그 믿음을 가진 자기보다 아이들이 '나무 아래 교회' 있는 곳을 더 잘 알고 있으니, 이 또한 오묘한 일이 아닌가.

이 세상에서의 모든 표적은 가시화된 부분과 내면화된 부분, 즉, 드러난 부분과 감추어진 부분으로 한 몸을 이룬다. 그 한 몸에서 가장 속기 쉬운 것이 교회라는 표적이다. 교회를 신앙생활의 근거지로 여기는 것은 가시화되어 있는 부분에 비중을 두는 것이고, 신앙 그 자체가 표적일 때는 교회 건물의 비중이 상대적으로 낮아진다. 임 선교사는 '나무 아래 교회' 목사님으로부터 교회를 지어달라는 부탁을 받고 있다. 그곳에서 얼마 떨어지지 않은 곳에 있는 칼로콜 목사님으로부터도 같은 부탁을 받고 있다. 참 믿음의 표적이라면 예수님의 성체(聖體), 그것도 십자가의 거룩한 뜻과 합일되는 신앙 외에는 다른 아무것도 없다는 것이 그녀의 생각이다.

다만 보이지 않는 것을 믿게 하기 위한 방편으로서의 표적은 예수님 말씀이고, 그 말씀을 지속적으로 '들음에서 나는 믿음'으로 자라나게 돕는 곳이 교회라고 할진대, '나무 아래 교회' 목사님과의 약속은 언젠가는 지켜져야 할 것이다.

믿음은 표적에 의존하지만, 그곳에 이르렀을 때는 보이는 표적은 사라지고, 그곳으로 이끈 보이지 않는 신앙만 남게 된다.

그리하여 아이들은 자신들이 태어난 산천에 대해 본능적인 방향 감각을 지니고 있어, 교회의 표적으로 쓰임 받는 '나무 한 그루'를 찾아가는 방향은 알지만, 그 방향으로 왜 가야 하는지는 이제부터 알게 될 것이다.

불현듯, 선교사는 다시 자동차를 멈추어야 했다.

"크리스틴!"

핸들을 꽉 잡은 손은 흔들림 없이 곧게 달리고 있었지만, 마음에서 '어쩐지 잘못 가고 있는 것 같다'는 의심이 차를 멈추게 했다.

360도 원처럼 둥그런 지평선에 갇혀 있다. 모든 방향이 다 맞는 방향으로 느껴지는 상황이다. 군데군데 흩어져 있는 아까시나무들, 광활한 사막에 무질서하게 흩어져 있는, 강철같이 억센 선인장 자체가, 더 크고 조화로운 하나님 세계의 암호처럼 보이기는 한데, 해독할 수가 없다.

콧잔등에 땀방울이 맺힌 크리스틴이 차에서 내렸다.

차에서 내린 아이의 행동을 유심히 지켜보지만, 아이의 마음속에서 무엇이 방향을 가늠하게 하는지 알 수가 없다. 다만 아이는 자기처럼 지표에 나타나 있는 어떤 것이 아닌, 다른 것을 통해 방향을 가늠하는 것이 확실하다.

임 선교사는 갑자기 자기 안에 너무 많은 길이 있음을 깨닫는다. 자연이 아닌 인위적 도시, 그 안의 작고 큰 길에는 많은 표지판이 붙어 있어, 그 표지판만 읽을 수 있으면 누구나 목표 지점을 찾아갈 수 있다. 요즘은 인공위성이 내비게이션을 통해 길 안내를 해주고 있어, 사람이 표지판을 읽는 수고조차 필요 없어진 시대다.

하지만 지금 찾아가는 교회는 기존의 독법이 무익한 지점에 있다. 오히려 기존의 독법을 버려야 더 쉽게 찾을 수 있을지 모른다. 기존의 독법을 버린다? 그렇다면 길 잃고 헤매야 비로소 보이는 다른 독법이 있음이 분명하다. 아이는 그것을 알고 있는 것이다!

크리스토퍼, 길 잃은 양

> 그 아이의 꾀가 훤히 보이는데도,
> 어쩐지 사랑스럽게 느껴졌어요.

레베카와 엘리자베스가 입원해 있는 병원의 관리책임자에게는 아들 둘이 있다. 형은 크리스토퍼, 동생은 에녹이다. 임 선교사는 결핵으로 입원해 있는 아이들을 하루 한 번씩 문병을 하다가 이 남성을 알게 되었다. 이 남성은 외국인 여성이 친자식처럼 고아들을 돌보는 것을 보고, 자청해서 임 선교사를 도와주려고 한다. 결핵은 감염율이 높아서 다른 아이들에게 감염됐을 가능성이 우려되어, 일괄적으로 아이들 검사를 해야 하는데, 그 책임자가 아이들 모두 결핵 검사를 받을 수 있도록 주선해주겠다고 나선 것이다.

그러는 과정에, 임 선교사는 그의 슬하에 두 아들이 있는 것을 알게 되었다. 동생은 참하고 성실해 보이는데, 형인 크리스토퍼는 다니던 학교도 중퇴하고, 슬쩍슬쩍 거짓말을 해서 부모의 걱정거리가 되고 있는 상태였다. 하루는 문병 갔다 돌아오는 길에 크리스토퍼를 만나게 되었을 때, 임 선교사는 왠지 모르게 그 아이에게 신경이 쓰였다. 아이를 따로 조용히 불러서 콜라를 함께 마시며, 이 이야기 저 이야기를 들어보는 동안, 임 선교사는 아이의 마음이 자기 또래들의 길에서 한참 벗어나 있음을 알게 된다.

아이의 까만 눈동자는 천진해 보이면서도, 꾀바른 총기로 반들거린다. 거기서 거짓말이 나오나보다.

"네 동생은 공부를 열심히 하는데, 너는 형인데 동생보다 못하면 동생한테 조금 창피하지 않겠니?"

"……."

"네가 공부를 다시 하겠다면 내가 학교에 보내줄게."

이튿날 임 선교사는 크리스토퍼가 다니다 그만둔 얼라이언스 졸업생과 만나서 전후 사정을 알아보고, 아이에게는 티셔츠와 성경을 준다. 그다음 날은 킹스키즈 아이들 결핵 검사하러 간 길에 크리스토퍼 아버지를 만나 아들에 대한 아버지의 생각을 들어본다.

주일에는 교회를 찾은 얼라이언스 졸업생과 크리스토퍼에게 점심을 사주며, 아이의 속마음을 확인해본다. 그 자리에서 확인하려 했던 것은 아이의 마음이었는데, 정작 임 선교사 자신의 생각이 더 확고해진다. 선교사는 자기 마음에 의문을 가지면서도 하나님께서 자기에게 왜 이런 마음을 갖게 하시는지 모르겠다며, 이미 기울어진 마음을 받아들인다.

며칠 뒤 다친 아이들 데리고 병원에 간 선교사는, 크리스토퍼 아버지가 아이들 상처를 치료해주는 동안 크리스토퍼와 이야기를 나누어본다. 이야기를 나눌수록 아이의 마음자리는 염려스러울 뿐이다. 다시 밖으로 데리고 나와서 저녁까지 사서 먹이며, 선교사는 아이에 대한 자신의 결심이 확고하다는 것을 보여준다. 아이와 헤어져 집으로 돌아온 뒤에는 자기의 열심이 혹시 하나님 뜻을 앞서가는지 염려되어 기도를 드린다.

다음 날, 임 선교사는 병원으로 가서 아이의 아버지를 만나, 3000실링을 주면서 학교를 알아보라고 부탁한다. 연이어 다친 아이들 치료, 문제 해결, 아이들과 같이 점심식사, 미팅에서 미팅으로 지칠 만한데도, 임 선교사는 이것이 '사람 사는 행복'이라고 스스로 뿌듯해한다. 저녁에는 마침내 크리스토퍼가 제 발로 찾아와서 학교

들어갈 테니 카메라를 사달라고 한다. 임 선교사는 아이의 결정이 반갑기만 하다.

"알았다, 사줄게."

아이는 한술 더 떠서 구두도 사달라고 한다. 아이의 속마음을 훤히 들여다보면서도 거절하기보다는 왜 이 아이에게 자꾸 마음이 쓰이는지 스스로 의아해하면서 구두까지 사주겠다고 약속한다.

며칠 뒤 나이로비로 나간 임 선교사는 아이의 일이 궁금하여 로드와로 전화를 한다. 아이가 집에 없다. 서운한 마음에 저녁 때 전화를 다시 하기로 하고 끊는다. 저녁에 통화를 하게 되자 아이는 몹시 흥분한 상태로, 선교사에게 절대적인 신뢰를 보인다. 선교사는 그 신뢰가 꾀로 느껴져 당황스럽다. '과연 주님이 이 아이를 어떻게 새롭게 만드실지, 기도를 하는 것이 나의 책임'이라고 생각한다.

다음 날 크리스토퍼는 이제 자기 쪽에서 임 선교사더러 전화를 해달라는 부탁까지 하고, 임 선교사는 아이의 말대로 하루에 두 번씩이나 전화를 한다. 정작 혼담이 오가던 제임스와의 만남은 완전히 접고 나서.

그다음 날은 이런저런 일로 정신없이 바쁜 중에도 은근히 아이의 전화를 기다린다. '녀석이 섭섭한 것이 있나, 전화를 안 한다'고 일기에 쓴다. 그로부터 이틀 뒤, 몸이 많이 아픈 중에도 아이의 전화를 기다리다 마침내 통화를 하고 나서는 '사랑스럽다'는 말로 일기를 맺는다.

며칠 뒤 나이로비로 나온 아이와 아버지를 데리고 호텔로 가서 점심을 대접하고, 숙소까지 데려다준다. 다음 날 아이를 데리고 얼라이언스 학교로 찾아가 교장과 교감을 만나서 복학을 부탁해보지만 학교 측은 '소망이 없다'는 답과 함께 나이로비의 다른 고등학교를 소개해주겠다고 한다. 다음 날 아홉 시에 만나기로 한 아이는 열한 시에나 나타난다. 임 선교사는 아이를 데리고 얼라이언스로 가서 교장에게서 받은 추천서를 가지고 나이로비 고등학교로 찾아간다. 교장을 만났지만 자리가 없다는 대답.

　　최하위 성적을 받아든 자식을 데리고 이 학교 저 학교로 전전하는 어머니의 심정인 임 선교사는 오히려 투정하는 아이를 다시 달래어 차에 오른다.

서영은　　선교사님이 길러내신 아이들을 만나보고 한 가지 궁금한 것이 있었어요. 이 아이들은 공부에 자질이 있어, 엄마의 교육열을 잘 쫓아온 것 같은데, 그렇지 않은 아이들은 어디서 무얼 하나, 그들에 대한 선교사님의 관심은 어떠했는지 궁금했어요. 그런데, 크리스토퍼라는 아이를 만나는 과정 그리고 그 아이를 어떤 마음가짐으로 대하시는지 보고, 그 궁금증이 풀리더군요. 크리스토퍼는 병원 책임자인 아버지가 있음에도 왜 돌봐줄 생각을 하게 되셨는지요?

임연심　　글쎄요, 우선은 다니던 학교를 그만둔다는 것은 투르카나에서는 바로 쓸모없는 사람이 된다는 뜻이에요. 도대체 할 일이 없는 곳이어서…… 보셨지요? 허름한 상점 앞에서 마약 성분의 나무를 씹어 대낮부터 눈동자가 흐릿하게 풀린 젊은 아이들이 어깨를 늘어뜨리고 앉아 있는 모습을.

서영은 글쎄요, 제가 느끼기에는 그 아이를 '잃어버린 양'으로 느끼시는 선교사님의 마음의 이끌림이 묵상할 만했어요. 왜냐하면 그 아이는 처음부터 학교 갈 생각이 전혀 없었고, 선교사님 만나 이야기할 때도 어린애답지 않게 머리를 뱅뱅 굴렸어요. 아이는 이 어른을 애타게 해서 자기가 원하는 카메라나 구두를 얻어낼 생각만 하고 있었어요. 바로 그 점을 선교사님은 그 아이가 하나님의 눈으로부터 멀어져, 잃어버려질 수 있는 지점으로 보신 것 같습니다. 그런데 제가 흥미롭게 생각한 것은 이끌림이 없이 사명으로만 그 아이를 대하는 것과, 이끌림을 통해 사명을 이루어가는 것 사이에 어떤 차이가 있을까였습니다.

임연심 수고가 수고로 느껴지지 않는 것?

서영은 그건, 영적 이끌림에서도 얼마든지 있는 일이고요.

임연심 저의 감정을 알고 싶으신 거지요? (웃음)

서영은 네.

임연심 그 아이의 꾀가 훤히 보이는데도, 어쩐지 사랑스럽게 느껴졌어요. 그 아이의 전화를 기다리기까지 했어요.

서영은   그것이 바로 선교사님이 사명자라 해도 여전히 마음 안에 남아 있는 처녀로서 '거쳐가야 할' 감정이라는 거지요. 그런데 재미있는 것은 그 아이를 만나 상담하고 있는 상황에서도, 제임스라는 의사와 혼담이 오가고 있었지만 정작 결혼 대상자가 될 만한 남자에게는 관심이 전혀 없고, 꾀가 너무 많아 그것이 '애처로운' 아이에게 오히려 마음이 더 강하게 이끌리고 있으시니……. 선교사님은 사람에게 이끌리실 때도 '잃어버린 기미'가 있는 대상이라야 관심이 가시는 것 같습니다. 그 아이는 어떤 점에서 윌프레드의 후신이라고 할 수 있지 않을까요?

임연심   그런가요?

서영은   사람에게는 두 가지 유형이 있다고 합니다. 채워야 할 여지가 있어야 사랑의 마음이 작동하는 유형, 자기의 결핍을 채워줄 것같이 보여야 사랑이 작동되는 유형.

임연심   그러니까 저는…….

서영은   첫 번째인 구세주 유형이죠. 그런데 지상에서의 사랑은 늘 시험 상태로 오는 거 아시지요?

임연심   그런가요?

서영은   사랑의 속성이 '나 잡아봐라' 하면서 애를 태우는 마음이 바탕에 깔려 있어, 자꾸자꾸 따라오게 해서 벼랑까지 이르게 해요. 그리고 벼랑 앞에서 맹세를 시켜요. 나를 위해서 죽음을 택할 수 있는지를 시험하려는 거지요. 그건 상대의 사랑이 단 하나뿐임을 죽음으로 증명해 보이라는 건데, 독일의 여성시인 바하만의 「맨하탄의 선신」이란 방송극시가 있어요. 뉴욕 대학생인 제니퍼와 유럽 여행자인 얀, 이 두 사람은 서로의 현실을 계속 유예하며 7층 호텔방에서 시작해서 57층 높이까지 이르렀어요. 더는 갈 데가 없는 옥상 난간 앞에서 두 사람은 서로에 대해 절대적 존재가 된 사실을 마주 보게 되지요. 그리하여 사랑이 주는 충족감으로 더 이상 삶을 지속할 이유가 없어졌으므로 같이 뛰어내리기로 했어요. 그런데 어떻게 된 줄 아세요?

임연심 어떻게 됐는데요? 같이 뛰어내렸나요?

서영은 아니요. 남자만 뛰어내리고 여자는 삶을 지켰다는 것이 저의 기억이었는데, 최근에 텍스트를 다시 찾아보고 그 반대인 것을 알게 되었어요. 그러니까 뛰어내린 건 남자가 아니라 여자였어요. 이 극은 뛰어내린 여자의 죽음을 방조한 남자를 기소해 재판을 하고 있는 형식이에요. 그런데 여자는 삶을 지켜야 한다는 지금의 생각이 기억으로 자리 잡았던 거예요. 제가 이 작품에 매료되었던 것은 이십 대 때였는데, 그때는 남녀 간의 사랑으로 영혼의 탈바꿈이 온전히 가능하다고 믿었기에 기꺼이 죽음을 통한 사랑의 승화를 행동으로 감행할 자세가 되어 있었지요. 그런데 그 사이 삶을 통해 '믿음'과 닿지 않는 사랑은 허구임을 깨닫게 되었어요. 제니퍼의 연인인 얀이 마지막 순간에 현실로 돌아온 것은, 그가 사랑에 빙의되었던 순간에 했던 말들에서 깨어난 것이었어요. 요컨대, '나는 이제 아무런 직업도 가질 수 없고, 어떤 일에도 몰두할 수 없으며, 더는 쓸모가 없고, 모든 것과 단절되었다'라는 일종의 몽환적 도취 상태에서 상대에게 했던 말들은, 삶이라는 몸 없이 기화(氣化)된 강력한 바람(願) 같은 것이었어요. 상대방에게 자기를 맡겨 사랑을 영원화하려는 바람은 종교와도 닮은 점이 있지만 종교와 결정적으로 다른 것은, 사랑이 두 사람만의 합일로 완성된다는 생각 자체에 이미 결정적인 오류가 내포되어 있다는 점이지요. 바람은 삶이란 몸을 통해 믿음이 되어야 영속적인 것이 될 수 있고, 믿음은 하나님의 은총을 입어야만 시작되는 새로운 세계이기 때문에, 설사 두 사람이 같이 뛰어내려 서로가 서로에게 전부가 되는 것으로 생을 마감했다 하더라도 그 의미는 참다운 생명, 구원과 맞닿지 않은 채 산화(散華)한 것으로 끝인 거지요. 여성의 사랑은 연인에 의해 완성되는 것이 아니라 모성에 의해 완성되는 것이기 때문에, 「맨하탄의 선신」에서 기소되어야 할 사람은 제니퍼의 죽음을 방조한 얀이 아니라, 오히려 자기 안의 모성이란 밀알을 생명으로 탈바꿈시키지 못한 제니퍼의 자기중심적 감성을 탓해야 하는 거지요. 믿음이 깊은 신앙인에게, 시험으로서 사랑이 다가오는 것은 불태움에 대한 막연한 환상에 자기를 던지고 싶은 유혹 때문인 것 같습니다. 어쨌든 앞에서 언급했듯이 무풍지대에서 피는 꽃보다, 바람에 흔들리면서도 기어이 피는 꽃 같은 믿음이란 자기 환상까지도 물리쳐야만…….

임연심   그러니까, 그건 사람의 문제가 아니라 우리 안의 속성의 문제로군요. 사랑의 속성 자체가 꽃도 열매도 되는 것이어서 그렇게 탈바꿈하다 아가페로 정착하는 거겠지요.

와플, 양을 먹이다

실컷 드세요.
배가 불러 더 이상 못 드시겠다고 할 때까지 굽겠습니다.

독일의 한 시장에서 와플 기계를 봤다. 아이들 얼굴이 떠오르며, 즐거운 잔치를 벌일 생각에 가슴이 벅차올랐다. 전후좌우 따져볼 것 없이 기계를 사야겠다고 마음먹었다. 하지만 늘 그렇듯이, 사기로 결정을 하고 나면, 치밀하게 그 제품을 따져보기 때문에 같이 쇼핑을 해본 친구들은 곁에서 몇 시간씩 쭈구리고 앉아 기다리기 일쑤라고 한다. 어쨌든 와플 기계를 두 개 샀고, 그것을 케냐로 가지고 가는 문제는 고스란히 남아 있었다.

케냐로 들어갈 때는 짐이 항상 중량을 초과하기 때문에, 기내로 가지고 들어가는 짐에 와플 기계를 챙겨놓고 보니, 이동할 때마다 어깨가 파일 듯 아팠다. 그렇게 힘든 걸 무릅쓰고 가져온 기계였으나, 그동안 한 번밖에 쓰지 못했다. 많은 아이들에게 와플을 해서 먹이려면 시간과 비용이 만만치 않았기 때문이다.

이날은 투르카나 전 지역에서 사역하고 있는 목사님들을 로드와로 초대해서 와플을 대접하기로 작정한 날이다. 교파간 목사들의 알력이 심해지고 있다는 이야기를 들은 뒤였다. 이틀 전부터 준비해야 할 것들이 차곡차곡 마련되었다. 두 개의 풍로, 세 자루의 숯, 밀가루 한 포대, 우유 한 초롱, 설탕 한 봉지, 계란 세 판, 열 병씩 들어 있는 탄산음료 다섯 상자 등이었다. 식재료는 구할 수 있는 것 중에서 최고로 신선한 것들이다. 식탁에는 식탁보가 덮였고, 접시도 오십 장 정도 준비되었다. 목사관 옆으로 식탁이 차려졌고, 의자는 마흔 개 정도 준비되었다. 바람이 불 때마다 그늘을 드리우고 있는 아까시나무에서 흰색 꽃잎들이 우수수 떨어져 식탁과 접시에 예쁜 꽃수를 놓았다.

임 선교사는 교회 집사 세 사람과 함께 아침부터 바쁘게 움직였다. 큰 함지박에 우유를 쏟고, 계란을 깨어 넣고, 설탕과 밀가루를 넣어 되직하게 반죽을 만드는 데도 시간이 무척 걸렸다. 목사님들은 12시에 모이기로 했으므로, 도착하기 전에 한 사람 앞에 세 장 이상은 와플이 놓여져야 한다는 것이 임 선교사의 계산이었다. 목 사님들이 그것을 드시는 동안 새 와플이 구워지는 시간을 대충 맞 춰야 하기 때문이다. 그러나 와플은 반죽이 예민하기 때문에 손님 들이 도착하기 전에 너무 빨리 구워져 완성되어도 겉이 늘어질 수 있다. 선교사는 그것이 애가 탄다.

손님들이 속속 도착해서 의자를 채우기 시작하는데, 빈자리가 있 음에도, 나중 온 사람이 빈자리에 앉지 않고 멀찍이 떨어져 앉는다. 무리를 지어 앉은 사람들은 떨어져 앉은 사람을 향해 표나게 등을 돌리는 분위기가 감지된다. 12시를 넘긴 시각에는 대부분 의자들이 채워졌지만, 파가 갈리어 적대하는 분위기는 사람 수만큼 더 역력 해졌다. 그때쯤, 임 선교사의 앞치마는 밀가루로 분칠되어 있었고, 이마에는 땀방울이 송글송글 맺혀 있었고, 얼굴은 열에 익어 빨갛 게 물들어 있었다.

투르카나의 관습에는 대접하는 사람이 기도를 한다. 선교사는 기 역자로 놓인 식탁 앞으로 나서서 짤막하게 환영인사를 한다.

"여러분 이렇게 만나뵙게 되어 반갑습니다. 사역하느라 고생이 많으신 줄 압니다. 오늘 하루는 어려운 일들 모두 내려놓으시고, 맛 있는 와플 드시며 즐거운 환담을 나누시기 바랍니다. 여러분들도 아시겠지만, 예수님은 부활하시자마자 고기잡이 하러 바다로 나간 베드로에게 나타나셨습니다. 숯불에 구운 생선과 떡을 준비하시어

제자들에게 먹이시며, 내가 너희들을 먹이는 것같이 너희도 내 양을 먹이라고 하셨습니다. 예수님이 우리에게 하신 첫 번째 말씀이자 성령이 심어주신 마음이 '먹이고 싶은' 것입니다. 지금 여러분들이 드시게 될 이 와플은, 한국과 세계 여러 나라에 사시는 형제분들이 여러분에게 먹이고 싶은 그 마음을 제가 대신하고 있다는 것만 기억해주십시오. 그러면 같이 기도 드리겠습니다."

기도 후 목사님들은 자리에서 일어나 접시를 들고 줄지어 앞으로 나온다. 임 선교사가 집게로 한 접시에 두 개씩 와플을 놓아준다. 자리로 돌아간 목사님들은 각자 기도를 하고 나서 와플을 먹어보더니 '우와' 하며 흥분을 감추지 못한다.

"실컷 드세요. 배가 불러 더는 못 드시겠다고 할 때까지 굽겠습니다."

임 선교사의 말에 여기저기서 "할렐루야" 하는 소리가 터져 나왔고, 조금 전까지 서로 적대하던 분위기는 맛있는 음식 앞에서 눈 녹듯이 사라지고, 한데 어우러져 유쾌하게 떠드는 소리로 교회 앞뜰이 왁자지껄했다.

그때에 임 선교사는 아무도 안 보는 곳에서 잠시 숨을 돌린다. 아침부터 물 한 모금 마시지 못한 갈증과 허기를 콜라 한 모금으로 달래는데, 그 맛이 짜릿하다.

서영은　「요한복음」에서 부활하신 예수님이 베드로에게 세 번이나 "나를 사랑하느냐"고 물으신 것은, 베드로가 예수님을 세

번 부인한 것을 상기시키시는 것으로 풀이하는데요, 베드로가 예수님을 부인한 것은 외부로부터의 위협 때문이라지만, 오늘날 우리의 모습을 돌아보면, 겉으로는 열 번 스무 번 예수님을 사랑한다 하지만, 마음 깊은 곳에서는 은밀한 부정(否定)을 날마다 되풀이하고 있습니다. 그 부정이란 세상 가치관과 타협함으로써 십자가를 무력하게 만드는 선택을 반복하는 것을 뜻하는데요, 이 점을 공공연히 용인하고 있는 교회 안의 분위기가 타락의 도를 넘는다고 생각하지 않으세요?

임연심   네, 아프가니스탄 선교사가 고국에 다니러 와서 느꼈던 배신감이 바로 그런 부분이 아닌가 생각됩니다. 자기 십자가를 지지 않은 채 입술로만 주를 따른다, 사랑한다, 고 말하는 사람에게서는 조금 천연덕스러운 분위기 같은 게 있어요. 그분이나, 나나 생명의 위협을 받는 오지에 있다가 돌아오면, 그것이 영의 역한 냄새처럼 금방 느껴져요. 이건 누구를 정죄하는 이야기가 아니에요.

서영은   물론요. 그러나 자기 자신과 남을 기만하면서도 그것에서 깨어나지 못한다면, 서로가 서로에게 거울이 되어 꼬집어 줘야 하지 않을까요? 저는 목회자가 가정을 가지게 되면, 손양원 목사님이나 최춘선 목사님처럼 가족을 저버렸다는 말을 들을 정도로 가족을 하나님께 맡기는 데서부터 믿음이 증거되어야 한다고 생각해요. 십자가 길을 가는 것과 가족에 대한 사랑은 양립이 될 수 없는 것이잖아요. 소명으로서의 성직이 직업으로 변질되는 원인은 가족이 첫 번째 신앙의 환경이 되면 끊지 못하는 것들이 많이 생기기 때문이지요. 가족에게 아주 야멸차게 하면서 사역에만 전념하신 분들의 자녀는 건강하게 바로 서는데, 가족도 사랑하고 사역도 잘하겠다고 하신 분들 가운데는 자녀들이 바로 서지 못한 분이 꽤 있으신 것 같아요.

임연심 저는 오십이 되기 전까지 계속 결혼을 꿈꾸었어요.

서영은 그건 선교사님이 자신을 몰랐거나, 알면서도 어차피 이룰 수 없는 거니까 꿈 정도로 생각하신 거죠.

굳센 동역자

아이구, 내 믿음은 이 사람 발꿈치에도 못 미치겠다.

미국 필라의 김동헌 목사는 1987년부터 개인적인 기도 모임을 통해, 임연심 선교사에게 선교 헌금을 보내기 시작했다. 1989년 교회를 창립한 이후부터는 임 선교사뿐만 아니라 중국의 이요한 목사, 케냐 김경수 목사, 브라질 한승수 목사에게도 선교 헌금을 보냈다.

교파를 떠나서 오지에 파송된 선교사 돕기를 자신의 사역 외에 또 다른 사역으로 여겼다. 그 또 다른 사역은, 김 목사가 처음부터 자기 교회를 짓지 않기로 선언한 것과 궤를 같이했다.

시간이 흐름에 따라, 정해진 성전이 없기 때문에 여러 가지 어려움이 따랐고, 성전을 짓자는 성도의 압박이 거세어지는 상황에서도, 해외 선교사를 한결같이 섬기고 튼실하게 뒷받침하는 파송의 뜻에 믿음의 젖줄을 집중했다. 지상에 성전 지을 마음을 접을 때마다 김 목사의 마음 안의 빈자리는 더욱 넓어졌다.

자신이 그 같은 선택을 한 것이 아니라, '하나님께서 계시한 바'라는 김 목사의 말은, 이십육 년이 지난 지금에 이르러선 과연 그렇다는 것이 증명된다. 건물에 마음이 사로잡힌 나머지 무리하게 성전을 짓고, 그로 인해 재정 파탄이 초래되어 경매 시장에 매물로 나온 교회가 수두룩한 오늘의 민망한 현실에 비추어보면, 과연 그 같은 신앙적 통찰이 김 목사 자신에게나 성도들에게 얼마나 복된 것인가를 새삼 되새기지 않을 수 없다.

김 목사는 임 선교사를 만나본 적도 없이, 헌금 보내기를 일 년 남짓 계속하던 중에, 1988년 선교대회 때 같은 방을 쓰게 되면서 얼굴을 처음 대면하게 되었다. 임 선교사에 대한 첫인상을 김 목사는 이렇게 말했다.

"아이구, 내 믿음은 이 사람 발꿈치에도 못 미치겠다."

선교대회 때마다 삼 년을 연거푸 같은 방을 쓰게 된 특별한 우연,

일 년 차이로 목사 안수를 받은 선후배 사이, 인생에서는 말 못할 속내를 털어놓고, 목회에서는 깊은 영적 교감을 나누는 사이가 되자, 김 목사는 임 선교사를 미국으로 초대하기에 이르렀다.

김 목사가 미국 뉴저지 주 체리힐에 살 때였다. 어머니가 쓰시던 방을 손님에게 내주고, 어머니는 아들 방으로, 아들은 지하방으로, 식구마다 자리를 옮겨 한 달을 같이 지냈지만, 가족들도 임 선교사도 불편한 기색이 전혀 없었다. 그것이 사역에 지친 임 선교사가 해마다 김 목사댁의 '빈 방'을 찾아가는 휴식의 시작이 되었다. 그 빈 방은 언제든지 손님을 가족으로 맞이할 준비가 되어 있는 식구들의 따뜻한 마음 안에 있었다.

비디오 방영 이후 쏟아져 들어온 작정 헌금이 얼마인지 모르는 채, 임 선교사는 여의도에서 보내온 20,000달러로 교회의 표식이 된 한 그루 나무 옆에 나페이카르 교회를 지었다. 그러고 나니 그보다 먼저 교회 지어주기로 약속한 칼로콜 목사에게 본의 아니게 거짓말을 한 셈이 되었다. 걱정하는 임 선교사에게 걱정하지 말라고, 칼로콜에는 내가 교회를 지어주겠다고 약속한 이는 김동헌 목사였다.

과연 일 년 뒤 그 약속은 지켜졌다. 그리고 헌당식 날이 다가왔다. 그동안 임 선교사는 "목사님은 아이들이 있어서 이런 위험 지역에 오면 안 된다"고 해왔지만, 이제 성전이 완공되었으니 헌당식에는 참석해야 하지 않겠느냐고 말했다. 그에, 김동헌 목사는

1999년 2월에 투르카나를 방문하기로 결심했다. 비행기표를 예약하고 나서부터 김 목사는 아이들 선물을 사모으기 시작했다. 옷, 모자, 학용품, 신발, 사탕 등. 떠날 날이 가까워지자, 집 안이 선물 보따리로 가득 찼다. 짐을 꾸려보니 큰 이민가방 다섯 개에 짐을 눌러 담고도, 기내로 들고갈 가방까지 속이 빵빵하게 찰 정도였다. 동행이 있어서 가방 다섯 개를 나누어 부칠 수 있어 다행이었다.

환승을 위해 런던 히드로 공항에서 세 시간이나 기다려야 했다. 더운 나라로 간다는 생각에 옷을 얇게 입은 탓으로, 김 목사와 일행은 추워서 덜덜 떨면서도 따뜻한 커피 한 잔 마실 돈이 아깝기만 했다. 어느새 친구의 마음이 전이된 것인지, 돈 한 푼 한 푼이 모두 아프리카 아이들에게는 한 끼 밥이 된다는 생각 때문에 자기 입으로 들어가는 건 커피 한 잔도 죄스럽게 느껴졌다. 각자의 사역지는 세계의 이 끝에서 저 끝으로 떨어져 있지만, 동역하는 마음의 중심에는 늘 아프리카 아이들이 있었다.

임연심과 김동헌은 바로 이 점에서 온전히 한마음이었다.

서영은   선교사님과 김동헌 목사님은 성품이 비슷한 면이 있는 것 같습니다. 와플 파티 때 목사님들이 빈 접시를 들고 있을 새 없이 와플을 구워내느라 갈증을 참는 모습이나, 김 목사님이 환승역에서 벌벌 떨면서 커피 한 잔 못 사마시는 거나, 한 사람의 다른 모습 같습니다.

임연심 김 목사님은 그 이상이에요. 제가 입 밖으로 말 못하는 점까지 알아서 미리 배려해줄 때는, 이이에게 하나님 주시는 마음이 이 정도구나, 감동스러울 때가 많아요.

서영은 예를 들면?

임연심 저한테는 개인 돈이 없잖아요. 그렇다 보니 저 자신을 위해 무얼 산다는 것은 생각조차 못하는데, 김 목사님은 딸이 알바해서 번 것, 아들이 상금 받은 것 등등의 구실을 내세워 제게 돈을 쥐여주면서, 쇼핑을 가자고 해요. 그러면 저는 한달음에 백화점으로 달려가서 이것저것 사는데, 그때의 기분은 숨을 참고 있다가 휴 내쉴 때처럼 가슴이 탁 터지는 것 같아요. 그럼에도 김 목사는 이내 알아채고, 그거 아이들 줄려고 하는 거지, 그러지 말고 자기 꺼 사라니까 하고 타박을 줘요. 그뿐만 아니라 그이는 누가 제 뒤에서 험담을 하면, 그게 왜 험담인지 반드시 싸워서 그 사람이 잘못을 시인하도록 만들어요. 미국에서 목회를 하는 친구가 있는데, 김 목사한테 저를 두고, '아프리카 오지에서 사역을 한다는 사람이 값비싼 크리스찬디올 브랜드 안경만 끼고 다닌다'고 하더래요. 그래서 김 목사가, 거기가 어떤 데인지 알고나 하는 이야기냐고, 태양빛이 너무 강렬해서 안경알에 금이 쭉쭉 가는 곳이라고, 그 안경은 독일 언니가 자기 동생이 그런 데서 사역하고 있는 것이 너무 가

여워서 네 평생 안경만은 내가 최고의 것으로 마련해주겠
다고 사준 건데, 그걸 가지고 이러쿵저러쿵 하느냐고 호통
을 쳤다고 하더군요.

서영은 그래서 그 친구는 이해를 하게 됐나요?

임연심 모르겠어요. 험담을 하게 되는 것은 감정이지 이성이 아닌
것 같아요. 그래서 이성으로는 이해한다고 해도 감정이 남
아 있는 한, 시각이 바뀌지 않아요. 자기 안에 부정적 에너
지가 넘치면 사람은 남을 미워하게 되는데, 이유가 있어서
라기보다 미워하고 싶은 마음 때문인데, 그 마음이 순화될
때까지는 거기에 사로잡혀 있는 거죠.

서영은 그런데 선교사님은 음식 남기는 것을 죄악시한다면서요?

임연심 네, 제가 김 목사님 댁에서 유일하게 참견하는 것이 음식
버리는 거예요. 하루는 어떤 사람 이야기라고 하면서 이런
이야기도 해줬어요. 우리가 죽은 뒤에 천국 문 앞에 다다
르면, 살아 있을 때 자기가 버린 음식을 다 먹고 나서야 문
안으로 들어갈 수 있는데, 목사님은 살아서 버린 거 다 먹
으려면 한참 걸릴 거라고 겁을 줬어요.

서영은 미국 애틀랜타의 친구 교회에서 얼마간 묵으실 때, 주일
예배 후에 점심으로 국수를 먹는데 성도들이 남은 국수를
버리려고 해서, 선교사님이 거기 계시는 동안 남은 국수
드시다 보니 저녁에도 국수, 아침에도 국수, 국수 뿌리를

뽑으셨다면서요? 저도 비슷한 면이 있어 충분히 이해하지
만, 선교사님은 쉰밥까지 씻어서 드신다는데, 그건 좀…….

임연심 그냥 그렇게 되니까 그러는 거지 제가 뭐 억지로 그러는
것은 아니에요.

길, 하나의 마음속 두 개의 외로움

그분이 내어준 새 생명으로 살기 전까지는
인간은, 자기 자신이 자기를 속박하는 죄의 사슬일 뿐이니까요.

투르카나 로드와에 도착한 김 목사는 호텔에 여장을 풀었다. 말이
호텔이지, 모기장 달린 침대 하나에 아랍식 변기와 샤워시설이 함
께 있는 조그만 공간이 전부인 그런 곳이었다. 천장에는 프로펠러
같은 팬이 떨어질 듯 위태롭게 걸려 있어, 더운 바람을 바람 같지
않게 천천히 돌리고 있었다. 출입구 외에는 창문도 없었다.

　김 목사는 침대에 걸터앉아 다리를 긁적이며 생각했다. '나는 죽
어도 상관없는데, 당신은 애들이 아직 어린데 사고라도 만나면 어
떻게 하냐'라고 극구 말린 친구의 마음이 와서 보니 더욱 애잔하고
극진했다. 자신은 기껏 일주일 남짓 머물다가 떠날 것이지만, 친구
가 이런 데서 십 년이 넘게 살아왔고, '뼈를 묻으라면 묻겠습니다'

했던 대로 앞으로도 살아가야 할 것을 생각하면 애처로워서 가슴
이 먹먹했다.

더위와 물것들과, 비위 상하는 냄새 때문에 지친 잠조차도 제대
로 잘 수 없었던 첫날 밤을 지내고 이튿날이 되었다. 마음 같아서는
칼로콜 헌당식만 끝내고 나이로비로 돌아가고 싶지만 친구의 생각
이 어떠한지 알 수 없었다.

아침부터 날은 찌는 듯 더웠다. 세수를 하려고 세면대의 수도꼭
지를 돌려봤지만 물이 나오지 않았다. 샤워에서도 물이 나오지 않
았다. 이틀이 걸려 이곳까지 오는 동안 차에 탄 사람을 향해, 더러
운 플라스틱컵을 흔들어대던 헐벗은 검은 사람들을 많이 본 터라,
세수를 못 하고 몸을 씻지 못한다 해도 놀라울 것이 없었다. 김 목
사는 이곳에 머무는 동안만큼은 잡힌 손처럼, 친구가 하자는 대로
모든 것을 맡기겠다고 속으로 다짐했다. 기왕 왔으니 도울 것이 있
으면 하나라도 더 도와주고, 어디든 못 갈 데 없이 다 따라가보고,
피 묻은 염소 고기는 못 먹겠지만, 무엇이든 주는 대로 삼키리라,
그것이 친구의 사역에 도움이 된다면. 의욕은 그러했다.

출입문을 열어놓고 있으니, 지나가는 사람마다 안을 들여다보고,
닫으니 숨이 막히는 상황이었다.

일행이 시계를 들여다보면서

"도대체 이곳은 지금 몇 시일까?"

"그건 알아서 뭐해요?"

"목도 마르고 배도 고프네. 임 선교사는 언제 올 건가? 이럴 줄 알았으면 과자나 사탕이라도 조금 남길걸."

"그런 소리 하지 말아요. 짐 풀 때 임 선교사 좋아하는 거 못 봤어요? 팔이 두 개뿐인 게 한이더구만."

그때, 숙소로 돌아갔던 선교사가 자기 말하는 것을 들은 듯, 문 앞에 나타났다.

"잘 잤어요?"

"아이고, 깜짝이야."

"아침 먹으러 갑시다."

"아침요? 뭘 먹을 건데요?"

"로드와 목사님 집에서 우갈리랑……."

"삶은 계란 두세 알이면 될 것 같은데."

일행이 하는 말이 어쩌면 자기 마음을 그렇게 잘 알까 싶어 김 목사는 속으로 웃음을 지었다.

"그래, 우리는 삶은 계란이면 돼."

"삶은 계란만 드실 거면 여기서 부탁해도 돼요."

"그래요?"

김 목사는 자기도 모르게 반색을 했다. 삶은 계란을 호텔에서 구할 수 있다는 정보만으로 비상식량을 확보한 듯 안심이 되었다.

"내일 아침부터 그렇게 하시고 오늘은 목사님 댁으로 갑시다."

"그러지 뭐."

순순히 따라나서는 김 목사를 보고 일행이 말했다.

"나는 그냥 여기 있을래요. 선교사님 가실 때 주인한테 계란 한 판만 삶아달라고 부탁해주세요."

"여기는 계란이 귀해요. 두 알만 주문해둘게요."

계란. 단단한 껍데기에 싸여 최소한의 위생과 영양이 보장되는 계란이 김 목사와 그 일행이 음식에 관한 한 투르카나에서 목으로 넘길 수 있는 마지노선이 될 줄은 몰랐다.

그날 아침의 일이었다. 목사님 댁에서 정성껏 준비한 음식이었지만, 자꾸 속이 느글거려서, 먹는 시늉만 하고 콜라만 홀짝홀짝 마시노라니 입안에서 이물질이 씹혔다. 뱉어보니, 잉크가 핀 영수증이었다. 기겁을 했다. 나머지를 버리려는데, 임 선교사가 "그거 이리 줘요" 하더니 아무 일 없다는 듯이 받아서 꿀꺽꿀꺽 마셨다. 온유한 웃음 뒤의 결기. 친구가 투르카나 사람들에게 감동을 줬던 그 비결을 김 목사는 현장에서 두 눈으로 똑똑히 보고 있었다. 하지만 시간이 흐를수록 그것은, 몸이 마음을 배반하는 김 목사에게는 은근한 압박이 되었다.

그다음 날 점심은 교회 집사 집에서 초대를 했다. 그 집사의 남편은 학교 교원이고, 임 선교사가 수시로 일을 부탁하고 소정의 수고료를 주기 때문에 부수입도 짭짤해서 살림 형편이 넉넉했다. 외양부터 번듯한 집이었다. 주인의 안내로 들어선 실내도 제법 컸다.

소파 형태의 긴 장의자가 기역자 모양으로 놓여 있었고, 하얀 레이스 보가 덮여 있는 탁자 위에는 음식이 차려져 있었다. 일행이 안쪽으로 안내되어 자리에 앉자, 뒤따라서 교회의 몇몇 성도들이 차례로 들어와 자리에 앉았다. 대야를 든 소녀와, 하얀 주전자를 든 소녀의 언니가 짝을 이루어 출입구 가까운 벽 밑 소파에 나란히 앉아 있는 부모님부터 손을 씻도록 대야를 받쳤다. 집사가 주전자를 든 큰딸의 다른 쪽 손에 들려 있는 작은 접시의 가루를 찍어 물과 함께 손을 비비자, 거품과 함께 꾀죄죄한 물이 대야로 흘러내렸다. 김 목사는 처음에 그것이 뭔가 해서 유심히 지켜보다가 '어머' 하는 소리가 입 밖으로 나올 뻔했다. 앞사람들이 손 씻는 시늉만 했을 뿐인데, 김 목사 차례가 되었을 때는 대야에 세제 거품이 부글거리는 시커먼 물이 넘칠 듯 찰랑거렸다. 김 목사는 갑자기 구토가 올라와서 손으로 급히 입을 막는데, 임 선교사가 옆구리를 쿡 찔렀다. 물만 조금 받아서 손 씻는 시늉만 하고 김 목사는 손수건으로 얼른 물기를 닦았다.

식탁 위에는 차파티, 붕어찜, 수쿠마 위키에 쌀밥까지 있었다. 미국에서 온 특별한 손님을 위해 성의껏 차린 성찬을 앞에 두고 김 목사는 주머니에서 슬그머니 삶은 계란을 꺼내려다 또다시 옆구리를 찔렸다.

할 수없이 접시에 밥과 수쿠마 위키만 조금 담아서 손으로 밥을 떠서 입에 넣고 씹는 순간, 우적 돌이 씹혔다. "뱉지 마, 뱉지 마." 하고 임 선교사가 귓속말로 속삭였다. 김 목사는 입안의 밥을 꿀꺽

삼켰다. 그러고 나니 갑자기 부아가 치밀었다. '이 사람들만 소중한 거야, 뭐야.' 하지만 그 불만은 얼마든지 눌러 참을 수 있었다.

칼로콜 교회 헌당 예배가 끝난 뒤였다. 교회 앞 마당에서 잔치가 벌어졌다. 잡은 염소 고기와 우갈리와 차파티, 수쿠마 위키 등 넉넉한 음식이 차려진 긴 식탁 중앙에 자리 잡은 일행 중에서도 김 목사는 교회를 지어준 은인에 대한 감사로 악수를 청하는 수많은 손을 맞잡느라 오른손이 쉴 틈이 없었다. 생각해보면 이 많은 감사의 악수는 임 선교사를 위한 보은의 잔칫상이었고, 자신은 숟가락만 얹었을 뿐이었다. 왼손은 상표를 감추기 위해 가방을 몸 쪽으로 고정하는 데 쓰였다. 우스운 일이었다. 이 오지에서 'COACH'가 고급 브랜드 가방인지 누가 알겠는가. 물론 알 리 없었다. 하나님 앞에서 부끄러움을 느끼는 자기 자신뿐.

또 하나 부끄러운 것은, 투르카나 떠나기 전날까지 연이은 융숭한 대접을 한 번도 흔쾌하게 받아들이지 못하고, 끝까지 삶은 계란에만 의존했던 것이다.

일정을 모두 마치고 나니, 김 목사는 몸이 퉁퉁 부어오르고, 헛구역질까지 올라왔다. 시동이 걸린 차에 올라 뒷자리에 자리를 잡고 앉았을 때, '아아' 하는 소리가 자기도 모르게 목으로 넘어 올라왔다. 이 지겨운 투르카나를 한시바삐 벗어나고 싶다고 몸이 정직하게 소리치고 있었다. 앞에 앉은 임 선교사가 천천히 뒤를 돌아다보았다. 김 목사는 지금까지 임 선교사의 그런 눈초리를 한 번도 본

일이 없었다. 슬픈 듯, 낙담한 듯, 쓸쓸한 듯. 두 사람은 그렇게 한 마음, 같은 신앙 안에 있었지만, 몸은 서로 멀리 떨어져 있다는 사실을 아프게 깨달을 수밖에 없었다.

기탈레에 도착했을 때는 해가 기울고 있었다. 클럽에서 하루를 묵고 다음 날 떠나는 것이 상식이었다.

"안 돼요. 그냥 가요!"

김 목사의 어조는 명령에 가까웠다. 임 선교사는 돌아보지 않았다. 잠시 후 임 선교사가 낮고 차분한 음성으로 운전을 하는 집사에게 말했다.

"그냥 갑시다."

차는 또다시 남은 수백리 길을 향해 시동을 걸었다. 그 야행은 자살행위나 다름없는 위험천만한 모험이었다.

서영은   예수님이 말구유에서 태어나신 것은 말씀을 예시하는 메시지일까요?

임연심   그렇지요. 하지만 그것은 신분의 높낮이 문제가 아니라, 자유의 문제인 것 같습니다.

서영은   몸이 자유로워지려면 훈련이 필요한 것일까요?

임연심   몸은 마음의 명령에 따르는 것이기 때문에, 몸이 부자유스러운 것은 마음이 매여 있기 때문이라고 봅니다. 우리 마음이 매여 있는 데서 풀려나려면 '수고하고 짐 진 자들아,

다 내게로 오라' 하신 그 말씀에서 답을 찾아야 합니다. 예수님이 말씀하신 '나'는 바로 십자가를 의미하는 것이고, 이때의 십자가는 희생, 헌신의 뜻은 물론, 자아의 죽음을 의미하는 거라고 생각합니다. 예수께서 우리 안에 들어오셔야 진정한 코이노니아(koinonia)가 이루어져서 우리의 왜소한 자아는 그분을 통해 죽고, 그분이 내어준 새 생명으로 다시 살기 전까지는 인간은, 자기 자신이 자기를 속박하는 죄의 사슬일 뿐이니까요.

서영은 선교사님은 언제, 어떻게 자아가 찢어지셨나요?

임연심 저는 세상으로부터 찢어진 것이 아니라, 그날 밤 투르카나에서 하나님께서 직접 벌거벗겨주신 것 같습니다.

서영은 선교사님의 염세적 성품이 생래적 자유로 느껴지진 않으세요?

임연심 무슨 뜻?

서영은 염세란 마음에 연연(戀戀)하는 것이 없음으로 해서 과감한 행동을 할 수 있는 동력이 되기도 하니까요. 제 경우에는 세상으로부터 된통 수치를 당했을 때가 있는데, 명예를 소중히 해온 그 명예를 땅에 떨어지게 하시더군요. 그래서 더 지킬 명예가 없어지는 바람에……. (웃음) 그 무렵, 그러니까 걸프전 직후인데요, 혼자서 육로로, 열아홉 시간 사막을 횡단해 바그다드로 들어가면서, 사실 마음은 이미 세

상을 내려놓아, 이 먼 나라에서 실종되어 다시는 못 돌아
가도 좋다는 생각이었거든요.

임연심 그러고 보니, 제가 투르카나 선교사로 가겠다고 했을 때
큰오빠가 '네가 염세주의자더니, 제 발로 죽으러 들어가는
구나' 하던 이야기가 생각나는군요. 제 발로 죽어서 예수
님이 내 안으로 들어오실 자리가 확보된 것이니까요.

서영은 그러니까 투르카나는 제 발로 죽어 무릎이 털썩 꺾이는 자
리이자, 그리스도께서 피 값을 치르시어 새 생명을 얻으신
자리군요.

임연심 그렇지만, 저는 아직 남아 있는 숙제가 있는 것 같아요. 세
상이 저를 땅에 패대기치더라도 십자가의 죽음을 끝까지
믿는 그 믿음으로 다시 우뚝 서야 하는……

서영은 J 선교사가 선교사님에게 도발한 일을 말씀하시는 건가요?

임연심 네. 그가 소리치고 대든 건 시작에 불과했어요. 내용도 터
무니없었지만, 그의 뒤집혀 있는 눈을 보니, 그동안 안개
속 같았던 그의 배후가 환히 짚였어요.

서영은 그게 뭔데요?

임연심 선교대회 때 한국 들어가면 이상하게 저를 대하는 본부의
태도가 냉랭했어요. 그 이유를 몰랐지요.

서영은 선교 비디오 방영으로 그토록 뜨겁게 띄워놓고서요?

임연심 그건 성도들의 반향이었구요.

서영은　그럼 교역자들이 선교사님께 냉랭했던 이유는 무엇이었을까요?

임연심　몰랐지요. 관심도 없었구요. 그 기간 동안 저는 사실 정신이 없었어요. 나페이카르와 칼로콜에 교회를 두 군데나 세웠으니까요. 그런데, 어느 날 난데없이 J 선교사가 눈이 뒤집혀 저한테 소리치는 것을 보면서 짐작이 가더군요. 그러니까, 앞서 말한 그런 일들이 어떻게 진행되었고 무엇이 잘못되고 있는지.

서영은　사기당한 거요?

임연심　네.

서영은　그런데 왜 선교사님을 끌고 들어가려 했을까요?

임연심　끌고 들어가려 했다기보다 자기와 완전히 거리를 두고 있는 제가 두려워지기 시작한 것 같아요. 그 무렵을 돌이켜 보면, 가끔씩 그 사람을 만나면 옆에 이런저런 사람들이 따라다녔는데, 고개를 빳빳이 한 채 저를 무시하는 분위기였어요. 쳇, 당신은 그 오지에서 죽도록 고생하고 있지. 봐라, 나는 학교를 세워서 총장이 될 거다. 눈빛이 그렇게 말하고 있는 것 같았어요. 그런데 제 눈에는 그의 주변 사람들이 다 욕심쟁이로 보였어요. 저러다 일 나겠다, 염려되었지만 도리가 없었어요. 저에게 눈을 부라리고 소리친 때는, 아마도 씽씽 잘 나가던 일이, 잘못되기 시작한 때였던

것 같아요. 그는 자기의 잘못을 제가 낱낱이 알고 있다고
생각했을 거예요.

서영은   여의도 본부에서도 같은 생각을 하고 있었다 생각하세요?

임연심   네.

서영은   하여간, 그가 소리칠 때 어지간한 담력이 없었으면 쓰러지
셨겠어요.

임연심   저를 모욕한 사실보다, 그의 내면에 있던 사악한 쓴뿌리를
보게 된 것이 더 충격이었어요.

제4장 삶이 모두 응답이다

2000년~2012년

아버지의 뜻은, 뜨거운 풀무 앞에 세워진 우리가
'그리 아니하실지라도' 풀무불 속으로 던지어진 다음에야
타지도 상하지도 아니하는 자녀의 복을 나타내 보이실 것이다.

두 아이에게서 사라진 헐벗은 세월은
맘의 웃음과 새치머리로 바뀌었다

선교사 임명 해지

저도 결국 자기 앞의 위기를 구차한 방법으로
벗어나보려 했던 것이 죽고 싶도록 부끄러웠어요.

1999년 8월 어느 날, 임 선교사는 교통사고를 당했다. 나이로비 시
내에서였다. 트럭이 정차해 있는 임 선교사 차를 뒤에서 들이받는
사고였다. 윗몸이 앞으로 휘청 꺾이면서 이마를 핸들에 부딪쳤다.
아찔한 순간에도 임 선교사는 핸들을 붙잡고 가만히 엎드려 있었
다. 그때 '너 왜 아직 여기서 뭉기적거리고 있는 거냐' 하시는 하나
님의 음성이 들려왔다. 손으로 이마를 만져보았으나 피는 나지 않
았다. 다행히 찰과상을 입는 경미한 사고였다.

하나님께서 한국으로 돌아가라고 말씀하신 것은 두 달 전이었다.
하지만 그 말씀대로 즉시 실행하지 못한 것은 그 무렵, 한 여자아이
가 이유 모를 병으로 병원에 들어간 지 며칠 만에 사망하여 장례를
치러주어야 했기 때문이다. 경찰관인 아이의 아버지는 신실하고 정
직한 성품으로, 신학을 공부하고 싶어 해서 임 선교사가 학비를 마
련해준 사람이었다. 장례를 치르고 나니, 킹스키즈 아이들 중 사드
락이 문제를 일으켰다. 케냐타 대학에 진학해서 전도가 유망했는
데, 나이 많은 유부녀와 관계를 맺은 것이 알려져 퇴학 조치를 당했
던 것이다. 그를 다시 복학시키기 위해 총장을 만나 담판을 시도해

야 했다. 총장이 출타 중이라는 말에도 문밖에서 세 시간 넘게 기다린 끝에 기어이 만났을 때, 총장의 첫마디는 "당신이 이 아이의 엄마입니까?"였다. 임 선교사는 서슴없이 그렇다고 대답했다. "내 아이에 대한 당신의 결정은 잘못된 것이다. 일 년 뒤에라도 꼭 복학시켜 달라"하고 끈질기게 매달렸다. 마침내 "당신이 엄마로서 간청하는 그 마음이 내 마음을 움직였다"라며 퇴학을 철회하게 하기까지, 진 빠지는 승강이를 해야 했다.

이제야 사고를 통해 하나님께서 다시 한 번 경고하신다는 위기감에 임 선교사는 집으로 돌아가는 즉시 기도를 드리고 순종하기로 마음을 굳혔다. 하지만 그 이유는 정확히 알 수 없었다. 다만 너무 지쳐 있어서 휴식을 하라시는 줄로만 알았다.

선교사는 안식년을 신청할 생각이었다. 일 년 동안 임지를 떠나 있는 동안 아이들 학비, 식비, 기타 고아원 일을 거들어주는 집사의 임금까지 어느 정도 대비를 해놓고, 누군가로부터 받긴 했으나 잘 쓰지 않던 구형 세탁기도 이미애 선교사에게 주는 등, 떠날 준비를 하는데 한 달이 걸렸다.

서울에 돌아와서 안식년 신청을 하고, 며칠 후 승인이 떨어지자 오빠의 집에서 짐을 가지고 여의도 교육관으로 들어갔다. 취사시설만 없을 뿐, 기숙하는 데는 아무 불편이 없는 교육관 생활이 시작되었다. 투르카나에서는 첫 새벽부터 찾아오는 사람들 때문에 아침 10시까지는 문을 닫아걸어야만 성경 읽고 기도하는 시간을 확보할 수 있었다. 12시까지도 방해하는 사람 없이 침대에서 딩굴딩굴 하며 책을 읽다 보니, 아 이런 휴식이 내게 필요했었구나, 그래서 하나님께서 나를 이리로 데려다 놓으셨구나, 하는 감사의 마음에 기도 후 몸을 일으키면, 자기도 모르게 흘러나온 눈물에 안경이 뿌옇게 흐려져 있곤 했다.

주일에 대성전으로 가서 성도들과 같이 예배를 보는 것도 큰 은혜였다. 1996년 같지는 않아도 그녀에 대한 성도들의 뜨거운 신뢰는 여전히 변함없었다. 성도 중에 특별히 임 선교사를 존경하는 어느 집사는 "우리 선교국에서 선교사훈련원을 마련한다고 하는데, 당연히 선교사님이 원장이 되실 거예요"라는 말도 했다.

안식년이 끝나고 재발령을 기다린 지도 한 달이 지났다. 선교사훈련원을 마련하려던 계획이 무산되었다고 한다. 어느 날, 선교국 J 국장으로부터 집무실로 와달라는 전화를 받고, 임 선교사는 선교센터로 가서 방문을 노크했다.

그녀를 맞이하는 J 국장의 표정은 왠지 모르게 굳어 있었다. 선교사는 국장과 마주 보는 자리에 앉았다.

"제가 오늘은 선교사님께 하기 어려운 말씀을 드려야겠습니다."

"……?"

"여기 서명을 좀 해주세요."

"이게 뭔데요?"

"파송 해지 확인서입니다."

"네? 저를 퇴출한다구요?"

"퇴출이라고 하시면, 안 되구요. 임명해지인데……."

"무슨 이유로 저를 그만두라 하시는 건데요?"

"투르카나가 너무 오지라, 여자 혼자 사역하는 것이 위험하다는 현지 소견이 올라와 있고, 선교 헌금 소명자료가 보고되지 않기 때문에 실무자들의 애로가 크다는 소리도 쭉 있어왔어요. 그리고 다소 불미스러운 소문도 있더군요"

J 국장은 말을 하고도 스스로 얼굴이 붉어졌다.

"불미스러운 소문요? 내가 모르는 소문도 있나요?"

임 선교사는 즉각 음해의 덫에 걸렸음을 알아챘다. 그렇다면, 하나님께서 나를 한국으로 불러들이신 이유는 이런 뒷공작을 알아차리게 하시려는 뜻이었을까?

국장실을 나와서 숙소로 가면서 임 선교사는 마음이 싸늘하게 식는 것을 느꼈다. 침대에 걸터앉아 한동안 멍하니 앉아 있노라니 새삼스레 자신을 친딸처럼 거두고 지켜주신 이정봉 목사님이 사무치게 그리웠다.

그분은 언젠가 조용기 목사와 장로들이 모인 자리에서 임연심이 선교 헌금에 대한 소명자료를 보내지 않는 것을 놓고 문제 삼을 때 벌떡 일어나서, 울분에 찬 음성으로 '거기가 어떤 곳인지 아느냐, 책상에 앉아 입으로 죄짓지 말고, 한번 가보라, 가보고 나서 말하라' 하고 소리쳤다고 하는 이야기를 전해 들었다. 임 선교사는 조용

히 짐을 싸며 생각했다. '하나님께서는 나의 어떤 것이 더 연단받아야 하는지 아실 테니까.'

서영은 그 시련은 어떤 뜻이 있다고 생각하세요?

임연심 글쎄요, 저의 영적 진보를 위해서는 여전히 광야에 있으라는 암시였고, 성경 속 의인들의 행적을 통해 깨달을 수 있는 것은 의인의 시련을 통해 죄의 죄됨이 드러나서, 죄의 자리에 구원이 이르게 하시려는 뜻으로 생각합니다.

서영은 그때 마음은 어떠셨어요?

임연심 당장 우리 아이들은 어떻게 하나, 정말 아득했어요.

서영은 선교국에서는 그 지역을 포기하려는 것이었을까요, 아니면 그 지역에 남자 선교사를 파송하려는 것이었을까요?

임연심 모르겠어요. 다만 제가 들은 이야기는 조 목사님이 그러시더랍니다. 거기는 누구도 갈 수 없는 곳이니, 현지인을 키워야 될 거라구요

서영은 다른 분들의 반응은 어떠했어요?

임연심 소식이 참 빨리 퍼지나 봐요. 오빠네 집으로 짐을 옮겨놓고 저는 곧바로 금식하러 기도원으로 들어갔는데, 거기까지 소문이 퍼졌는지, 다들 저를 피하는 기류가 감지되더군요. 금식 끝내고 주일에 여의도 성전으로 예배를 보러갔을 때는 그것이 더욱 확연하게 느껴졌어요.

서영은　충격이 심하셨겠어요. 하지만 그 사실이 바로 임 선교사님의 의로움을 역으로 드러내시는 하나님의 오묘한 뜻으로 느껴집니다. 예수님께서 나귀를 타고 예루살렘으로 입성하실 때에 '호산나, 호산나!' 하던 그 사람들이, 며칠 뒤에는 바라바를 놓아주고, 예수님을 처형하라고 외치는 군중으로 바뀌었잖아요. 비디오를 보고, '이런 선교사가 없다'고 열광하던 성도들도 똑같은 일을 저질렀군요.

임연심　그 점에서는 저도 하나님 보시기에 어리석은 짓을 했어요.

서영은　어떤……?

임연심　김동헌 목사님이 어느 목사님을 소개해주면서 도움을 청해보라고 해서 찾아갔어요.

서영은　그래서요?

임연심　그분이 제 말을 들어보시더니 L 장로님을 만나보라고 하시더군요. 감사하다고 인사를 드리고 밖으로 나와서, 제 발등을 찍고 싶어지더군요. 제 발등을 찍는 그 일이야말로, 하나님께서 저를 한국으로 들어오게 하신 이유라는 것을 그때서야 깨달았어요. 저도 결국 자기 앞의 위기를 구차한 방법으로 벗어나보려 했던 것이 죽고 싶도록 부끄러웠어요. 투르카나로 들어가라 하신 분이 하나님이셨고, 나오라 하신 분도 하나님이셨는데, 그 기도줄을 놓고 딴 데 가서 줄을 선 것은, 모세가 기도하러 산에 오른 사이에 불안해진 백성들이 금송아지를 만든 행태와 다를 바 없었던 거지요. 그 이후 저는 귀에, 누구의 위로도 누구의 험담도 담지 않았어요. 그렇지만 외로운 것은 외로운 것이더군요. 그때 저보다 나이 아래인 올케가 몸이 아팠어요. 방이야 제 방이라고 조그만 것이 있었지만, 객식구를 데리고 있을 처지가 아니었어요. 거기다, 여자 조카가 신학대학에 다니고 있었는데 어디서 무슨 소리를 들었는지 가정 예배 때 은근히 저를 비꼬는 성경 구절을 읊어대는 거예요. (조카는 나중에 고모의 오해라고 밝힘 - 지은이 주) 가족까지 그러니, 정말 갈 곳이 없더군요. 정말 갈 곳이 없어서 오빠네 집에 있기는 하지만, 하루하루가 가시방석 같았어요. 그런 중에도 투르카나에서는 전화로 연방 저를 찾아요. 뭐가 떨어졌다, 누구는 등록금을 내야 하고, 찰스 목사님 교회가 어려워서 문을 닫으려 한다, 아이들이 사물함을 망가뜨리고 침대 스펀지를 뜯어버리고 다시 한데 잠을 잔다는 등 엉망이 되어가는 이야기들이었는데, 내가 더는 너희들을 돌볼 수가 없다는 말을 할 수 없었어요. 그래서 통장에 조금 남아있던 돈을 모두 찾아 송금해주었지요. 이 무렵 김동헌 목사가 자기 친구인 정경자 목사님과 이미순 목사님을 제게 보내주셨어요. 특히 정경자 목사님은 출근하듯이 그 먼 광주에서 시흥까지 오셔서 저를 데리고 밖으로 나가셨어요.

혼자 있으면 병 된다, 그러시면서 한겨울인데도 용인 에버랜드에 장미를 보러 가자, 굴비정식을 먹으러 가자 등등 객쩍은 생각에 빠질 틈을 주지 않았어요. 정 목사님과 이미순 목사님이 그러지 않으셨으면, 저는 하나님 기도줄을 꽉 붙잡고 있더라도 시험에 들었을 거예요. 우선 몸이 여기저기 너무나 아파서 생각을 가다듬을 수 없었어요.

그리 아니하실지라도

제가 받은 소명은 하나님과 저의 관계이지,
여의도 선교국이 파송하라 말라 할 성질의 것이 아니었어요.

서영은   그러시다가 「다니엘서」에서 확실한 응답을 받으셨다면서요?

임연심   네. 3장 17절에서 18절, "만일 그럴 것이면 왕이여 우리가 섬기는 우리 하나님이 우리를 극렬히 타는 풀무 가운데서 능히 건져내시겠고 왕의 손에서도 건져내시리이다/ 그리 아니하실지라도 왕이여 우리가 왕의 신들을 섬기지도 아니하고 왕의 세우신 금 신상에게 절하지도 아니할 줄을 아옵소서" 하는 말씀을 붙잡자마자 새 하늘이 열리는 것 같왔어요. 저는 퇴직금과 교회에서 넣어주던 보험을 해약해서 환전했어요.

서영은 '그리 아니하실지라도' 그 뒤의 행동이 뭐였는데요?

임연심 내가 있을 곳은 여전히 투르카나라는 거지요. 제가 받은 소명은 하나님과 저의 관계이지, 여의도 선교국이 파송하라 말라 할 성질의 것이 아니었어요. 언니는 제가 퇴직금이랑 보험금을 모두 가지고 다시 투르카나로 들어가겠다고 했더니, 너의 나중 일을 생각해서라도 그건 가지고 있어야 한다고 말리더군요. 투르카나에서 그날 밤 제가 만난 하나님은, '오늘이라도 네 목숨을 내가 거두어간다면 네 손에 있는 것이 억만금인들 무슨 소용이냐'라고, 존재의 본질을 뼈저리게 깨닫게 해주신 분이셨어요. 그 깨달음을 다시 마음속에 품으니 아무것도 두려울 것이 없더군요. 목숨까지도 대수로울 것이 없는데 무엇이 두렵겠어요. 교회에서 권세와 돈을 관리하는 사람들이 저의 뒷전에서 무슨 말을 하고 무슨 일을 행하든, 그것은 하나님과 그들과의 문제지요. 이제 저는 제 발로 누구에게도 다가가지 않았어요. 혹시 다른 사람이 저를 가까이 해서 불이익을 받게 되지 않을까, 그것이 염려됐어요.

서영은 불이익이라니요? 본부에서 해꼬지할 수도 있다는 뜻인가요?

임연심 네. 선교국에서 그 같은 결정을 하는 데 동참한 사람이면 그럴 수 있다고 생각해요. 왜냐하면 그때쯤 J 선교사가 사기에 걸려서 돈을 날리게 된 정황이 드러났고 그 책임을 누군가 져야 하는데, 그것이 두려운 사람이라면 제가 현지에 있어 그 내막을 자세히 알 거라는 가정하에 제가 누구를 가까이하는지 주시할 테니까요.

서영은 그렇겠군요.

임연심 그렇지만, 아닌 분들도 계셨어요. 이정봉 목사님 사모님은 목사님 돌아가신 뒤에 어린 자녀들 데리고 귀국해서 한동안 굉장히 고생하셨어요. 그러다 여의도순복음 강남 소교구 전도사로 부임하셨는데, 저는 귀국하면 그분부터 찾아뵙고 인사드리고 회포를 풀고 그랬어요. 제가 퇴출당했을 때 김귀순 목사님 찾아뵙고 펑펑 울었어요. 정말 서럽더라구요. "울지 마, 반드시 하나님께서 다른 뜻이 있으신 거니까. 염려 마, 울지 마." 그러시더니 저를 '밀알회'에 소개하셨어요. 밀알회는 강남 소교구에서 사업하시는 분들의 모임이었는데, 강의선 장로님, 실로암안과병원 원장님 부부를 거기서 알게 됐어요. 또한 목사님 교구 식구인 이희열 권사님과 최순영 권사님도 알게 됐어요. 김귀순 목사님과 다른 분들의 그 행동은 여의도 본부의 고위층에 찍히는 것도 괘념치 않는 담대한 믿음이었어요. 제가 「다니엘서」에서 응답을 받고 전화를 드린 한 분이 있는데, 이희열 권사님이세요. 한 치 앞도 알 수 없는 어둠 속을 항해할 때 그분들은 진정으로 제게 아무 허물이 없다는 것을 믿어주셨고, 물심양면으로 많은 힘이 되어주셨어요.

서영은　그러니까, 하나님 시간은 어떤 경우에도 멈춤이 없군요. 전쟁 난리통에도 알곡과 쭉정이를 계속 갈라내신다는 말씀이 생각나네요.

돌아오기 위해서 떠난 아버지 집

제가 교회에 소속된 선교사일 때와 퇴출당했을 때의 인심은 하늘과 땅 사이만큼 다르더군요. 저도 놀랐어요.

투르카나로 다시 돌아온 임 선교사는 반기는 아이들에 둘러싸여 아이들 숙소부터 들여다보았다. 그녀가 바친 긴 세월은 간 곳 없이 사라지고, 공들여 만든 사물함들은 부서졌고, 찢어진 매트리스 조각들이 어지러이 널려 있었다. "돈으로 모든 것을 해결하려 했으나 얼마 지난 뒤에 가보니 염소 우리가 되어 있더라." WEC의 스승님 말씀이 되살아났다.

그런데 이상하게도 낙담이 되지 않았다. 이 열악한 광야에 소속

교회조차 없이 홀로 성령만 의지한 채 돌아온 지금이 오히려 진짜 출발 같았다.

그녀는 마이클 목사의 집에 붙여 지은 조그만 선교사 사택의 판자 출입문 자물쇠에 열쇠를 꽂았다. 비운 시간만큼 어금니를 사리문 듯한 잠금쇠가 풀리며 딸깍하는 소리를 냈다. 안으로 들어서 그녀는 위를 쳐다보았다. 하늘을 보기 위해 슬레이트 지붕 한 장을 뜯어낸 사이로, 여전히 무심한 듯 파란 하늘이 그녀를 굽어보고 있었다. 그 아래 매트리스를 놓고 그리운 마음에 하늘을 쳐다보던 날들이 얼마나 큰 은혜였던가.

그녀는 천천히 주위를 둘러보았다. 세월이 그냥 사라진 것이 아니었다. 20달러짜리 셋집 대신에 이 조그만 시멘트 사택, 담벼락에 걸려 있는 큰 스테인리스 주걱, 쓰레받기, 물통, 수도시설, 간이 등나무 의자, 평상, 이 모든 것이 은혜로 주어진 것이 아닌가. 이 세상 어디에서 금도 은도 아닌, 매순간 순종을 바친 은혜로 주어진 하나의 주걱을, 하나의 등의자를 발견할 수 있단 말인가.

아버지의 뜻은, 뜨거운 풀무 앞에 세워진 우리가 '그리 아니하실지라도' 풀무불 속으로 던져진 다음에야 타지도 상하지도 아니하는 자녀의 복을 나타내 보이실 것이다.

몸이 무겁다. 감기까지 걸린 것 같다. 비가 내린다, 간간이. 기도하고 준비. 은행에 가서 15,000실링을 Mr. Njoroge께 보내고, 우체국 가서 다니엘 에크란께 daystar form 부치고, 얼라이언스 스쿨에 가서 폴의 밀린 등록금 9750실링 내주고, 성적표 찾고, 이장식 목사님 댁에 인삼, 멸치, 자몽 가지고 방문, 점심만 먹고 급히 돌아서 나와 감기약 사가지고 오후 4시에 Rev. 무구아 만난 뒤 집으로 돌아왔다. 열나고, 기침이 심하게 난다. 약 먹고 휴식. 7시 30분 예배에 참석한 뒤 Rev. 전화. 에스더 잘못 온 전화. 머리가 아프다. 저녁 해먹고 약간의 빨래를 하고 나서 잠자리에 들다. 아무 데서고 전화가 오지 않기를 바라며.

서영은   여의도 교회에서 퇴출이 되었다 하더라도, 교회에서 보내
           주는 헌금은 극히 미미해서, 소속되어 있건 아니건 실제로
           는 큰 차이가 없는 것 아닌가요?

임연심   엄격히 말하면 그렇지요. 하지만 교회에 소속되는 것과 아
           닌 것의 차이는 후원과 관계되는 것 같아요.

서영은   1996년 비디오 방영 후 그 많은 후원금이 들어왔어도, 정
           작 투르카나를 위해서는 2만 달러 온 것이 전부였고, 자기
           탐욕으로 수완을 부린 사람들에 의해 엉뚱한 곳으로 흘러
           가서 사기 걸린 게 아니에요. 그러니 선교사님은 후원자들
           의 헌금이 있었어도 실제로는 큰 도움이 되지 않았잖아요.

임연심   실제로는 그래요. 하지만, 제가 교회에 소속된 선교사일

때와 퇴출당했을 때의 인심은 하늘과 땅 사이만큼 다르더군요. 저도 놀랐어요. 저를 외면하는 성도들의 등을 보는 것이 그렇게 무참한 일인 줄 몰랐어요.

서영은 신심(信心)이 아니라, 인심(人心)이었으니 그렇지요. 하지만 참믿음 가진 분들은 분별력이 있어, 그때야말로 힘이 되어주고, 거기에 더하여 모르던 분들까지 만나게 해주셔서, '합력하여 선을 이루는 관계'는 변함없었잖아요. 저도 인생에서 큰 환란의 시간을 보낸 적이 있어요. 남편이 쓰러지면서 시작됐는데, 제가 없는 사이에 집으로 쳐들어온 아들들의 눈에 비친 저를 본 그 순간이 가장 고통스럽더군요. 그들의 눈에 의해 수박이 쩍 쪼개지듯 벗겨진 저를 본 그 순간은, 사랑이란 맹목에서 깨어난 순간이었고 그 사랑은 마땅히 손가락질 받아야 하는 그런 것이었어요. 저는 그때 아직 하나님을 만나기 전이었지만, 어쩐지, 발끝에서 머리꼭대기까지 쫙 찢어져 벌거숭이로 서 있는 그 자리가 최소한 거짓되지 않다는 점에서 막연한 안도감 같은 것마저 느꼈어요. 누가 저를 진흙탕에 패대기친다 하더라도 할 말이 없다는 것을 철저히 깨달은 그것으로 족하다는 생각이 들더군요.

임연심 누가 말씀을 전하기 전에, 이미 자기 안에 들어와 계시는 하나님을 만나셨군요. 그럴 때 누군가 전도를 한다고 어설

프게 다가가면, 오히려 다가간 사람의 마음자리가 더 안이할 수도 있겠군요. 제가 책을 내면, 도와주신 분들의 리스트를 책 뒤에 붙이고 싶어요. 물론 그분들은 그걸 전혀 원치 않겠지만, 그분들을 높이려는 것이 아니라, 하나님의 사역에서 저는 그저 오케스트라의 지휘자 같은 역할을 했다는 것을 말하고 싶어요.

체리힐의 위로

벤치에 나란히 앉아 커피를 마시며 호수를 바라보고 있는
지금의 시간이 꿈만 같았다.

나이로비로 나오자 기다렸다는 듯이 팩스가 계속 들어왔다. 미국의 김동헌 목사였다.

-전화 좀 주세요.

-목사님, 별일 없는 거지요? 어쨌든 전화 좀 주세요.

-왜 전화를 안 하세요. 전화하기 싫으면 팩스를 전화로 돌려놓으세요!

-누구 화병 걸리게 하려고 작정하시는 거예요?

팩스의 내용이 사뭇 협박조가 되어서야 임 선교사는 송수화기를

들었다.

"아이구, 고마워라, 전화 좀 해달라는데 그게 그렇게 어려워요? 요금이 걱정되면, 콜랙트콜로 하세요."

"그게 아니고 나 때문에 목사님 불이익을 받으면 어떻게 해."

"예? 별 이상한 소리 다 듣겠네. 거기 그렇게 혼자 있지 말고 어서 이리로 와서 좀 쉬었다 가세요."

"글쎄, 목사님, 나 때문에 불이익당하면 어떻게 하려구 그래."

"아니, 내가 무슨 선거에 입후보하는 사람도 아니고, 누가 나에게 불이익을 준다고 그래요. 참, 없던 병까지 생긴 걸 보니 진짜 쉬어야겠네. 내가 걱정하는 건 여기 9.11 테러 이후 경비가 말도 못하게 삼엄해졌어요. 추가 테러도 예상된다는 소문에 사람들이 비행기 타기를 두려워한다는데, 거기서 배를 타고 올 수도 없고……."

"아이구, 나는 그런 걱정은 전혀 안 해. 설사 사고가 난다 해도 그 보험금이 어마어마할 테니, 그걸로 우리 아이들 등록금 하면 되니까 좋지!"

"그럼 됐네. 사고 나서 횡재할 수도 있으니, 어서 내일이라도 비행기표 알아보세요."

두 사람은 겁나는 이야기를 아무렇지도 않게 하고 나서 전화를 끊었다. 임 선교사는 김 목사가 내일 또 전화를 해서 확인을 하려 들 테니까. 비행기표를 알아보기라도 해야겠다고 생각했다.

그것이 열흘 전 일이었고, 벤치에 나란히 앉아 종이컵에 담긴 커피를 마시며 호수를 바라보고 있는 지금의 시간이 꿈만 같았다. 호수에는 거위 한 쌍이 물살을 이끌고 오른쪽에서 왼쪽으로, 왼쪽에서 다시 오른쪽으로 일 미터 거리를 두고 뒤의 것이 앞의 것을 따라다니기를 되풀이하고 있었다.

"목사님, 저거 봐요. 앞에 있는 놈이 암놈일까, 뒤에 있는 놈이 암놈일까?"

"몸이 반이나 물에 잠겨 있는데, 그걸 어떻게 알아요?"

"내 생각에는 앞에 있는 놈이 암놈 같아."

"그걸 어떻게 알아요?"

"뒤에 놈이 계속 쫓아다니잖아."

"에이, 내가 보기에는 서로가 서로를 쫓아다니는 것 같구만."

"어마, 그러네. 역시 목사님은 참 똑똑해."

임 선교사가 고개를 돌려 감탄하는 눈빛으로 김 목사를 바라보았다. 아침 햇살은 따뜻했으나, 10월 하순의 아침공기는 상쾌함을 넘어서 다소 싸늘했다.

"그런데, 나는 참 이상해. 사람들이 보는 데서 누가 기도를 해달라고 하면, 입이 안 떨어져. 이게 무슨 목사일까."

"나도 그래. 말이 떨어지기 무섭게 기도가 좔좔 나오는 사람 보면, 신기하기도 하고 존경스럽기도 해."

"그런 차원에서 기도를 원하는 사람은 그런 차원의 기도밖에 받지 못하겠지."

"맞아. 기도가 보일 때까지 가만히 있으면 우리가 혼자되었을 때 저절로 기도를 성심껏 해주게 되는데, 그걸 사람들이 모르지?"

"그건 기도라는 게 뭔지 몰라서 그래요. 기도를 무슨 떡 주는 것처럼 생각한단 말이야. 참."

임 선교사가 어깨를 으쓱했지만 그건 살짝 추워서 그렇다는 것을 김 목사는 알아차린다.

"우리 저쪽 길로 해서 들어갑시다."

김 목사가 저쪽이라고 한 방향에는 고급 주택들이 호수를 바라보며 햇살을 받아 하얗게 빛나고 있었다.

"나, 책 써서 돈 많이 벌면, 저런 집 사서 여기서 살 거야."

"그거 좋은 생각! 저기 저 이층집은 어때요?"

"이층집은 안 돼. 단층집이어야지. 나이 들어 계단을 어떻게 오르락내리락 하겠어. 저기 저 집은 어떨까? 참해 보이지 않아?"

김 목사가 대답을 하기 전에, 맞은편에서 말티스 종 개를 데리고 산책을 나온 노인이 다가오고 있었다.

"굿모닝."

"굿모닝, 마담."

"자기는 남편한테 마담 소리 들어봤어?"

"마담은커녕 원, 속이나 안 썩히면 좋겠네요."

"변하겠지, 기다려 봐."

쉬엄쉬엄 걸어서 두 사람은 집 앞에 도착했다. 현관 앞에 셀로판

지가 씌워진 복숭아 두 상자가 놓여 있었다.

"아니, 누가 이걸 갖다놓았지?"

"어머, 맛있겠다."

과일 상자를 가지고 거실로 들어왔을 때, 전화벨이 울렸다. 김 목사가 전화를 받는 동안, 임 선교사는 복숭아 상자에서 눈을 떼지 못하고 있다. 전화를 끊고 나서 김 목사는 눈을 동그랗게 뜨고 친구를 바라보았다.

"복숭아를 좋아한다면서요? 그래요?"

"누가 그렇게 똑똑하지? 말도 안 했는데."

"내 동생이 그러네. 선교사님 복숭아 좋아하신다고. 백도, 황도, 천도, 골고루 섞어서 갖다놨다고. 그리고 굴도 좋아하신다고 저녁에 수산시장으로 모시고 가라고 하네."

"이 집 식구는 사돈의 팔촌까지 모두 천사인가봐."

김 목사는 복숭아 상자를 들고 주방으로 들어가며 "따라오세요. 오늘 한번 물리도록 실컷 드셔보세요."

"갑자기 웬 존댓말?" 주방으로 따라 들어가며 임 선교사가 말을 튕겼다.

식탁 위에 복숭아를 상자째 올려놓고 접시와 과도를 친구 앞에 놓아주며 또다시 다짐을 한다. "이거 다 드셔."

"어머니랑 다른 식구들 드시게 한 상자는 저리 치우세요."

"어마, 사실인가보네."

김 목사는 식탁 맞은편에 앉아 친구가 과도로 복숭아 껍질을 벗기는 것을 구경삼아 지켜본다.

"야, 맛있겠다." 하고 나서, 자기 입으로 넣기 전에 먼저 즙이 줄줄 흐르는 하얀 과육을 듬뿍 베어 김 목사 앞으로 내민다.

"아-" 김 목사가 웃으며 입을 딱 벌린다.

"아, 이런 걸 우리 아이들에게도 먹일 수 있으면 얼마나 좋을까."

"그저께, 누구 만난 건 어떻게 됐어요? 나페이카르에 심을 만한 농작물이 있는지 알아본다고 했잖아요?"

"땅콩이나 알로에 같은 것이 재배될 수 있나 했더니 어렵대요. 다른 전문가를 또 좀 만나봐야 할 것 같아요."

친구가 복숭아 네 알을 단숨에 먹어치우는 것을 보며, 김 목사의 마음은 흐뭇하면서도 한편으론 짠해진다.

"그런데 이건 내가 목사님한테만 말하는 건데, 케냐 들어가기 전에 강 장로님 어머니께서 임종이 가깝다고 해서 양로원을 찾아갔어요. 나하고 김귀순 목사님이 방에 들어가니 환자는 벌써 혼수상태에 들어 있더라구. 김 목사님은 침대 곁에 앉아 기도를 드리시구, 나는 환자의 귓가에 대고 기도를 해드렸어. 치매를 앓다 가시는 분들은 천국에 대한 확신이 모두 사라진다는 말이 생각나서, 그 믿음의 기억을 되찾게 해달라고 기도 드리고 나서 내가 "집사님, 천국 보이시지요. 그럼 거기서 제가 어떻게 살아왔는지 보이시면 눈을 뜨고 고개를 끄덕해보세요" 그러자 그 집사님이 눈을 뜨고 나를 한

참 바라보시더니 고개를 끄덕하시더라구."

"그 이야기를 나한테 왜 하는데?"

김 목사가 일부러 타박하듯 말했다. 그러고 나서 불현듯 알 수 없는 침묵에 잠겼다. 김 목사는 손가락 끝으로 식탁 표면의 작은 홈집을 무의식적으로 후비고 있었다. 임 선교사는 친구의 난데없는 침묵에 살짝 미소를 지었다. 한참 뒤에, "무슨 생각해요?"

"그 이야기를 왜 나한테 하는데?"

화들짝 침묵에서 깨어나며 김 목사는 같은 말을 되풀이했다.

"내가 그런 사람이니까, 알고 있으라구."

임 선교사는 타박을 받을까봐 겁내는 시늉을 하며 깔깔대고 웃었다.

서영은　　그 무렵 한인연합교회에서 선교사님에게 아주 파격적인 제안을 했다면서요?

임연심　　아, 네.

서영은　　그게 뭐였어요?

임연심　　원하는 프로젝트가 있으면, 비용이 얼마가 들든 지원을 해 주겠다는 거였어요.

서영은　　그건 자기네 교회 파송 선교사가 되라는 뜻인가요?

임연심　　그런 셈이죠.

서영은　　그런데 왜 거절하셨어요?

임연심   제가 비록 쫓겨났을망정, 조 목사님을 배반할 수는 없지요. 제가 앞서 말씀드렸지요, 저를 파송하신 분은 하나님이시지, 교회가 아니라구요. 저는 조 목사님이 하나님께서 기름 부으신 분이라는 것을 알기 때문에, 교회와 상관없이 세상 어디에서든 그분이 저에게 기름 부으신 그 영역 안에서 살고 있어요. 조 목사님이 여의도교회의 당회장님이기 때문에 배신을 못한다는 것이 아니라, 하나님께서 기름 부으신 분이기 때문에 그분과 같은 신앙의 지붕 아래 저도 있다는 뜻이에요.

젊은 선교사들의 구명 운동

나는 지금 무슨 고비를 넘겼는가.
풀무불에 던져졌으나, 상하지도 불태워지지도 않은 건가?

임 선교사는 선교생활 중 가장 많은 헌금을 받아서 케냐로 돌아가는 비행기에 올랐다. 거금을 헌금한 필라 순복음선교회는 임 선교사가 하나님의 참된 종인 것을 아는 그것으로 충분했다. 그저 기도 중에 마음이 움직인 것이 다였다. 그중에는 김동헌 목사 친척이 찬양노래 CD 제작하라고 준 10,000달러도 포함되어 있었다.

김동헌 목사가 몇 장의 헌금봉투를 친구에게 내밀었다.

"나는 그저 전해줄 뿐이야."

"전부 자기네 가족, 성도들이네."

비행기를 갈아타기 위해 잠시 멈춘 프랑크푸르트 공항에서는 아주 오래 전에 헤어진 친구를 만났다. 같이 성당에 다니며 수녀가 되기로 약속했던 친구였다. 수녀가 된 그 친구가 로마에 와 있었을 때, 임 선교사는 투르카나로 들어가기 전 로마로 가서 그 친구에게 유언을 남긴 일이 있었다. 십사 년의 세월은 두 사람 중 한 사람을 수녀원의 고위직에 오르게 했고, 한 사람은 교회에서 퇴출당한 선교사로 만들었다. 한쪽의 머리 위에는 한국 갈멜수녀회에서 최고의 지위를 나타내는 풀이 빳빳한 하얀 면류관이 씌어져 있었고, 다른 한쪽은 세 번이나 영양실조로 쓰러졌던 부실한 건강 때문에 부스스한 머리카락이 흐트러져 곤궁해 보이는 것이 다인 그런 모습이었다. 두 사람은 반갑게 인사는 했으나, 말은 길게 나누지 않았다.

헤어져 돌아서가다가 뒤를 돌아다 본 것은 수녀 친구 쪽이었다. 친구는 무거운 짐을 끌고 가는 힘든 모습의 연심을 한참 동안 바라보았다. 쇠잔해 보이는 뒷모습에서 수년전 자기에게 남긴 유언이 떠올랐다. 어쩐지 죄스러운 맘이었다.

죄스러운 마음은, 그 이듬해 선교대회에 참석한 해외 파송 선교사 중 일부 젊은 선교사들의 마음에도 일고 있었다. 그들은 자기들이 사역 모델로 삼고 있는 임 선교사의 퇴출 사실을 알게 되었을 때, 그 부당함에 분개하면서도 '일개 선교사로서 어떻게 조직의 일에 개입하나' 하는 마음으로 잠잠히 있었으나, 이호선 목사님이 선교국장으로 부임함에 따라, 최소한 자기들의 불편한 마음이라도 전달해보자고 국장실 문을 두드렸다.

미국에서 수년간 목회를 해오다 새로 부임한 이호선 목사는, 임 선교사가 미국을 방문할 때마다 자신의 교회로 임 선교사를 초청해 설교를 부탁해온 인물이었다.

이 국장은 젊은 선교사들의 의견을 매우 심각하게 청취하고 곧바로 당회장실 문을 두드렸다.

"아니, 임연심 선교사가 다른 더 좋은 단체로 간 것 아니었어요?"

조용기 목사는 오히려 깜짝 놀라는 기색이었다.

임 선교사는 케냐에서 그 소식을 접했으나 이렇게 답변했다.

"저는 조 목사님을 직접 뵙고 말씀을 듣기 전에는 움직이지 않겠습니다."

얼마 후 전화가 다시 왔다.

"당회장님이 만나자고 하십니다."

조용기 목사는 케냐에서 나온 임 선교사에게 똑같은 말을 했다. 임 선교사는 조 목사의 그 말을 변명으로 생각지 않았다. 그러나 젊은 선교사들의 탄원을 통해 적어도 비정상적인 일이 일어난 데 대해서 경위는 조사했어야 되는 것 아닌가 하는 생각은 들었다. 서류 뒤에 묻히는 많은 음모들…….

무엇보다 본인은 당한 만큼 깨달았으니 연단이 된 것 아닌가.

케냐로 돌아갔을 때, 재임명된 소식은 그녀보다 먼저 도착해 있었다. J 선교사는 아내와 함께 임 선교사를 찾아와 무릎을 꿇고 용서를 빌었다.

임 선교사는 대답하지 않았다. 내가 그동안 받은 고통이 있는데 어떻게 금방 용서받으려 하는가. 용서는 하되 천천히, 아주 천천히 하리라.

그들이 돌아간 뒤 임 선교사는 곧바로 무릎을 꿇고 자신의 그 마음을 하나님 앞에 회개했다. 나는 지금 무슨 고비를 넘겼는가. 풀무 불에 던져졌으나, 상하지도 불태워지지도 않은 건가?

서영은 제가 순례길 걸어보니, 이 고개 넘으면 평탄한 길이 나오겠지 해서 죽을 둥 살 둥 고개를 넘어보면 또 다른 고개가 눈앞에 펼쳐지고, 순례란 정말 숨 쉴 틈 없이 닥치는 고개의 연속이더군요. 선교도 사람 사이의 순례길 같은 것이 아닌가 생각됩니다만…….

임연심 힘듦과 보람이 동시적으로 이루어지기 때문에 저는 보람 쪽의 길로만 가려고 해요. 그래서 성도님들이 '고생이 얼마나 많으냐'고 하면 '그렇지 않다'고 바로 시정해요. 뿐만 아니라, 임지에서는 현지인들에게 거드름 피우며 씩씩하던 사람들이 귀국해서 성도님들 앞에서 괜히 울상을 지으면서 고난 받는 시늉을 하면, '인상 찌푸리지 말라'고 해요. 사실 힘들기는 해도 아이들이 안겨주는 기쁨은 그 힘든 것을 상쇄하고도 남음이 있어요. 우리 애들 중에는 공부를 잘해서 상을 타오고, 논문을 써서 첫 페이지에 '투르카나 맘에게'라고 헌정하는 애들도 있고, 이미 사회에 진출해서 방송국 기자가 된 애들도 있어요. 크리스틴은 결혼을 했구요. 크리스틴 결혼 때는 웨딩드레스니 신부 예복 같은 것을 제가 한국에서 만들어가지고 갔어요.

사진들

> 너희는 나를 다리 삼아, 여기서 나이로비로 나가고,
> 나이로비에서 다시 세계로 나가라.

오륙십 명 되는 아이들이 모두 진달래빛 유니폼을 입고 있다. 유니폼에는 '하나님은 사랑이시다'라고 씌어 있다. 아이들은 돌봄을 충분히 받아 하나같이 건강하고, 웃고 있지 않아도 모두 유쾌하고 즐거워 보인다. 엄마는 앞줄의 콩알처럼 작은 아이들 가운데 앉아, 아이들보다 더 행복한 듯이 활짝 웃고 있다. 엄마이기에는 너무도 젊고 앳된 처녀. 아이들이 사랑스럽다뿐, 설거지하기 귀찮아 차라리

굵고 마는 이 처녀가, 망설이고 망설인 끝에, 부모 없는 이 아이들을 먹이고, 입히고, 가르치며 말씀을 전하겠다고 나선 사명이라는 게 도대체 무엇일까? 무엇이기에 이 열사의 사막 한가운데 뛰어들어 기쁘게 그리스도의 남은 고난을 짊어지려는 것인가.

가시나뭇가지로 얼기설기 엮은 울타리를 마주 보고 선 임연심 선교사가 전화 통화를 하고 있다. 치마와 셔츠 위에 아프리카 식으로 숄을 두르고 있다. 왼손에는 룬구를 짚고 있으나, 통화에 열중하고 있어, 손에 들려 있는 지팡이는 건성이다. 표정이 밝지 않다. 주고받는 대화를 통해 어떻게 하든지 해결의 실마리를 찾으려는 듯 이마에 살짝 주름이 잡혀 있다. 울타리 너머에는 이글거리는 태양 빛에 불타서 허옇게 죽은 듯한 나무들이 몇 그루 서 있다. 이 메마른 환경을 헤쳐나갈 그 무엇도 당장은 그녀 앞에 보이는 것이 없다. 풀 한 포기, 물 한 방울조차도.
다만 저 멀리 어딘가에 있을 보이지 않는 소망을 붙잡아보려 정성을 다하고, 마음을 다하는 통화.

옷을 말끔하게 입은 아프리카 남녀들이 손잡이가 달려 있는 우묵한 솥에 끓고 있는 음식을 큰 나무 주걱으로 휘젓고 있다. 화덕은 네 개이고 각각의 솥에는 우갈리, 염소 고기, 수쿠마 위키, 붕어찜이 김을 내며 익어가고 있다. 아마도 구수한 냄새의 전령이 먼 동네 사람들까지 불러모으고 있으리라. 음식을 먹일 수 있다는 기쁨에 활짝 웃고 있는 까만 사람들의 얼굴에 새하얗게 드러난 잇속이 배꽃 같다.

이들의 활짝 핀 웃음은, 오지 깊숙한 곳에도 살아계신 하나님, 만나를 내려주시는 하나님을 만났기 때문이다.

신랑은 말쑥한 양복에 왼쪽 어깨에는 흰색의 긴 숄을 늘어뜨리고 있다. 신부는 구슬로 만든 화관을 쓰고 하얀 웨딩드레스를 입고 있다. 배경이 되고 있는 풀집이나, 허름한 주변과는 달리 예식은 성대한 수준이었음을 알 수 있다. 참석한 하객들 모두 하얀 예복을 입고 있는가 하면, 화동은 손에 탐스러운 하얀 꽃을 들고 있다. 상당한 비용을 아낌없이 치렀을 임 선교사는 식이 끝난 뒤, 누군가 억지로 밀어서 신부 옆에 서 있긴 해도 입술을 안으로 감춘 채 쑥스러운 미소를 짓고 있다.

신부가 불과 열여섯에 공부를 중도 포기하고서라도 하겠다고 울면서 졸라댄 결혼이지만, 맘은 딸이 공부를 포기한 것이 너무 애석해서 마음이 애리다. 고아인 신부 뒤의 부유한 '맘'을 염두에 둔 신랑의 계산속이 빤한 결혼이기에 더욱 그렇다. 뒤쪽 두 줄로도 모자라 앞에도 어깨를 포개고 앉은 신랑 쪽 대가족은 가냘픈 신부를 포위하듯 빙 둘러 서 있다. 그들의 표정이 신부보다 더 환하다.

대학 졸업식이 끝난 뒤. 왼쪽에는 카징구, 오른쪽에는 존슨이 검은 가운에 학사모를 쓰고, 꽃다발을 한 아름 들고 활짝 웃고 있다. 가운데 의자에, 꽃다발을 들고 앉아 있는 임 선교사도 만면에 웃음이 가득하다. 킹스키즈 아이들과 함께 단체 사진을 찍었던 그 처녀 선교사, 가슴에 '하나님은 사랑이시다'는 글씨가 씌어 있는 붉은 유니폼을 입은 고아의 모습은 간 곳 없고, 역경과 고난의 세월을 이겨낸 장성한 두 아들과 학업을 마친 자녀의 모습에 마냥 뿌듯해하는, 새치머리 중년 맘의 모습이다.

서영은 아이들을 만나서 선교사님이 처음 투르카나 오셨을 때부터 이야기를 들어보니 감동적인 일들이 많더군요.

임연심 그래요? 누구누구를 만났는데요?

서영은 제가 들은 이야기 그대로 옮겨볼까요?

임연심 걔네들이 무슨 이야기를 했는지 궁금하네요. (웃음)

서영은 맘 흉도 좀 보고 그럴 줄 알았는데, 아니더군요. 맘이 처음 고아원을 찾아온 것은 1989년이라고 하더군요. 아이들이 "무중구" 왔다고 도망을 치니까, 나는 "무중구가 아니다"고 이야기하더래요. 그래도 아이들이 처음에는 선뜻 다가가지 않았대요. 나이로비 가시면서 "다시 온다"고 했는데, 아무도 그 말을 믿지 않았대요. 월드비전 사람들은 그렇게 말하고 돌아가서 오지 않을 때가 많았대요. 그래서 그럴 거라고 여겼대요. 그런데 맘은 정말 한 달 뒤에 옷 하고 신발, 사탕, 과자가 가득 들어 있는 박스를 들고 나타났대요.
맘이 자기들을 돌보기 시작한 뒤부터 아이들은 한 번도 굶
지 않았대요. 맘이 나타날 때마다 마술을 보는 것 같았대
요. 아이들마다 개인 옷장을 가지게 되고, 어느 날은 매트
리스, 책가방과 필통을 나누어주었고, 또 어느 날은 팬케
이크를 만들어줬대요. 너무 맛이 있어서 다 먹기가 아까워
서 아껴 먹었대요. 아이들이 일흔 명이 넘다 보니 맘은 온
종일 팬케이크를 구웠대요. 우유가 떨어지면 우유를 사러
보내서 다시 케이크를 굽는 걸 보고, 더는 아껴 먹지 않게
되었대요. 자기는 그때 초등학교 다니고 있었는데, 학교
가 800미터쯤 떨어져 있었기 때문에 공부 끝나고 킹스키
즈 집으로 돌아가노라면 가는 길이 멀어 허기져서 힘이 많
이 들었대요. 어쩌다 맘의 눈에 띄면 사탕이나 과자를 받
았는데, 그 맛은 어렸을 때 먹은 음식 중 가장 맛이 있었대
요. 맘이 자기에게 진짜 엄마처럼 느껴진 것은, 정신병으
로 사라진 엄마를 찾으러 같이 다녀줬을 때였대요. 어느
때는 차를 타고 55킬로미터 떨어진 칼로콜까지 가봤지만
허탕이었는데, 맘이 자기 손을 꼭 잡고 "우리가 엄마를 찾
지 못해도 엄마는 항상 너의 뒤에서 너를 지켜줄 거야. 엄
마란 그런 존재란다"라고 하더래요. 엄마가 귀에 못이 박
이도록 해주시는 말씀은, "첫째 성경을 읽어라, 둘째 매일

기도해라, 셋째 열심히 공부해라, 넷째 선한 일을 해라"였
대요. 아침에는 새벽 다섯 시, 저녁에는 저녁 먹고 나서 성
경 공부 시간을 가졌는데, 아이들이 옷장 안에 숨고, 라이
트 뒤에 숨어서 자다가 맘한테 들켜서 혼날 때도 있었대
요. 자기는 대학 삼 학년 때 가장 친한 친구의 죽음을 보고
완전히 다시 태어났대요. 환자를 치료하다 보면 죽을 것
같던 사람이 기적처럼 낫는 것을 보게 되는데, 그건 내 능
력이 아니라, 하나님께서 치유해주신다고 믿는대요. 자기
는 '뇌' 전문의가 되려고 하는데, 정신병으로 집을 나간 어
머니, 늘상 두통 때문에 고통 받는 맘을 낫게 해드리고 싶
대요. 이쯤 되면 누군지 아시겠지요?

임연심   (웃음) 존슨이군요.

서영은   그럼, 이 이야기는요? 자기는 아팠을 때 맘이 병원에 데리
고 가서 치료해주고, 나와서 빵과 우유를 사주셨을 때 진
짜 엄마처럼 느꼈대요. 맘은 자기를 장남처럼 대해주셨는
데, 평소에는 다정했지만 주일이나 성적이 좋지 않았을
때, 실수를 했을 때는 매우 엄격하게 야단치셨대요. 연장
자나 목사님께는 항상 존경심을 품고, 높은 사람들이 와
서 이야기할 때는 방해하지 말라든가, 식사할 때는 꼭 어
른이 먼저 드시게 하라는 것도 가르치셨대요. 중학교에 올
라가니 용돈을 주셨는데, 십 원 한 장도 꼭 계산해서 쓰라

고 하시는 이유를 이해하지 못했는데, 지금은 이해할 수 있게 되었다고 하더군요. 새벽 세 시에 모두 일어나게 해서 자동차 헤드라이트로 성경을 읽게 하셨는데, 처음에는 잠이 달콤해서 일어나기 싫었는데, 맘은 더 일찍 일어나서 준비하기 때문에 게으름을 피울 수 없었다구요. 맘이 성경을 읽으면 각자가 자기 성경을 따라 읽었는데, 나중에 말씀이 주는 교훈을 반드시 모니터링했대요. 가령, 「창세기」를 읽으면 성경 속에 나오는 인물들에 대한 생각을 이야기하게 했고, 「고린도서」를 읽으면, 바울의 행적을 이야기해보라고 했대요. 성경을 읽기 전에 반드시 기도부터 하게 했다구요. 자기는 고등학교 이학년 때 성령을 받아서, 신학대학으로 바로 가려고 했는데, 맘이 고등학교 졸업한 후에 진학을 하라고 하셨대요. 그때 당시에는 하나님에 대한 열망이 너무 커서 맘의 지시에 불만이 있었대요. 기도를 계속하면서 응답을 받아 종합대 신학과로 진학해서 학위를 딴 다음 로키차 교회에 부임했고, 석사를 한 다음에는 카남 교회를 개척했대요. 학교 다닐 때 자기가 주일날 나이로비에서 투르카나로 왔더니, 왜 주일 예배를 안 보고 이곳으로 왔느냐고 호되게 야단치셔서 용서를 빌고, 그때 이후 다시는 주일을 어기지 않았대요. 카남 교회 지을 때 일인데, 맘이 어떤 분으로부터 후원을 받아서 교회를 짓게 해주셨는데, 처음에 600,000실링을 주셔서 담장부터 쌓고, 화장실 짓고, 물탱크 설치하고 전기를 끌어오고, 마지막으로 택지 조성을 하자마자 맘이 더는 지원을 해주지 않더래요. "교회를 지으라고 했으면 교회부터 지어야 하는 게 아니냐"라고 맘이 몹시 화를 내셨대요. 나중에 자기를 한국으로 데리고 가서 후원자를 만난 자리에서 용서를 빌게 했대요. 맘은 자기를 만날 때마다 머리에 안수기도를 해주면서 "너는 조 목사님처럼 세계인에게 복음을 전하라"고 말씀하셨대요. 어때요? 누군지 아시겠어요?

임연심   필립이군요.

서영은   그럼 얘는? 맘은 아이들에게 늘 말했대요. 탁자 위에 팔을 뻗고 "너희는 나를 다리 삼아, 여기서 나이로비로 나가고, 나이로비에서 다시 세계로 나가라."

임연심   카징구?

서영은   엄마는 자식하고 평생 떨어져 지내다 음성만 듣고도 안다더니……. 선교사님 팔뚝을 다리 삼은 애들이 하나둘이 아닐 텐데, 어떻게 카징구인 줄 아셨어요?

임연심   다 아는 수가 있지요.

서영은   스무고개 한 번만 더할까요? 이 사람은 킹스키즈 출신은 아니라고 했어요. 자기는 성경스쿨 다니다 교회 멤버가 되어 KAG 사카리아 목사님 댁에 있었대요. 그런데 한국의

'림(LIM)'이라는 선교사의 선물이라면서 목사님이 지우개 달린 연필을 주시더래요. 그 연필이 하도 신기해서 쓰고 지우고 또 쓰고 지우고 그랬대요. 또 부활절 때나 크리스마스 때는 그분이 각 교회마다 먹을 것과 염소를 보내주셨고, 가뭄이 아주 심했던 어느 해에는 그분이 옥수수 가루를 수십 봉지 보내줘서 기아를 넘길 수 있었대요. 자기 개인적으로는 1998년 신학교에 들어갔는데, 그분이 등록비를 지원해줬대요. 그러다가 로키차 목사님 결혼식 때 손님으로 오신 그분을 처음 만나뵙게 되어 인사를 드렸대요. 그리고 졸업식 초청 카드를 드렸대요. 그분이 자기가 누군지 모르고 "신학교 졸업생이냐?"고 물으셔서 "맞습니다." 그랬더니 "누가 지원을 해줬느냐?" 해서 "당신입니다." 그랬더니 "약혼자 있느냐?" 그래서 "있습니다." 그랬더니 "그녀는 거듭났느냐." "네." "교육 받은 여자냐?" "아니요. 못 받았습니다." "기도하라. 교육을 못 받았으면 사모가 됐을 때 어떻게 뒷바라지를 할 수 있겠느냐. 성경을 읽을 줄 알아야 한다. 가서 「잠언」 31장 읽어라"라고 말씀하셨대요. 그다음에 집으로 돌아가서 성경 읽고 기도를 하다가 응답을 받았다고 해요. 기도를 하다 보니 그녀가 자기 마음에서 사라지는 것 같은 느낌이 들었대요. 그녀는 자기 사는 기탈레로 와서 살자고 하는데, 자기는 투르카나를 떠날 수 없다는 마음이었기 때문에, 그녀와 함께 있으면 아무래도 이 여자는 내 짝이 아닌 것 같다는 생각이 들었대요. 그래서 결국 헤어졌는데 그것이 선교사 림이 자기 인생에 도움을 준 첫 번째 사건이었대요. 그 이후에도 림은 많은 질문을 던져주었고, 그 자체로서 자기에게는 인생의 레슨이 되었대요. 졸업 후 자기는 카쿠마 교회에 부임을 하게 되었는데, 보고를 하러 갈 때마다 선교사 림을 만나게 됐는데, 그분이 어느 날 그러시더래요. "너는 다른 목사님들과 다른 것 같다. 통역을 부탁한다." 그때가 2007년이었는데, 한국에서 손님이 오시면 자기가 통역을 맡게 됐대요. 그해 10월에 한국에서 하는 집회에 세 사람의 목사를 초청하는 명단에 림이 자기를 넣었다고 하더군요. 림은 먹을 것이 있을 때 절대로 혼자 먹지 않았고, 뭘 만들면 넉넉히 해서 목사님들과 이웃과 나누어 먹었고, 뭘 먹을 때 남기지 말 것이며, 먹던 것을 누구에게 절대로 주지 말 것이며, 성경을 읽으라고 했던 말씀이 자기에게는 삶의 지침이 되었다고 하더군요. 이 사람은 정말로 선교사 림을 존경하는 것 같았어요.

임연심 　(미소 지으며, 고개를 *끄덕끄덕*) 그런데 저는 르우벤과 앤 키사 목사에 대해 조금 이야기하고 싶군요. 르우벤은 집이 로키차인데, 너무 가난해서 제가 킹스키즈로 데려와서 공부를 시켰어요. 겉으로 고분고분하면서 뒤로 딴짓하는 그런 성품이 아니라 할 말을 하는 뚝심이 오히려 신뢰를 갖게 했어요. 2003년부터 제가 여름 성경학교를 로드와에서 개설했는데, 그때 보니 르우벤은 자기 돈을 써가며 트럭을 빌려서 멀리 있는 아이들을 서너 번씩 실어왔고, 1∼2달러 하는 가입비도 자기 돈으로 내주는 것을 보고 리더가 될 품성을 엿보게 됐어요. 2007년 한국에서 단기선교팀이 왔을 때도 르우벤을 동역하게 했더니, 소임을 틀림없이 해내더군요. 현재 고등학교 교감으로 일하고 있지만, 나중에 나페이카르에 신학교를 세우면 이 아이를 교장으로 앉히려고 한국에도 데리고 왔었고, 이모저모 훈련을 더 시키고 있어요. 그리고 앤 목사도 집이 어려워 제가 학비를 주고 성경학교를 거쳐 신학대학을 마치게 한 여성인데, 결혼해서 남편과 같이 로드와 교회에 나오다 다른 교회로 옮겨갔어요. 그녀도 제게 상처를 주었는데, 몇 년 뒤 다시 로드와 교회로 돌아와서 회개하며 용서를 빌었어요. 그러나 한번 닫힌 제 마음은 쉽게 열리지 않았는데, 2003년 여름 성경학교에 삼백 명의 아이들이 모여들었을 때, 제가 앤에게 회개하는 마음으로 봉사를 해보겠느냐고 했지요. 여드레 동안 계속되는 캠프였는데, 앤이 혼자서 염소 스물네 마리를 굽고, 백 통이 넘는 양배추를 씻고 썰어 샐러드를 만들었어요. 제가 잔인하도록 혼자 두어봤는데, 밤낮으로 죽기 살기로 일을 해내더군요. 그 일이 있은 뒤 제 마음이 완전히 풀려서 지금은 가장 신뢰하는 사람이 됐고, 앤도 저를 어머니라고 불러요.

서영은 그런데, 왜 갑자기 표정이 어두워지세요?

임연심 존슨이나 카징구, 르우벤처럼 모든 아이들이 다 그렇게 잘 컸다면 하나님께서 저에게 상급을 많이 주셨을 거예요.

서영은 그렇지 않은 애들도?

임연심 영양실조로 죽게 된 기아나를 살려서 입히고 먹이고 공부 시켰어요. 아이가 똑똑해서 저는 친구들에게 앞으로 보라, 기아나가 코피 아난 같은 UN 사무총장이 될 거라고 자랑했어요. 직장도 좋은 데 들어갔지요, 시티은행. 이 아이가 하루는 저한테 그래요. 영국인 직장 상사하고, 근사한 레스토랑에서 식사를 하는데, 너 그 테이블 매너 어디서 배웠니? 아주 완벽하다. 누가 가르쳐주었니? 하고 칭찬하더래요. 그랬던 아이가 비행기 타고 해외로 출장 다니며, 월급을 많이 받더니, 어느 때부터 소식을 딱 끊더군요. 또 다른 아이는 제가 킹스키즈 때부터 장남처럼 기른 아이인데, 공부는 보통 수준이지만 심성이 아주 착했어요. 신학 공부를 시켜서 로키차 교회의 목사로 부임했어요, 때가 되어서 교회에 나오는 참한 처녀와 결혼을 시켰어요. 몇 년간 잘

지낸다 싶었는데, 로드와 목사인 암브니아의 부인이 그곳 날씨를 견디지 못해 정신이상을 일으키자, 총회장이 마이클을 로드와로 발령 냈어요. 교회가 자립이 안 되는 걸 알기 때문에 만날 때마다 돈을 줬는데, 알고 보니 부인이 된 여자가 먼저 사귀던 남자로부터 에이즈에 감염되었다는 거예요. 결국 마이클도 에이즈에 걸렸지요. 교회 사람들은 이 사실을 모두 알고 있으면서 저에게만 비밀로 하고 있었더군요. 고아원 아이들을 마이클에게 부탁했는데, 아이들이 굶다 못해 목사 집으로 몰려가 돌을 던지기까지 했다는 말을 듣고 제가 참을 수 없어서 찾아갔어요. 그들이 점심을 먹고 있었어요. 깜짝 놀랄 정도로 잘 차려놓고 먹는 거예요. 분통이 터져서 소리쳤지요. 그 참하던 여자가 저한테 네가 뭔데 참견이냐구 마구 대드는데, 그 눈빛에 광기가 돌았어요. 저는 정말 하늘이 무너지는 것 같았어요. 공들여 키워서 결혼까지 시켰는데……. 총회장에게 말할 수도 없고, 그냥 두려니 교인들이 위태롭고, 속이 상한 건 이루 말할 수도 없었어요. 결국 닌젤도 이 사실을 알게 되어 교회에서 그를 퇴출시켰어요. 그 아이는 제가 말해서, 닌젤이 자기를 퇴출시킨 걸로 오해하고 저만 보면 눈에 살기가 등등했어요. 제 방과 목사관이 담벼락 하나 사이여서, 그들이 칼을 들고 쳐들어와도 무방비로 당할 수밖에 없는

데, 그때는 정말 투르카나 전체가 무서워지더군요. 후임으로 윌순 목사가 올 때까지 잠 한숨 못 자는 밤이 계속되었어요. 그러다가 여자가 먼저 죽고, 그는 정신이상자 비슷하게 떠돈다고 들었는데, 그게 에이즈 말기 증세라고 해요. 에이즈로 죽은 아이들은 그 외에도 더 있어요. 나는 이곳에 와서 청춘을 바치고, 성도들의 피 같은 후원금을 쏟아부었는데, 이게 무어람, 아무리 잘해도 이들에게는 내가 이방인이었구나. 정말 허망하더군요. 낯을 들 수 없을 만큼 부끄럽기도 하고. 한동안 우울증에 빠져 헤어나올 수 없었어요.

서영은　　존슨도 매너에 있어서는 기아나 못지 않더군요. 인터뷰를 하고 나서 식사를 같이하는데, 저한테 선물이라고 하면서 봉투를 내밀더군요. 제가 깜짝 놀라서 되돌려주니, '맘이 너는 이제 어른이니 예의를 지켜야 한다'라고 하셨대요. 아이고, 참 기특도 하지. 그건 그런데요, 죄송한 말씀을 드리지 않을 수 없군요. 제가 보기에는 사역 초기부터 내재되어 있던 문제도 있어 보입니다. 배신감을 느끼는 그 마음자리를 되짚어 보신다면, 그건 그 아이들의 문제가 아니라 선교사님이 선교의 열매를 성공적 측면에서 보는 시각이 강하기 때문이라고 생각돼요. 제가 인생을 물에 비유하고 싶은 것은 물, 공기, 바람, 하늘, 흙 등 우주적 요소로서 거져 주어지는 우리 삶의 환경은 우리가 느끼든 느끼지 못하든, 절대적 요소들입니다. 그 요소 속에 하나님이 관장하시는 세계의 특성이 담겨 있어, 문명이나 시간보다 더 먼저 있어온, 우리 믿음의 환경이기도 합니다. 그런 불변의 말씀적 특성을 철저히 이해하고 믿는다면, 선교사님 사역 현장에서도 당연히 인생에서 빚어지는 것 같은 현상이 똑같이 일어날 수 있는 거지요. 제가 예수전도단의 제자훈련 방식이 하나님 말씀을 이데올로기적으로 의식화하는 점에 대해서 우려를 느낀 것도 그런 이유 때문입니다. 십자가의 죽음을 믿는 그 믿음으로 변화된 삶을 사는 존과 카징구와 르우벤이 조명되어야 하는 것이지, 그 아이들이 의사, 기자, 교사이기 때문에 다른 아이들과 구분되어야 하는 것은 아니지 않겠어요, 최소한 선교사님한테는. 세상의 가치 내지는 문명적 가치가 혼합된 말씀으로 양육되었다면, 그 열매도 그런 시각으로 보게 되는 게 아닐까요. 삶 속에서 믿음을 '살고 누리는' 것이 우리가 하나님을 만난 최종적 축복과 은혜로 강조되지 않는다면, 자연히 겉으로 드러난 성과를 더 중요시할 수밖에 없는 거지요. 그 아이들이 의사가 됐든, 에이즈로 일찍 죽었든, 그건 그 아이들이 사회적으로 성취하거나 실패한 부분이고, 중심의 문제는 하나님만이 카운트하실 일이 아닐까요? 투르카나 어머니는 소명으로서의 역할이었지, 혈통적 유대를 형성하는 거기에 뜻이 있는 것은 아니지 않을까요? 역할이었음에도 혈통적 유대 못지않았다는 것이지, 매이는 유대에 방점이 찍히는 것은 아니지 않을까요? 따라서 일부 아이들이 기대에 못 미친 점에 대해 선교사님 마음이 억울하고 슬퍼진다면, 그것은 바로 선교의 실패라는 생각이 듭니다. 다른 누구도 아닌 선교사님 자신에게…….

임연심 (한동안 침묵) 제가 만약 다른 선교사들처럼 교육보다 먹이는 데만 치중했다면 이곳에 교육으로 깨인 사람들이 지금 과연 몇이나 될까요?

서영은 이 세상에서 인간이 심어주는 지식이 가장 무색해질 때가 하나님 전, 성경 앞이 아닙니까? 지식은 생존에서 사회적 우위를 점거하는 데 유용할 수는 있어도, 생존을 넘어선 삶의 지경에서는 오히려 목이 곧은 바리새인이 되기 쉽고, 육의 눈과 귀로 들리기 때문에 예수님 말씀을 사사건건 트집 잡느라 구원을 놓치지 않았어요. 독사의 자식, 회칠한 무덤으로 질타를 받으면서도, 그들은 계속 육의 눈으로 보고 육의 생각으로 안다 하기 때문에, 영의 말씀에 대해서 귀머거리이고, 소경인 거지요.

임연심 저는 아이들이 대단한 학위를 따야 한다고는 생각지 않아요. 최소한 문맹 상태는 벗어나야 성경을 읽지요.

서영은 저는 일단, 인문학은 알고 난 다음에는 하나님 만난 후 버려지기 위해 필요하다는 점에서만 동의하겠습니다. 사실, 육적 존재에서 영적 존재로 바뀌는 데는 글자로 성경을 읽기만 해서는 안 되고, 인생으로부터 철퇴를 맞아 의존하던 것이 모두 날아간 상태에서 외롭게 하나님을 대면하면 그것으로 성경이 관통된다고 생각해요. 제 경우를 말씀드리지요. 저를 비웃는 자식들의 시선에 벌거벗겨지는 참담함 앞에서도 저는 끝까지 사랑하는 사람 옆을 지켰다는 것으로 스스로 위안을 삼았는데, 그 위안은 하나님 만나기 전까지는 굳건했어요. 하지만 십자가 보혈의 뜻 아래 서고 보니, 사랑이라는 이름으로 아무리 진실했다 해도, 그것은 죄일 수밖에 없다는 것을 깨닫지 않을 수 없었어요. 제가 말씀드리는 '죄'란 율법에 의한 정죄보다 훨씬 근원적인, 빛과 어둠의 차이 같은 인식이라는 것을 아시지요? 까마득한 시원부터가 이미 온전히 순수할 수 없는 우리 자신의 근원적 불완전성을 깨닫고 보니, 그냥 말문이 막힐 뿐이었어요. 나 자신이 얼마나 용렬한 죄인인지 깊이 깨달은 만큼, 그럼에도 용서받을 수 있다는 믿음이 없다면, 저는 그 자리에서 스스로 목숨을 끊을 수밖에 없었을 거예요. 제가 무슨 말을 할 수 있겠어요. 없어요, 정말 없어요. 상대적으로 할 말이 조금 있는 줄 알았던 것까지 부끄러운 일인데.

임연심　하나님 앞에서는 그 부끄러움이 은혜지요. 은혜라면, 저도 할 말이 있어요. 제가 아이들 때문에, 울화가 가득 차서 기도를 하고 있어도 마음이 집중되지 않을 때, "임연심, 너는 잘했고, 잘하고 있어. 네가 자랑스럽다. 그런데 너는 왜 그렇게 화를 내고 있니?" 이런 음성이 들려왔어요. 그 말씀에 너무 부끄러워서 할 말이 없더군요. 그러다 다시 우울증이 저를 덮쳤어요. 어느 날 한밤중에 벌떡 일어나 너무 답답하고 슬픈 가운데 기도를 하는데, 하나님께서 저를 바깥으로 불러내셨어요. 광활한 밤하늘이 매끄러운 비단처럼 머리 위로 펼쳐져 있는데 "그때도 그랬고, 지금도 그렇다. 내가 너에게 준 옥수수가 삼백 트럭이다." 이렇게 말씀하시더군요. 그 말씀에 제가 깜짝 놀랐어요. 그 분량도 어마어마했지만, 그것을 하나님께서 주셨다는 것을 화들짝 깨달은 거죠. '그렇습니다. 제가 한 것은 아무것도 없습니다. 모두 다 하나님께서 주셨습니다.' 그 깨달음이 가슴 전체로 차오르면서, 어떤 부드러운 큰 손에 제 손을 포개고 우주의 구석구석 깊은 골짜기까지 쓰다듬고 있는 것 같았어요. 평화가 밀려왔고, 이런 축복을 알게 됐으니, 언제 부르셔도 그때는 제 천명이 될 것 같더군요.

서영은　(침묵)

문맹들을 위한 사역

아기를 안은 부녀자들의 눈에 눈물이 흘러,
잠들어 있는 아기의 얼굴에 성수처럼 눈물방울이 떨어졌다.

영국인은 케냐를 식민 지배하기 위해, 기독교를 지배 이데올로기로 삼았다. 케냐인은 하나님을 믿는 신앙 때문에 교회를 찾는 것이 아니라, 생존을 위한 방편으로써 교회를 찾았다. '나는 거듭났습니다, 주님을 사랑합니다'라고 시인하면 어떤 일이든 자리가 주어졌다. 그들에게는 일자리를 가능하게 해주는 곳이 교회이고 하나님이었다. 그뿐, 성경 말씀에 감동 감화를 받아서 속사람이 바뀌는 일까지는 좀체 없을 뿐만 아니라, 바뀌건 안 바뀌건 그 차이가 불필요했다. 오랜 관습이 율법의 우위에 있어, 남녀 차별이 심했고, 편리에 따라 거짓말을 밥 먹듯 하고, 남의 물건이나 돈을 예사로 훔치고, 힘으로 빼앗아도 빼앗긴 자나 빼앗은 자나 그러려니 했다. 일부다처가 공식적으로 허용되다 보니 혼외정사도 비일비재했다. 그것이 사는 방법이었다. 말이 국가이지, 마흔다섯 부족이 난립하는 연합 부족사회였다.

그중에서도 투르카나는 지역적 특성 때문에 '소망'을 가질 수 없는 불모지였다. 그 불모지에서 소망의 자리에 있는 것은, 힘과 편법과 남자에게 유리하게 형성된 관습이었고, 생식을 통해 식구수를 늘려 어떤 식으로든 노동력을 많이 확보하는 것이었다. 이전의 선교사들은 아마도 이 가짜 소망의 벽을 뚫고 들어갈 수가 없어, 노력하다 하다 결국은 철수할 수밖에 없었을 것이다. 임 선교사는 이 가짜 소망의 벽, 마음의 문맹 앞에서 번번히 좌절감을 느끼기 일쑤였지만, 바로 이렇기 때문에 하나님께서 자신을 이곳으로 부르셨다는 것을 다시 깨우치며 용기를 내곤 했다.

우선 사랑과 정직이 무엇이라는 것을 하나님 사랑으로부터 알게 해야 했다. 이들에게 사랑은 그저 가족 간의 유대, 남녀 간의 육체적 욕구였고, 정직은 사는 데 가장 걸림돌이 되는 불필요한 마음의 장치일 뿐이었다. 오히려 남을 교묘하게 잘 속이는 방법을 터득하는 것이 비장의 무기가 될 수 있고, 부족이라는 집단의 힘에 소속되는 것이 사는 데 가장 중요한 수단이 되었다. 염소 한 마리 없어진 것만으로도 같이 편들어 싸워주는 패거리.

그렇기 때문에 선교사는 하나님께 전적으로 매달릴 수밖에 없었다. 이마를 대고 있는 땅이 파일 정도로 기도, 또 기도할 수밖에 없었다. 임 선교사는 자기가 온전히 죽어야 자기를 통해서 이들이 하나님을 믿는 그 믿음에, 하나님이 소망의 불씨를 살려주실 거라는 굳건한 믿음이 있었다. 그 믿음의 줄을 잡고 또 잡는 것이 자신의 믿음이기도 했다.

하지만 이 믿음은 얼마나 아득한 미지의 문을 줄기차게 두드려야 한단 말인가. 문명국에서는 문명이 하나님 이름으로 하나님 자리를 대신 차지하고 있고, 이들에게는 문명이 하나님으로 비춰지고 인식되어온 지 수십 년이다. 공부시킨 아이들이 의젓해지고, 제 밥벌이를 하게 됐다는 이것이 믿음의 증거일 수 있는가. 답은 다시 성경에서 시작해서 성경에서 찾아야 한다.

광활한 벌판인 나페이카르에 여의도에서 지어준 교회가 생기고, NGO의 이용주 선교사가 우물을 판 이후, 물 때문에 사람들이 모여들었다. 사람들은 모여들었으나, 글을 아는 사람은 추장과 교회 목사밖에 없었다. 글을 깨쳐야 성경을 읽힐 수 있으므로, 임 선교사는 방학 때 돌아온 대학생들로 하여금 주민들을 모아 글을 가르치게 했다. 나무 아래 '교회'가 이제는 나무 아래 '학교'가 되어 칠판도 종이도 연필도 없으나, 맨바닥에 나뭇가지로 A, B, C, D 알파벳을 쓰며 배우는 열기가 불볕 더위보다 더 뜨거웠다.

불과 석 달이 지난 뒤였다. 글을 모르던 주민들이 앞에 나와서 성경을 줄줄 읽는 것을 보고 임 선교사는 너무 감격해서 앞으로 나가 그들 한 사람 한 사람에게 절을 했다.

그들에게도 자신에게도 하나님께 삶을 더 깊이 맡기는 전기(轉機)가 이루어진 것이다. 그 전기는 말씀을 더 가까이 할 수 있는 환경이었다. 임 선교사는 두 번이나 눈 수술을 했지만 시력이 점점 나빠지고 있어, 귀로 듣는 성경을 찾다가 한국에서 통독기를 발견하고 몇 종류를 사가지고 와서 내내 듣다 보니, 글을 읽지 못하는 성도들에게 통독기로 말씀을 들려주면 좋겠다는 생각을 하게 되었다.

나페이카르 나무 아래 학교에서 글을 깨친 주민들이 교회 안으로 들어와 스스로 성경을 읽는 성도로 바뀐 것만으로는 부족했다. 아직 더 많은 문맹들이 성경을 수시로 접할 수 있어서, 무지와 미개함에서 깨어나야 한다는 바람 또한 성경 통독기가 답이 될 수 있었다. 현지 목사의 주일 예배 설교 때 일어난 일이었다. 아브라함이 모리아의 산으로 가서 아들을 제물로 바치는 말씀을 하고 있는데, 아브라함이라는 이름을 가진 한 할아버지가 손을 번쩍 들고, '목사, 나는 그런 적 없어' 하고 소리친 일도 있었다. 이 또한 성경을 알지 못해 일어난 해프닝이었다. 그러므로, 여러 사람이 들을 수 있도록 하기 위해 확성기도 구입하기로 마음먹었다.

선교대회 기간에 맞추어 한국에 오자마자, 임 선교사는 통독기 제작과 확성기를 구입하는 방법을 수소문하기 시작했다. 통독기 만드는 회사에 문의하는 한편, 가전제품 파는 상점에서부터 고속버스 터미널에 있는 기독교 서점까지 뒤지고 다니며 사전 답사를 했다. 우선 통독기 제작 문제는 신약과 구약 성서 전체를 투르카나어와 스와힐리어로 녹음을 해야 하는 것이 먼저였다. 그다음 통독기 제작 회사와 접촉하여 시험적으로 몇 십 개를 주문 제작하는 한편, 확성기를 구입하려고 남대문 시장을 샅샅이 뒤졌다. 그 일도 쉽지 않았다. 기계에 대해 아는 바가 없으므로 그저 꼼꼼히 살펴보는 수밖에 없었다. 케냐까지 비행기로 운송하는 일도 만만치 않았고, 투르카나까지는 마치 사막에 배를 끌고 가는 것처럼 어렵고 생소한 일로 비쳤다. 그리고 마침내 통독기를 확성기에 연결해서 들려주었을 때의 감격이란!

여느 때처럼 로드와 교회에 모인 사람들은 놀라운 일이 기다리고 있음을 알지 못했다. 예수께서 날 때부터 소경된 자의 눈을 뜨게 해주실 때의 광경이 이런 것이었을까. 말씀이 흘러나왔고, 그 말씀은 누구의 귀도 놓치지 않고 흘러들었다. 잠시 후 표정이 없던 사람들의 얼굴에 놀라움과 감동의 물결이 퍼져나갔다. 목사님의 설교가 이런 말씀을 담고 있었단 말인가. 그들이 듣고 있는 것은 목사님의 언어로 통역된 말씀이 아닌, 하나님의 직접 음성처럼 들렸다. 아기를 안은 부녀자들의 눈에 눈물이 흘러, 젖가슴에 얼굴을 파묻고 잠들어 있는 아기의 얼굴에 성수처럼 눈물방울이 떨어졌다. 사람들이 흩어지지 않아서 점심까지 먹여야 했고, 그러고도 흩어지지 않아 다시 저녁까지 먹여야 할 판이었다. 이튿날은 새벽부터 사람들이 먼저 와서 교회의 자리를 가득 채우고 있었다. 그들의 발에 신발처럼 걸려 있는 타이어 조각은 그나마 뒤축이 닳아 뒤꿈치가 없었고, 먼지로 덧바른 듯 허연 정강이는 그들이 얼마나 먼 곳에서부터 말씀을 찾아왔는지 눈물겹게 말해주었다.

나누어주는 옥수수도, 옷가지도 없었다. 그야말로 성령에 이끌리어 모여든 진짜 소망의 대폭발이었다!

서영은   그렇게 해서 성경 통독기 사업이 시작된 것이군요.

임연심　확성기로 틀어주어 여러 사람이 듣는다 해도 일단 교회로 와야 했기 때문에, 제 입장에서는 그들이 사는 데서 교회까지 찾아오는 것도 시간이 아깝게 느껴졌어요. 사는 데서 원하기만 하면 바로바로 들을 수 있게 하는 방법은 없을까, 생각하다가 통독기를 더 많이 제작해서 나누어주는 데까지 생각이 미쳤어요. 또한 각 교회에도 나누어주면 선교에 있어 일대 혁신이 일어날 텐데, 왜 진작 이 생각을 못 했을까, 안타까웠지요. 2012년 선교대회 때 한국에 나와서 저는 곧바로 통독기 제작업체와 상의했어요. 그런데 생각했던 것보다 비용이 상당했어요. 감당하기 어려운 금액이었어요. 그래서 일단 보류해놓고 케냐로 돌아갔지요.

(임연심 선교사 사후에 이 사업은 이희열 권사가 그 중요성에 깊이 공감하여 후원자로 나섰고, 최순영 권사도 동참하게 되었다. 동시에, 이미애 선교사 남편 되는 김명수 목사가 이스라엘의 한 회사에서 제작되는 솔라 이온 시스템 통독기를 알게 되어, 임연심 선교사 필생의 유지를 이어갈 수 있게 되었다. 현재 스와힐리어, 투르카나어는 물론, 소말리아어로도 제작되고 있어, 아프리카 전 지역으로 말씀이 퍼져나가고 있다. 처음에 만든 건전지 삽입형 통독기는 전기가 없는 지역에서는 무용지물이 되어, 한때는 사업이 벽에 부딪친 기간도 있었으나, 태양광으로 배터리 충전이 가능한 통독기로 바뀌면서 사업은 다시 탄력을 받고 있다.

'태양광 충전 통독기', 참으로 의미심장하게 느껴진다. 빛이 말씀을 음성으로 바꾸어, 우리 귀에 들리는 것이므로, 그것을 전달받는 사람에게는 살아 있는 성령의 음질로 느껴질 것이다. 온갖 전파가 난무하고 있는 이시대적 환경에서는 소리의 홍수가 오히려 사람들을 혼란스럽게 하는데, 햇빛에 의해 재생된 말씀은 듣는 사람의 귀를 빛으로 구분하여 생명이 스미게 한다. 머리가 쭈뼛 서는 전율.

지난번 선교 영상에서 우리는, 아기를 품에 안은 한 여인의, 순한 양 같은 커다란 눈망울에서 굵은 눈물이 줄줄 흘러내리는 것을 보았다. 하나님 말씀이 아니고서 지상의 그 어떤 것이 그 여인에게 그런 눈물을 흘리게 할 수 있을까.)

토이마켓에서 찾는 진주

> 그곳 사람들은 제가 이 세상을 떠난 뒤에도
> 여전히 먹을 것 없고, 입을 것 없는 환경에서 살아가야겠지
> 생각하면 마음이 아프고 눈물이 나요.

시작은 아이들에게 정직함을 가르쳐주기 위함이었다. 대부분의 아이들이 성인이 되었고, 가장 나이 어린 아이들까지 고등학생이 된 지금, 임 선교사는 그들이 이제는 용돈을 관리할 나이가 되었기 때문에, 돈을 함부로 쓰거나, 셈을 할 때 부정직한 마음을 품지 않도

록, 쓰는 방법을 가르치면 저절로 '정직성'이 훈련될 수 있겠다고 생각했다.

토이마켓은 나이로비 외곽에 있는 중고 구호품 시장이어서, 일석 이조의 효과를 거둘 수 있었다. 돈을 주고 무언가를 사기 위해서는 골라야 하고, 값이 비싸지 않기 때문에 최소한 두세 개 정도는 살 수 있고, 잘못 샀다 해도 값이 비싸지 않기 때문에 아깝지 않아서 좋았다. 거스름돈을 잔돈까지 꼼꼼히 챙겨받고, 그 잔돈도 지출명 세에 정확하게 기록하게 함으로써, 돈을 쓸 때 셈을 바르게 하는 습 관을 가지게 하려는 것이다.

시장 입구에서 맘은 데리고 온 아이 셋에게 각각 200실링씩 나누 어주고, 무엇을 얼마에 샀는지 장부에 적으라고 다짐한 후 두 시간 뒤에 같은 장소에서 만나자 했다.

"잊지 마. 적어야 돼. 계산이 맞는 사람은 빵을 사줄 거니까."

길 양쪽에 늘어서 있는 노점마다 가방, 신발, 장신구, 셔츠, 치마 등 중고품들을 종류별로 맨바닥이나 좌판 위에 가지런히 펼쳐놓고 있었다. 용돈을 받은 아이들은 신이 나서 노점상으로 달려갔다.

"애들아, 여기서부터 벌써 뭘 사면 안 돼. 저 안쪽으로 가게들이 많으니 두루두루 살펴보고 나서 사야 해."

그런데도 아이들은 제 손의 돈을 얼른 쓰고 싶은지 초입에 있는 가방 노점으로 가서 물건을 집어들고 만져보고 메어보느라 수선을 떨었다. 임 선교사는 빙긋이 웃으며, 자신은 시장 안쪽으로 발길을 옮겼다. 그녀는 어깨에 메는 가방도 무거워 지갑만 비닐에 돌돌 감아가지고 다녔다. 좀 더 안쪽으로는 노점상이 끝나고, 다닥다닥 붙어 있는 좁은 평수의 가게에 옷가지들을 산더미같이 쌓아놓거나, 첩첩이 걸어놓고 있었다. 잘 골라보면 세계 유명 브랜드의 꽤 괜찮은 옷을 찾을 수 있지만 역한 냄새가 코를 찌른다. 역한 냄새라면 케냐 생활 이십오 년을 통해 통달한 바였다. 그녀가 공항 면세점에서 명품 보는 눈썰미를 아이쇼핑으로 다져온 세월도 삼십 년에 이른다. 명품을 감별하는 안목에서는 누구에게도 뒤지지 않는지라, 천의 질감, 디자인, 단추의 종류, 색감만 보고서도 어느 브랜드인지 환히 꿰고 있었다.

'잘만 고르면 질 샌더, 막스마라, 루이뷔통, 프라다를 단돈 10실링, 50실링에 살 수 있으니, 그게 횡재지 뭐야, 횡재.'

쌓여 있는 옷 무더기를 뒤적거리며 임 선교사는 미소를 지었다. 척척 골라내는 것마다 명품! 또 명품! 파는 사람이 알지 못해 값을 낮게 부르면, 그녀가 가르쳐주기까지 한다. 웬만큼 시간이 흘렀을 때는 임 선교사의 양손에 옷가지와 가방으로 가득한 커다란 비닐봉지가 들려 있었다. 입가에 핀 웃음의 정도는 갯벌에서 진주를 캔 흐뭇함이나 진배없었다.

아이들의 첫 쇼핑은 사들인 물건만 보면 C학점 정도였지만, 장부 기록과 남은 잔돈이 정확하게 일치해서 세 사람 다 A학점을 줄 만했다. 빵 값이 많이 나가도 흐뭇했다.

기숙사로 돌아가는 아이들과 헤어져 나이로비 아파트로 돌아온 임 선교사는 옷가지를 모두 조그만 욕조에 집어넣고 세제를 풀었다. 한숨 자고 나니 한밤중이었다. 빨래를 해서 줄에 가득 널어놓고 나니 손 마디마디가 저리고 허리는 끊어질 듯 아팠다.

빨래는 다음 날 저녁때야 꾸덕꾸덕 말랐고, 다림질하기에는 최상의 상태였다. 다림질을 하고 있는데, 이미애 선교사로부터 전화가 왔다.

"미애야. 나 횡재했다. 버버리 제품인데, 너무 괜찮아. 지금 다리는 중인데 너한테 줄 거니까, 이따 입어봐."

임 선교사가 땀을 뻘뻘 흘리며, 다림질하는 옷들은 살 때부터 모두 임자가 있었다. 윌슨 목사 부인 블라우스, 칼로콜 목사 부인 핸드백, 로키차 교회 목사 부인 치마…….

누군가가 입다가 버림과 동시에 명품의 가치가 사라져버린 헌 옷을, 손질해서 하나씩 개어놓고 보니 시장에 도로 내다 팔아도 손색이 없을 정도다. 이 옷들은 마음과 정성으로 깨끗이 빨아서 다림질한 임 선교사의 땀과 수고를 통해 새로운 명품으로 재탄생되었다. 맨 나중에 다림질된 갈색 바탕에 흰색 꽃무늬가 그려진 스커트를 툭툭 털어 입어보며, 그녀는 만족스럽게 빙긋 웃었다.

'다음 달 한국 들어갈 때 입으면 딱 좋겠어.'

모양내기 좋아하고, 쇼핑 좋아하던 모습은 그 미소 뒤로 까마득히 사라진 옛일이 된 것일까.

서영은 이제 더는 킹스키즈에 아이들이 없나요?

임연심 유치원으로 바뀌어 닌젤 목사님이 관리하고 있고, 저는 나 페이카르에 학교 짓는 사업과 성경 통독기 사업에 공을 들이고 있어요.

서영은 그러면 좀 쉬면서 몸을 돌보셔야지요. 황반변성 때문에 눈 수술하신 것이 잘못돼서 재수술을 받으셨다면서요?

임연심 네.

서영은 아이들 입히라고 누가 입던 옷을 모아주면 굉장히 싫어하셨다는 이야기를 들었는데, 이제는 토이마켓 단골이 되신 이유는요?

임연심 그때는 제가 워낙 바빠서 헌 옷을 받으면 그곳에 물이 귀하고, 빨아 입힐 시간이 없었을 뿐 아니라, 괜히 자격지심이 들어, 아프리카 아이들이라고 홀대하는가 하는 마음이 있었어요. 그 사이 세월이 지나서 아이들도 자랐고, 저의 생각도 변했어요. 물자가 늘 부족한 곳이라 중고품이라도 조금만 수고하면 얼마든지 재활용이 되기 때문에…….

서영은 보따리 보따리 싸서 우편물로 보내려면 혼자서 빨고 다리고 꿰매는 수고가 보통 아닐 텐데, 투르카나가 선교사님을 일중독자로 만든 거 같군요?

임연심 글쎄요, 그렇게 끊임없이 무슨 일을 하는 제 안에 제가 모르는 낯선 사람이 들어앉아 있는지……. 다만 투르카나에

사는 사람들은 다 가엾고 측은해서 뭘 자꾸 주고 싶어요. 예전에 투르카나에 혼자 누워 있노라면 무섭고 외롭기만 했는데, 지금 나이로비 아파트에서 누워 있노라면 저와 세월을 함께한 그곳 사람들밖에 생각나지 않아요. 모두에게 감사한 마음뿐이고, 자꾸 뭘 주고 싶어요. 비누 한 조각이라도. 그곳 사람들은 제가 이 세상을 떠난 뒤에도 여전히 먹을 것 없고, 입을 것 없는 환경에서 살아가겠지 생각하면 마음이 아프고 눈물이 나요. 그래서 그들이 예수님 믿고 정말로 위로받기를 끊임없이 기도하게 되어요.

서영은 그러니까, 손마디가 저리고 허리가 끊어지도록 중고품 옷 빨아서 손질하는 일 속에 기도가 들어 있군요. 빵 굽는 야곱같이.

임연심 (침묵)

서영은 저는 이제 이 책을 끝맺기에 앞서 선교사님께 한 가지 사실을 고백하지 않을 수 없군요. 이 책을 시작하면서 영적 공격이 다양하게, 지속적으로 저를 흔들었어요. 예를 들면, '당신이 왜 그 책을 쓰는가' 하는 질문을 끊임없이 들어왔고, 때로는 인터뷰이의 이야기에 지나치게 빠져들어 그를 위해 총대를 메겠다는 결심을 한다든가 등등 하루도 마음이 고요한 날이 없을 정도였는데, 그것은 외부의 공격처럼 보이지만 결국 내 안의 자기 연민, 상처, 결핍감 또는 못다

푼 열정이 바깥의 환경에 투사된 결과라는 생각이 들어요.

임연심　그게 그런 것이라면, 저도 좀 생각해봐야겠네요.

서영은　비유를 하자면 이런 것인데요, 제가 사는 곳이 평창동인
데, 산책을 하다 보면 계곡을 끼고 걷는 언덕길이 있어요.
저는 그 언덕에 이르러서 거의 매번 걸음을 멈추고 난간에
기대어 흐르는 물을 지켜보곤 해요. 계곡의 수량은 일정치
않아서 비 온 뒤에는 물이 불어 물소리가 우렁찰 때가 있
고, 가뭄 때는 물이 줄어 졸졸 도랑물 같은 소리로 바뀌기
도 하는데, 어느 때 그 물을 바라보고 있노라니 돌들의 놓
임새나 경사에 따라 물이 급히 흘러내리는 곳에서는 기포
가 생겨서 수면 위로 거품이 떠 있더군요. 그 기포는 표면
적으로 고요하게 보일 뿐인, 물이 안으로 감추고 있는 공
기방울들이잖아요. 그런가 하면 평평한 곳에서는 물의 흐
름이 일정하고 수심도 일정해서 수면 위로 아무런 기포도
생기지 않더군요. 그 이치를 우리의 영적 상태와 비교해보
니, 영적 공격을 통해 마음이 심란해지는 것을 무조건 방
어만 할 것이 아니라, 내 안의 불순물들이 심란함이라는
기포로 자꾸 밖으로 쏟아져 나와야, 어느 때인가는 깊고
맑은 물로서의 평온한 내면에 도달할 것이라는 깨달음이
있었어요. 아무런 영적 공격 없이, 또는 입술을 꽉 깨물고
방어만 할 때는 자칫 내면의 일시적 평온을 지속적인 것으

로 착각하다가 자기도 모르는, 불안의 사자(獅子)를 마음 속에 기르고 있을 수 있는 거지요. 그래서 저는 억지로 믿음이 깊은 척하기보다 공격을 받고 휘청 넘어지기도 상처를 입기도 상처를 입히기도 하는 동안, 시간이 지나고 나서 보면 저도 모르게, 마음이 금강석처럼 단단해져 있는 것을 느끼게 돼요.

임연심   지금은 어떠세요?

서영은   토기장이의 강한 손길에 자기를 맡겨서 기포가 상당히 빠져나간 흙반죽처럼 고온에도 터지지 않을 만하지 않을까, 뭐 기대가 그렇다는 거죠. 또 누가 알겠어요. 제 마음을 녹초가 되도록 슬프게 만드는 사람을 만나면, 또다시 마음이 휘청, 꺾일지 그건 모르겠어요. 저로서는 죽을 때까지 토기장이의 신세를 지는 수밖에.

마지막 소풍, 비탄

이제 숙제 다 끝냈어요.
이제 나는 아버지 집으로 돌아갈 거예요.

2008년 후반기부터 임 선교사는 한국에 들어오면 일산의 조그만

오피스텔에 머물기 시작했다. 김귀순 목사 교회의 성도 중에 학원 사업을 크게 하는 이 집사가 마련해준 집이었다. 이 집사는 그 오피스텔을 임 선교사 이름으로 등기를 해서 영구 거주할 수 있게 해드리고 싶다고 했으나, 임 선교사는 '욕심이 생길 것 같아서' 안 된다고 극구 사양했다. 그러기 전에도 김귀순 목사의 사위들이 각출해서 집을 하나 마련해드린다고 했을 때도 임 선교사는 손사래를 쳤다. 평생 자기 소유를 가져보지 않아서 '가지는 것'이 오히려 부담스러웠기 때문이다. 더욱이 이 집사의 경우는 돈독한 사이도 아니었다. 그냥 빌린 곳으로 두고 선교대회 때 들어와서 편히 있다가 돌아갈 수 있는 것으로 족했다.

그날, 2012년 7월 16일이었다. 정경자 목사는 광주에서 일산까지 임 선교사를 찾아갔다. 해마다 그랬듯이 두 사람은 호수공원으로 가기로 하고 돗자리는 임 선교사가 사오기로 했다. 만나서 보니, 사온 돗자리가 너무 얇은 것이어서 정 목사는 '바꿔와야 한다'고 했다. '나는 사는 건 잘해도 바꾸는 건 죽어도 못 한다'고 임 선교사가 버티는 바람에, 정 목사가 가서 좀 더 튼튼한 걸로 바꾸고 과일이랑 과자류도 같이 샀다. 두 사람은 차를 세워놓고 호수 쪽으로 갔다.

호숫가의 적당한 장소를 물색하고 나서 돗자리를 펴는 정 목사에게, "작년에도 우리 이 자리에 앉았던 것 같아요." 임 선교사가 말했다. "어떻게 알아요?"

그러나 굳이 대답을 기다리지는 않고, 정 목사는 마트에서 사온 비닐봉지를 돗자리 위에 내려놓았다. 나무가 있어 그늘을 풍성하게 드리워주기는 하는데, 땅이 도툼하게 솟아 있어서 경사가 있었다.

"작년에도 내가 이렇게 누우며 참 편안하다 했거든요. 목사님도 어서 누우세요. 오늘 우리 작정하고 좀 쉬어봐요."

어느새 비스듬한 경사에 등을 대고 다리를 뻗은 임 선교사는 두 손을 포개어 배에 얹고 있었다. 정 목사는 비닐봉지 안에 든 것을 꺼내서 체리와 방울 토마토를 싸고 있는 랩을 벗기고 과자는 봉지를 찢어서 임 선교사가 먹기 좋게 펼쳐놓는다.

"드세요."

아무 대답이 없어서 돌아다보니 임 선교사는 눈을 감고 있다.

"졸리세요?"

"여우도 깃들 굴이 있는데, 저는 머리 둘 곳조차 없어요."

임 선교사의 음성에 깃들어 있는 비감이 예사롭지 않게 느껴졌으나 정 목사는, "솔직히 말해 굴은 있지. 평수는 좀 작지만. 그리고 하늘나라를 머리 둘 곳으로 삼기 위해 지금까지 수고한 거 아니요."

"……오피스텔을 조만간 비워야 해요."

"아니, 영구히 있어도 좋다고 했다면서요?"

"일주일 전 만났을 때도 그렇게 이야기 들었어요. 그런데 엊그제 가능하면 빨리 비워달라고 하더군요. 경기가 바닥이어서 학원 경영이 어렵대요."

"아니, 뭐가 그래요?" 정 목사는 목소리에 날을 세웠다. "영구히 살라고 하던 때는 언제고?"

"그 사람이 그렇게 말한 것은 아녜요."

"그럼 집 임자가 말하지 않은 말을 누가 했다는 거요?

"……."

"누가 했든 서운해 마세요. 그분도 그만한 이유가 있었을 테니. 중요한 것은 사소하든 아니든, 하나님 뜻 아닌 건 없는 거니까."

"제 인생에서 종일 울어보기는 처음이었어요. 이 꼴에 무슨 책을 쓴다고 자료를 모아놓았단 말인가 싶어서, 수년 동안 써온 일기니 뭐니 태워버리고 싶었어요."

"하나님이 주시는 메시지는 훨씬 결정적인 건데 감정을 개입하지 마세요, 힘들겠지만. 우리가 예수님의 말씀이 거하는 머리(교회)면 된 거지 더 이상 뭘 더 바라겠어요."

말은 그렇게 하면서도 정 목사는 자신의 처지가 한탄스러웠다. 도대체 나는 지금까지 뭘 했는가. 수중에 돈 몇 천만 원도 없어서, 평생 수고한 주의 종이 거리에 나앉게 됐는데도 도울 수 없다니.

"에이, 내가 조금만 여유가 있었어도, 당장 그 돈 주고 오피스텔 잡아놓겠네."

임 선교사는 정 목사의 위로에 마음이 풀린 듯 과자를 집어든다.

"투르카나 있을 때는 이 조리퐁이 왜 그렇게 맛있는지 몰라."

"입맛도 더럽게 겸손하네."

정 목사는 농담 같은 말로 자기 분을 슬쩍 덮어버린다.

"저는 이제 숙제 다 끝냈어요."

"뭘 끝내요. 지금부터 시작이지. 다음 주 우리 교회 오셔서 설교하는 거 잊지 마세요."

"아니, 진짜예요. 이제 나는 아버지 집으로 돌아갈 거예요."

갑자기 임 선교사는 무릎을 꿇은 채 배에 손을 얹고 정 목사를 향해 깊이 허리를 숙였다.

"그동안 정말 감사했어요. 도와주시느라 수고 많으셨어요."

그때 전화벨이 울렸다. 임 선교사는 허리를 펴고 휴대폰을 귀에 갖다 대었다. 투르카나에서 온 전화였다. 내용인 즉 뭔가가 잘못되었다는 것 같았다. 오 분 남짓 계속되던 통화를 끊고 나서 임 선교사가 과자 봉지를 내려놓았다.

"오늘은 목사님하고 마음 놓고 회포를 풀어보려고 했는데, 빨리 돌아가서 메일을 보내줘야겠어요."

닷새 뒤 정 목사는 차를 가지고 임 선교사를 모시러 일산으로 갔다. 자동차에 올라 운전석 옆자리에 앉은 임 선교사가 과자 봉지 하나를 내밀었다.

"이게 케냐에서 그렇게 맛있다고 하는 과자예요. 그런데 나는 최근에서야 알았으니, 얼마나 멍충이예요. 목사님 드리려고 사왔어요. 드셔보셔요."

임 선교사가 과자를 봉지에서 꺼내어 운전하는 정 목사의 입에 넣어준다.

"맛있네."

"그렇지요? 케냐에도 이런 과자가 있다니까요."

임 선교사가 또다시 입에 넣어주는 과자를 받아먹으면서 정 목사가 말했다.

"나만 주지 말고 같이 드세요."

"아니, 나는 케냐 가면 또 먹는 건데 목사님 몫에 왜 손을 대요."

마치 하나라도 먹으면 남의 것에 손을 대는 것인 양 한사코 입에 대지 않았다. 그러는 사이 자동차는 광주 주원교회 앞에 도착했다.

미리 예고를 해놓았기 때문에 아프리카로부터 날아온 반가운 손님을 만나러 모여든 성도들이 자리를 가득 메우고 있었다. 주보에 쓰인 임 선교사의 설교 제목은 '광야의 식탁'이었다. 환영의 분위기는 뜨거웠으나, 설교 제목에서 비범한 기운을 느낀 성도들은 많지 않았다. 예배 순서에 따라 임 선교사가 단 앞으로 나서서 기도부터 하고 성경 말씀을 읽기 시작했을 때만 해도 선교사를 주목하는 성도들의 눈에는 기대감이 넘쳤다.

높낮이가 없는 조용한 목소리로 끊어질 듯 다시 이어지는 임 선교사의 설교는 삼십 분이 지나 한 시간, 한 시간이 지나 한 시간 반이 되어도 좀체 끝날 기미를 보이지 않았다. 정 목사의 눈에는 몸을 비틀고, 헛기침을 하고, 옆사람과 귓속말을 주고받는 성도들이 눈에 띄기 시작하면서 불안한 마음에, 설교 말씀이 더는 귀에 들리지 않았다. 두 시간에 걸친 설교가 끝나자, 안도의 한숨을 쉬며 임 선교사와 자리를 바꾸어 앞으로 나간 정 목사는 만면에 웃음을 띠고 단 아래를 둘러보았다.

"성도님들, 우리 선교사님 귀한 말씀에 은혜 많이 받으셨지요?"

그러자 우레와 같은 박수가 터졌다. 참으로 민망한 박수였다. 그로부터 이십 일도 채 되지 않은 8월 4일, 정 목사는 임 선교사의 부고 소식을 들었다. 다시는 들을 수 없는, 그 마지막 설교이자 평생의 간증을 주원교회 성도들은 그렇게 흘려듣고 말았다. 지루함에 못 이겨.

다른 한편으로 임 선교사는 미국의 김 목사에게 매일 전화를 했다. 갑자기 암 수술을 받고 난 뒤의 병세가 염려되고 걱정스럽기도 하지만, 마음 한켠으로는 친구의 목숨이 죽음을 앞에 두고 있다는 사실 때문에 그동안 깊이 짚어보지 못한 마음의 빚이 점점 선명하게 살아나고 있었던 것이다.

체리힐의 아름다운 집을 팔고 필라델피아로 이사를 하게 되면서, 김 목사는 새 집을 찾는 조건에 임 선교사를 위한 방을 따로 마련할 수 있는 공간이 포함되어 있었다고 한다. 그러던 중, 딸 김정아가 어느 날 타운하우스를 보고 와서 '3층에 방을 따로 들일 수 있어요, 엄마가 찾던 집이에요'라고 말한 그대로, 3층에 화장실과 욕조를 갖춘 완벽한 개인 공간을 마련해줘서, 2005년부터 휴양하는 기분으로 한 달씩 가서 지내다 왔던 것이다.

그때도 그랬지만, 지금의 이 비상 상황을 맞닥뜨려 보니, 거기에 방을 마련해준 그 마음은 김 목사 자신의 성전을 짓는 데 주춧돌이 되어야 마땅했다. 그녀는 김 목사가 아들의 결혼식 직후 겪은 참담한 사건도 잘 알고 있었다. 화기애애하게 결혼식을 축하해주러 왔던 성도들이 그다음 주 예배에 나오지 않았다. '목사님 자식들만 잘되고, 우리 자식들은 어떻게 할 건데요?' 이렇게 시비를 하며 일제히 교회에 나오지 않았던 사건이었다.

그 충격으로 김 목사가 목회를 접으려 했을 때, 임 선교사는 짧게 "미안해요. 나 때문에 성전을 짓지 못한 것 다 알아요. 그러니 이제 나를 돕는 일, 아프리카를 돕는 일 그만해도 돼요" 하고 말했다. 그 미안함은 한층 막중한 빚으로 마음을 짓누르고 있는 터였다. 빚이라는 것이 돈으로 갚을 수 없는 것이면 목숨을 파고든다는 것을 뼈저리게 느끼는 이즈음, 임 선교사는 단애(斷涯) 같은 자기 마음자리라도 버선목처럼 뒤집어 보여 위로가 되고 싶었다. '당신과 당신성도들의 교회는 저 칼로콜에 있고, 저들이 모두 당신들의 걸어다니는 교회요.' 그렇게 말해주고 싶은 것이다. 그래서 단 며칠이라도 "얼굴을 보고 와야 한다"라고 전화로 말할라치면, 김 목사는 퉁명스럽게 "알았어. 걱정하지 마. 나 아직 살아 있어"라고 대답하는 그 까칠한 속내가, 임 선교사에게는 비수처럼 아프다.

김 목사의 상황은 최악이었다. 머리는 모두 빠져 맨머리였고, 항암주사를 맞을 때마다 너무 고통스러워 까무러친 일도 몇 차례나 있었다. 실신에서 깨어나 혼자서 눈을 뜨고 천장을 쳐다보노라면 그렇게 오랜 세월 목회를 해온 나의 열매는 어디에 있는가, 무엇이 나의 열매가 될 수 있는가. 지상에 번듯한 교회 하나 짓지 못했고, 성도가 뿔뿔이 흩어져 사라진 지금의 내 상황은 무엇이란 말인가. 허망함이 누군가를 향해 원망의 가시가 되어 가슴을 찔렀다.

어느 날 정신이 까무룩한 고통 중에 십자가 보혈의 피가 자신을 흠씬 적시는 환영과 함께, 마음에서 오랜 찬송 한 소절이 아련하게 맴돌았다. 노래는 첫 소절에서만 맴돌았다. '얼마나 아프셨나 못 박힌 그 손과 발.'

엉금엉금 기어서 3층의 임 선교사 방으로 올라간 김 목사는 책꽂이에서 복음성가 책을 뽑아 아래층으로 내려왔다. 책장을 넘겨서 찾아낸 그 찬송은 예전에 부르던 조용기 목사의 작사 곡이었다.

얼마나 아프셨나 못 박힌 그 손과 발
죄 없이 십자가에 매달리신 예수님
하늘도 모든 땅도 초목들도 다 울고
해조차 힘을 잃고 온누리 비치잖네

아 아 끝없어라 주의 사랑 언제나
아 아 영원토록 구원의 강물 넘치네

나의 죄 너희의 죄 우리의 모든 죄를

모두 다 사하시려 십자가 달리신 주

얼굴과 손과 발에 흐르는 귀한 피

골고다 언덕 위에 피로 붉게 적셨네

노래를 불러보는데, '아, 조 목사님도 이런 아픔이 있었구나' 싶었다. 그 큰 목사의 아픔을 알았다는 것만으로, 아픔 속에서 하나되는 눈물이 줄줄 흐르며 누구를 향한 것인지, 아니 모두를 향했던 그 가시 같은 원망이 눈 녹 듯 스르르 풀렸다. 주의 종으로 살면서 겪어야 했던 모든 서러움, 또 여전히 남아 있는 고통까지…….

하지만 이 눈물조차 죽음을 예감하는 엄중한 마음자리에서 보면, 자기애와 투정이 섞여 있는 것이다!

삶은, 현실은, 인간을 늘 나약하게 만든다. 그 나약함이 두려움과 맞서지 못하면, 인간은 비겁해지고 위선적이 되고, 율법이 독단과 정죄로 변질되고, 자기애를 긍휼로 착각한다. 삶의 엄중함이, 인간을 정화시키기보다 죄 뒤에 숨게 만든다.

그날, 임 선교사를 종일 울린 그 아픔은 깃들 '굴'을 잃어서가 아니었다. 자기의 귀중한 것들을 아낌없이 주어왔던 가족, 친구, 선배, 동료들……. 그들과 한 생애를 함께하며, 마지막 작별의 날을 예감함에도 마음을 포갤 사람이 아무도 '거기'에 없다는 사실이었다. 그러면, 그동안 그들이 '거기' 그 자리에 있는 것으로 느꼈던 그 마음은 착각이었나, 환영이었나? 어느 누구의 마음도 '거기 - 초월'에 이르지 못했다는 것인가?

아마도 삶 쪽으로 몇 걸음 더 뒷걸음치면, 진실을 확인할 수 있을 것이다. 내가 왜 그랬을까, 내가 왜 그랬을까 후회해도, 조금은 거짓되고, 조금은 이기적이고, 조금은 비겁했던 순간들……. 그것이 삶이라는 거울이 비춰주는 우리의 참 얼굴일 것이다. 오늘 이 순간 내 마음자리가 예수께서 이미 임한 자리, 심판이 임한 자리가 아닌가. 절체절명의 시간은 늘 현재 이 순간이다. 지나온 날들만이 자신을 비추는 거울이 되어 묻는다,

너 천국 갈 자신이 있느냐.
너 천국 올 자신이 있느냐.

앞으로도 살아갈 날들이 남은 자에게는, 임연심의 그 울음은 육으로 살아온 그 자신의 마지막 비탄이자, 우리를 위한 애곡임을 깨닫게 될 것이다.

그래서 애통한 자에게 복이 있도다 하신 것이다. 삶이 남아 있는 자들에게는 그 어떤 죄도, 그 어떤 아픔도, 고통도 눈물도 하나님 앞의 시련이며, 회개와 회복의 시간으로 바뀔 수 있는 것이니까.

서영은　CTS 인미 씨와 평창동 오신 것도 그 즈음이었군요.

임연심　네, 저는 그때 통독기 사업이 어느 정도 마무리되어 후원해주신 분들 만나서 인사해야 할 일들이 많았어요.

서영은　제가 어떻게 임 선교사님 뵙게 됐는지 모르시지요? 인미 씨로부터 하루는 전화가 왔어요. 아프리카 투르카나에서 선교사님 한 분이 오셨는데 한번 만나보겠느냐고. 그래서 제가 투르카나가 어딘데요? 그랬더니 인미 씨가 그분에 대해 조금 설명해드리고 싶다고 해서 네, 그러세요, 했지요. 그러고 나서 전화기에 귀를 기울이고 있는 제 마음이 점점 긴장되기 시작했어요. 인미 씨가 들려준 이야기는 선교사님이 투르카나 실습 가서서 하나님과 독대하신 바로 그 이야기였어요. 전화로 다소 엉성하게 전해지긴 했어도 저는 곧바로 그 이야기 속에서 어떤 계시적 섬광을 느꼈고, 그것이 제 기도에 대한 응답처럼 느껴졌어요. 저의 기도란 '말씀하소서, 듣겠습니다'였는데, 산티아고 다녀온 뒤부터 오직 이 한 가지 기도만 해왔거든요. 그래서 당장 만나뵙고 싶다고 했지요.

임연심　그날 평창동 카페에서 우리가 만났을 때, 선생님이 하신 이야기에 저는 적잖게 충격을 받았어요. 지금 그대로 말을 옮기지는 못하겠는데, 어쨌든, 이런 이야기였어요. "제가 오늘 아침 만난 하나님은 이런 분이신데요, 옥수수 두 자루를 쪄서 접시에 담아가지고 책상 앞으로 가서 앉았는데, 고양이가 무릎 위로 뛰어올라서 한 손으로는 고양이 등을 쓰다듬으며, 다른 한 손으로는 옥수수를 한 입 베어 물고 씹는데, 통통한 옥수수 알갱이를 씹는 쫀득함과 입안에 퍼지는 달콤한 향기를 천천히 음미하며, 눈으로는 뜰에 있는 소나무에서 작은 새 한 마리가 이 가지에서 저 가지로 포르릉포르릉 날아다니는 것을 바라보다 보니 아, 참 행복하구나, 그 행복감이 하나님이신 것 같다"라고 하시더군요.

서영은 그것이 왜 충격이셨는데요?

임연심 글쎄요, 제 주위에서 하나님을 그렇게 느끼는 사람은 지금까지 한 사람도 없었어요. 선생님과 헤어지고 나서 저는 바로 교보문고로 가서 『노란 화살표 방향으로 걸었다』를 사서 오피스텔로 돌아가, 그날로 다 읽었어요. 그러고 나서 그 책과 통독기를 미국의 김동헌 목사에게 우송했어요. 내가 오늘 만난 작가가 이 책의 저자라는 편지와 함께. 나중에 또 통화하게 됐을 때, 저도 예상치 못한 말이 튀어나왔어요. 내가 죽은 뒤에 혹시 책을 쓰게 될 경우 이 작가에게 부탁해달라고요. 김 목사는 그때 암 수술 후 항암 치료 중이었는데, 제가 전화할 때마다 "당신은 죽지 않아. 할 일이 많아. 내가 당신 목숨 대신 채워줄 거야"라고 했던 이야기는 제가 그냥 한 말이 아니었어요.

서영은 그냥이 아니라면 뭘 예감하셨다는 건가요?

임연심 그보다는 제가 왜 선생님 이야기에 충격을 받았는지, 그
이야기를 하고 싶네요. 투르카나 사역에서 저의 마음속 깊
이 찍혀 있지만 그것을 한 번도 고요히 되새겨 보지 못한
영상이 선생님 이야기를 듣고 나서 선연하게 떠올랐어요.
몇 년 전 칼로콜 교회에서 예배가 끝난 뒤에 목사님 댁으
로 갔어요. 몇몇 성도들, 목사님 부부와 같이 점심식사를
하고 있을 때였어요. 저는 입구 쪽이 바라보이는 자리에
앉아 있었는데, 그늘이 깊은 실내에 앉아 있어도 드넓은
벌판에 쏟아지는 햇빛이 눈이 부시도록 찬란하게 환했어
요. 늘 햇빛 때문에 덥다고만 생각했지, 햇빛 자체가 그렇
게 눈부시도록 아름답게 보인 것은 처음이었어요. 저는 눈
이 멀 것만 같은데도, 숨을 죽이고 그 빛을 바라보고 있는
데, 어떤 그림자가 차츰 문 가까이로 다가왔어요. 그리고
난데없이 아기 염소가 문 앞에 나타났어요. 그 광경을 넋
을 잃고 바라보는 동안, 저는 기도를 통해서도 맛보지 못
한 고즈넉한 평화로 임하신 하나님을 보고 있는 것 같았어
요. 햇빛과 아기 염소뿐인데, 거기에 우리 사는 세상과 다
른 평화가 있는 것 같았어요. 그로부터 몇 달 뒤에 그 칼로
콜 목사님이 투르카나 지역의 다른 목사들을 포섭해서 저
를 내쫓으려고 한 일이 있어요. 이유는 그가 추천한 여자

에게 제가 일을 시켰는데, 그 여자가 거짓말한 사실이 드러났어요. 그래서 제가 일을 그만두게 했더니, 그 일로 앙심을 품었던 거였어요. 그곳 목사님들은 어느 한 사람 저의 도움을 받지 않은 사람이 없었는데 그의 말이 거짓이라는 것을 알면서도 전부 칼로콜 목사 편이 되어 저를 배척했어요. 그때 닌젤 총회장이 혼자 저를 감싸며 그들을 꾸짖어 사태를 끝냈어요. 그런데 그들 모두가 교회로 찾아와 위협을 하는 상황인데, 저는 분한 마음은 들었어도 두려운 마음은 들지 않았어요. 그 마음의 바탕에는 그날 칼로콜 목사님 집에서 본 햇빛과 아기 염소를 봤을 때 뭐라 할 수 없는 담대하고도 안온한 느낌이 있었어요.

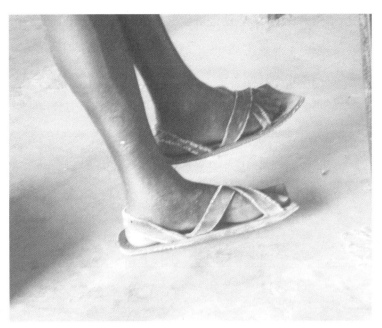

말씀을 사모하며 먼 길을 걸어온 맨발

모든 빛은 우리를 숨 죽이게 한다

남은 자들을 위한 레퀴엠 — 오는 천국

나를 위해 기도해다오. 나를 위해 기도를 해다오.

케냐로 돌아간 임 선교사는 아파트에 도착해서 짐을 풀었다. 이번 짐에는 같은 시기에 한국으로 나온 이미애 선교사 부부와 함께 민속촌에 가서 산 꽃신과 버선, 한복이 있었다. 그녀는 상자 속에 한복과 버선을 담아놓고, 꽃신을 잠깐 어루만져본다. 어린 시절 그렇게도 신고 싶었던 꽃신……. 상념과 함께 꽃신도 상자에 들어가고 뚜껑이 닫힌다.

임 선교사는 킹스키즈 아이들을 나이로비의 사바나 레스토랑으로 모이게 했다. 금요일의 일이었다. 일부는 바빠서 불참했지만, 존슨, 카징구, 사드락, 크리스틴, 저스티스, 데이비드, 프랜시스, 피터 이렇게 여덟 명이 모였다. 맘은 이 자리에서 아이들이 배부르게 먹고도 남을 만큼 맛있는 음식을 잔뜩 시켰다.

"너희들이 잘 커줘서 정말 감사하다."

그들이 맛있게 먹는 모습만 보고도 흐뭇해하는 임 선교사의 시선은 여느 때하고 같은 듯 달랐다. 아이들 중 그 누구도 그 점을 눈치채지 못했다. "맘은 왜 안 드세요?" 하고 묻는 아이도 없었다. 세상의 모든 자식이 다 그렇듯, 그들도 어머니가 항상 자기들 곁에 있으리라 여겼기 때문에, 헤어질 때도 가볍게 손을 흔들며 돌아섰다.

임 선교사는 그들을 하나하나 끌어안으며 등을 두드려주었다. 그리고 크리스틴에게 일요일에 아파트로 와달라고 말했다.

"내가 한국에서 천국에 입고 갈 옷이랑 신발을 가져왔다. 무슨 일이 일어나도 이제는 걱정이 없다"하면서 크리스틴에게 상자를 가리켰다. 이어서 이곳에 있는 짐을 모두 투르카나로 옮겨달라고 부탁했다. 짐이라야 여행가방 하나와 세면도구, 노트북이 전부였다. 크리스틴은 그 부탁이 무엇을 의미하는지 몰랐다.

그다음 주 금요일, 투르카나에서는 통독기 완성을 기념하기 위한 예배와 축제가 열렸다. 염소를 잡고 음식을 푸짐히 장만했다. 인근에서 사역하는 목회자 20여 명이 모였다. 축제는 새벽까지 이어졌고, 확성기로 흘러나오는 하나님 말씀이 잔잔한 음성처럼 즐거워하는 사람들 귓가에서 떠나지 않았다. 헤어질 때 임 선교사는 목사들에게 통독기를 하나씩 선물했고, 각 사람에게 15,000실링씩 헌금도 했다. 앤 목사도 이 자리에 있어 통독기와 헌금을 받았다.

주일이 되었다. 임 선교사가 설교를 하기로 되어 있는데, 교회에 나타나지 않았다. 그런 일은 한 번도 없었다. 크리스틴이 집으로 찾아갔더니 임 선교사는 침대에 누워 몸을 떨고 있었다. 몸이 불덩이 같았다. 크리스틴은, 평소 맘이 즐겨 누워 있던 슬레이트 지붕 하나를 떼어낸 그 아래 시멘트 바닥에 매트리스를 깔고 그녀를 눕혔다.

주스와 약을 드시게 하고 크리스틴이 말했다. "맘, 편히 주무세요."

"아니, 이 세상에서 나에게 편안함이란 없단다. 하늘나라로 가기 전까지는."

지붕 사이로 아득히, 멀리 보이는 하늘을 쳐다보는 선교사의 눈빛에 사무침이 어리며 눈물이 핑 감돈다. 외로움이었다. 언제부터인가 자유함이, 자신을 아는 모든 교역자, 성도, 친구와 가족을 의식하며 살아온 마음, 심지어 자기 자신의 결벽한 성품의 족쇄로부터도 자유로워진 평안함이 임하여 이제 누구의 시선도 관심도 닿을 수 없는 광야에 홀로 있었다.

크리스틴은 더럭 겁이 나서 존슨을 불렀다. 존슨이 나이로비에서 밤새 길을 달려 투르카나로 왔다. 맘은 존슨이 온 것을 보고 "바쁜 사람을 왜 불렀느냐" 하며 나무랐다.

"맘의 증세를 보고 어떤 약을 드시게 할지 물어보려고 그랬다"고 크리스틴이 대답했다. 존슨은 환자의 증세를 보고 말라리아 약을 처방했다. 크리스틴은 맘의 방에서 이전에 먹다 남은 말라리아 약을 가지고 왔다. 존슨이 환자의 차도를 지켜보려고 옆에 머물자, 맘은 존슨에게 어서 나이로비로 돌아가라고 꾸중하듯 말했다.

월요일. 열은 전혀 떨어질 기미가 없었고, 환자는 입이 마른 채 기운 없는 목소리로 크리스틴에게 말했다. "나를 위해 기도해다오. 나를 위해 기도를 해다오." 크리스틴은 맘의 가슴에 자기 머리를 대고 간절히 기도를 드렸다. 평소에는 커피 한 잔이나 뜨거운 물을 마시는데, 맘이 찬물을 달라고 했다.

화요일. 밤새도록 고열에 시달린 환자는 탈진 상태가 되었다. 교회 장로들이 와서 기도를 해드리고 나서, 나이로비 병원으로 가셔야 한다고 권유했다. "나는 나이로비로 가지 않겠어요. 나는 천국으로 갈 겁니다." 임 선교사가 힘없이 웃으며 말했다. 장로들은 크리스틴더러 총회장에게 알리라고 했으나, 크리스틴은 맘이 말려서 아무에게도 전화하지 않았다.

수요일, 목요일. 환자는 흰 죽도, 물도 먹기를 거부했다.

금요일. 크리스틴과 남편은 비행기를 예약해놓고, 환자를 나이로비 병원으로 데려갈 준비를 하는데, 환자가 심한 고통을 호소했다. 크리스틴은 윌슨 목사에게 도움을 요청, 진통제를 투여했다. 한편 앤 목사는 윌슨 목사로부터 전화를 받고, 맘의 증세가 죽은 자기 딸의 증세와 흡사하여 걱정스러웠다. 새벽 네 시, 크리스틴이 환자를 윌슨 목사에게 부탁하고 잠시 집에 간 사이 빨리 오라는 전갈이 왔다. 윌슨 목사는 이대로 환자를 두고 볼 수 없다, 나이로비로 빨리 모셔야 한다고 크리스틴을 다그쳤다. 크리스틴이 보기에도 환자의 입술이 안으로 말리고 눈가에 다크서클이 드리워지고 있었다.

크리스틴이 울면서 맘에게 간청했다.

"너는 내가 나이로비로 가기를 원하니?"

"맘, 제발…… 제발……."

"너도 같이 갈 거니? 그렇다면 가겠다."

크리스틴은 윌슨 목사에게로 달려가 맘의 뜻을 전하고, 떠날 준비를 했다. 몸을 씻기고, 옷을 갈아입히고, 가져갈 짐을 챙겼다. 맘이 화장실에 가고 싶다고 해서 크리스틴이 부축하려고 했으나 맘은 괜찮다고 했다. 잠시 후 크리스틴이 화장실로 가보니, 변기가 깨어져 있고 환자는 축 늘어져 벽에 기대어 있었다.

(선교사가 있던 자리에서 화장실까지의 거리는 스물일곱 걸음이었다. 이 한 걸음 한 걸음은 그녀가 투르카나에서 사역해온 일 년, 일 년의 매듭과 같은 숫자였다. 그리고 스물여덟 번째 걸음에서, 아무도 지켜보는 이 없이, 만신창이가 된 그녀의 육신은, 그 안에서 너무도 영롱하게 빛나는 영혼을 더는 감당하기 어려운 듯 화르르 무너졌다.)

(병원 진료를 통해 나타난 선교사의 몸, 영양실조와 말라리아는 투르카나 사역 내내 볼모 잡힌 병이었고, 잇몸이 무르고 삭아서 임플란트 시술조차 할 수 없는 상태였고, 뇌에는 꽤 큰 악성 종양이 자라고 있었고, 폐에는 결핵이 한 차례 지나갔고, 눈은 황반변성 때문에 수술을 한 차례 받았으나 수술이 잘못되어 두 번째 받은 수술의 고통 때문에 사흘을 꼬박 엎드려 지내야 했고, 치질은 평생의 지병, 손가락 관절과 무릎 관절도 심각하게 손상되어 있었다.)

저녁 아홉 시부터 목사 스무 명이 목사관 앞뜰에 모여서 기도를 하기 시작했다. 시간이 흐르자 어디서 어떻게 알고 모여들었는지 그 지역의 목사들이 모두 모여 새벽이 되도록 기도하기를 끊이지 않았다. 그들은 한때 칼로콜 목사와 한편이 되어 임 선교사를 배척했던 사람들이었다. 그들의 긴 기도가 회개의 눈물과 감사의 뜨거움으로 채워지고 있는, 바로 그것이 이 야만의 땅에 임 선교사가 뼈를 묻기까지 이루어놓은 하늘나라의 표징이었다.

또 다른 표징은, 케냐 KAG 총회장인 닌젤 목사가 임 선교사를 나이로비로 모셔오기 위해 거금 7000달러를 내놓고 의료장비를 갖춘 비행기를 전세 내어 투르카나로 보낸 사실이었다. 그 7000달러는 '합력해서 선을 이루는 일'에 그가 드디어 동참했다는 것을 말해주었다.

임 선교사는 오랜 집을 떠나기 전에, 자신이 돌보고 키웠으나 배신까지 했던, 칼로콜 교회 폴 에리스 목사에게 특별히 기도를 부탁했다. 기도할 줄 모르던 사람에게 기도하는 법을 가르쳐서, 이제 자신이 가는 마지막 길에 축도를 받는 놀라운 겨자씨의 비밀!

택시에 실린 환자를 앤 목사가 온몸으로 감싸듯이 편히 뉘였다. 다급한 경보음도 없이 택시는 정적이 감도는 텅 빈 공항에 도착했다. 공항 관계자는 환자를 살펴보고 비행기가 도착해도 탑승하기 어려운 상태라고 말했다. 이럴 때 어떡하면 좋은가. 앤 목사는 닥터스 미니 프라자(Doctor's mini Plaza)로 차를 돌리게 했다.

의사는 곧바로 환자에게 안정을 취하도록 하고 먹일 물을 사오라고 했다. 앤 목사는 상점으로 달려가 깨끗한 물과 꽃이 그려진 예쁜 컵을 사가지고 달려왔다. 어떤 음료도 마시려 하지 않던 선교사는, 앤 목사가 "맘, 여기 깨끗한 물을 깨끗한 컵에 담아왔어요" 하고 머리를 받쳐드리자 한 모금, 또 한 모금 물을 마셨다. 그것은 스스로가 자신에게 행하는 임종 세례와 같이 보였다. 이어서 임 선교사는 "편히 자고 싶다. 혼자 있게 해달라"고 말했다.

앤 목사, 크리스틴, 베티 세 사람은 방을 떠나기 전 뒤를 돌아다보았다. 그 몇 걸음의 거리가 십 년이나 지난 듯 아쉽고 그리웠다. 고통도 신음도 없이 조용히 누워 있는 맘은 그린 듯 단아했다. 그녀의 위대함은 사는 동안 내내 뼛속까지 저민 외로움에 있었다.

잠시 후 임 선교사는 이곳에 뼈를 묻겠다고 했던 하나님과의 약속을 지키려는 듯 조용히 홀로 숨을 거두었다. 투르카나 땅에서!

닌젤 회장이 보낸, 의료 장비를 갖춘 비행기가 활주로에 내리기 오 분 전이었다.

비행기에 실려 나이로비 병원 영안실에 도착한 선교사의 시신을 가장 먼저 마중한 사람은 김경수 목사의 사모 이행숙 선교사였다. 이 선교사는 임 선교사의 생시처럼 따뜻하고, 생시보다 더 아름

다워 보이는 얼굴을 하염없이 어루만지다 마침내 가만히 눈을 감
겼다. 그러고 나니 곧 자기에게도 닥칠 죽음이 더는 무섭지 않게 되
었다.

나이로비에 있는 임 선교사의 아파트 셋방에는 아무것도 없었다.
그냥 텅 비어 있었다. 책상 위에 장례식비라고 쓰인 봉투 하나와 선
물로 받은 반 실링짜리 구슬반지 하나가 그곳에 남아 있는 유품의
전부였다.

그 구슬 반지는, 이 세상에 무거운 육신을 벗어놓고 빛처럼 환하
고 가볍게 거듭난 한 영혼이 홀연히 날아가면서 떨어뜨린 무지개
빛 깃털 같았다.

이제 우리는 사랑으로 모든 차별을 끌어안으려 한다

허그로 모든 차별을 넘어서 서영은

집필을 의뢰받고, 2013년 9월 22일 케냐로 날아간 날, 나이로비 서쪽 쇼핑몰에서는 테러 사건이 일어났다.

게스트하우스 응접실에 놓인 텔레비전에서는 '코란을 암송하지 못하는 인질들은 가차 없이 사살'이라는 뉴스 자막이 스쳐가고 있었는데, 고맙게도 미리 섭외해둔 인터뷰이들은 그 흉흉한 거리를 겁도 없이 달려와서 약속 장소에 나타났다. 멀지 않은 곳에서 인질로 잡힌 무고한 사람들이 무자비한 총부리 앞에 벌벌 떨고 있다는 사실이 인터뷰 자리의 분위기를 무겁고 긴장되게 만들었다. 하루에 서너 사람씩 인터뷰를 해야 하는 촘촘한 일정 때문에 테러 상황 중에도 차를 타고 시내를 가로질러 인터뷰이가 있는 장소로 이동하기도 했다. 그러는 동안 줄곧 '내가 만약 이 시각 인질로 잡혀 있다면……' 하는 생각이 뇌리에서 떠나지 않았다.

'나는 크리스찬이다' 외치고 나서 날아오는 총탄에 쓰러지는 것까지는 상상이 되지만 그 뒤에, 천국 갈 수 있는가 하는 질문 앞에서는 상상이 멈추었다. 그러자 나에게 가장 필요한 것은 금도 은도 아닌 '시간'으로 느껴졌다. 하나님께서 일주일만 시간을 주겠다, 하신다면 나는 무엇을 할 것인가. 곧바로 '투르카나로 가는 것'이라는 대답이 내 안에서 들려왔다. 집으로 돌아가는 것이 아니라, 내 앞에 주어진 미션을 계속하는 것, 요컨대 투르카나라는 저 불모지를 향해 진군하는 것, 마지막 시간이 짧게, 아주 짧게 주어져 있다 해도 내가 구할 것은 그것밖에 없다는 생각이 들었다.

사흘 후인 9월 25일에 나이로비에서 투르카나로 가는 긴 여정에 올랐다. 참으로 멀었다. 이제껏 세계를 그런대로 좀 돌아다녀봤다고 생각했는데, 그토록 어디론가 알지 못하는 곳으로 하염없이 간다는 느낌은 처음이었다.

까만 피부의 사람들과 함께, 낡은 봉고차를 타고 가는 동안, 내내 엉덩이를 들썩이며 춤을 출 수밖에 없었다. 물론 운전석에서 흘러나오는 흥겨운 아프리카 음악이 몸을 들썩이게 하긴 했으나, 그보다는 차체가 어찌나 심하게 요동치는지, 척추를 보호하기 위한 자구책이었다. 예전에 디스코홀에서 놀던 가락 탓인지 승객들 대부분이 졸고 있는데도 나는 홀로 춤을 추며 창밖의 풍경을 감상했는데, 보면 볼수록 '여기가 어딘지 모르겠다'였다.

나쿠루를 거쳐 기탈레에서 봉고를 버리고 버스를 갈아탈 즈음에는 날이 어두워지기 시작했다. 듣자하니, 이곳에서부터는 호전적인 부족의 습격이 예상되므로 차들이 모여서 이동해야 한다고 했다.

습격에 대비해 호주머니에 목숨과 맞바꾸기 위해 준비한 케냐 돈 뭉치를 간혹 가다 손으로 만져보며 차가 출발하기를 기다렸다.

그런데, 잠시 후 내가 지옥으로 가는 막차에 올랐다는 사실을 알았다. 짐이 사람보다 더 많아지다 보니 사람이 짐짝처럼 구겨져 앉고, 좌석은 물론 통로까지 자리를 점거하고 있는 것은 짐이었다. 나중에 안 사실이지만 버스는 지붕 위에까지 짐을 싣고 있었다.

출입구에서 두 번째 통로쪽 자리를 차지한 것이 그나마 행운인가 했더니, 웬걸, 현지인 목사가 성경을 끼고 차에 올라 무릎을 내 옆구리에 꽉 붙이고 웅변에 가까운 설교를 시작했다. 현지말을 알아듣지 못해도, 그의 무릎뼈를 통해 내 옆구리로 전해져 오는 메시지는 한마디로 엄중한 꾸짖음이었다. 차 안의 풍경은 하나님을 몰라 지옥으로 가는 막차 같은데, 위로는커녕 호된 꾸짖음이 강도를 높일수록 목사님의 무릎에 힘이 가해져 내 옆구리의 고통이 심해졌다. '이봐요, 나는 이 오지에서 이십팔 년간 선교를 하다가 이곳에 뼈를 묻은 분의 책을 쓰기 위해 찾아온 골수 크리스찬이니 나한테 이러지 마세요' 하고 싶어도 말이 통하지 않으니 어쩌하랴.

목사님은 버스가 시동을 걸고 나서야 버스에서 내려갔다. 그리고 막판에 버스에 오른 승객이 내 좌석 바로 옆 통로에 짐을 놓았다. 길쭉한 철가방 모서리가 팔걸이 밑을 지나 내 옆구리를 찔렀다. 무릎으로 짓누르던 고통은 비교도 되지 않았다. '승객들 모두를 대신해서 내가 고통으로 속죄를 하는 셈 치자.'

느긋했던 속죄양 흉내는 섣부른 짓이었다. 바깥은 캄캄한 어둠, 지옥으로 실려간다 해도 저항할 힘이 없는 듯, 무거운 침묵이 흐르는 가운데, 지상의 보이지 않는 파도에 쉬지 않고 흔들리는 배처럼, 버스는 끊임없이 요동치면서 하염없이 달렸다.

마침내 버스가 멈추어 다 왔나 했더니, 아직도 아홉 시간을 더 가야 한다고 마중 나온 현지 목사님이 말했다. 한숨을 쉬며 창밖을 내다보았다. 공중에 떠 있는 어슴푸레한 달은 평소에 내가 봐온 그 달이 아니었고, 먼지를 뒤집어쓴 건물들도 집이라기에는 너무나 엉성했다. '정말 어딘지 모르겠네.' 마치 꿈 밖에서 험상궂은 꿈속으로 들어온 것 같았다.

나이로비를 떠난 지 스물세 시간 만에 목적지인 투르카나의 로드와에 도착했다. 뜻밖에도 선교사의 묘지는 목사관 옆에 있었다. 손전등을 비춰가며 묘지에 참배부터 하노라니, 내가 오히려 유령이 된 것 같았다.

해가 떴을 때는 이미 이튿날이 시작되어 일정을 강행할 수밖에 없었다. 선교사가 타고 다녔다는 구형 파제로를 타고, 나페이카르라는 곳으로 찾아가는 길이었다.

너무나 드넓어 아득하게 보이는 하늘 아래, 나무들이 듬성듬성 흩어져 있는 메마른 광야가 끝도 없이 펼쳐진 가운데, 지워질 듯 말 듯한 외길 하나가 집도 사람도 없는 시원(始原)의 풍경 속으로 나를 이끌었다.

그곳은 한 번도 와보지 않았지만 그냥 그 '어딘가'가 아니었다. 믿음 하나 붙잡고 이 먼 곳까지 날아온 선교사가 손을 뻗어 오직 한사코 가리킨 방향이었다. 그 외롭고도 환한 사랑이 너무나도 눈물겨울 즈음 드넓은 벌판에 교회 건물 한 채가 하얗게 모습을 드러냈다. 교회 앞에 차를 세우고 멍하니 서 있으려니 도토리처럼 작고 까만 아이들이 물통을 들고 나타났다.

'너희들이었구나! 이렇게도 멀고 아득한 길 끝에 너희들이 기다리고 있었구나!' 나는 나 이외에 줄 것이 아무것도 없었다. 그것은 허그(hug)였다.

임연심 연보

1951년 12월 13일 아버지 임오봉, 어머니 황선녀 사이에 2남 3녀 중 막내로
        태어남
1971년 4월 인화여자고등학교 졸업
1978년 7월 독일 하르트나크 어학연수
1979년 3월 베를린 순복음신학교 입학
1982년 조용기 목사의 베를린 올림픽광장 대집회 때 성령 체험, 선교사 소명
        에 대해 깊이 생각하게 됨
1983년 5월 베를린 순복음신학교 졸업
1984년 2월 케냐 랑가타 예수전도단 입소
1984년 7월 DTS 훈련 후 미전도 지역 케냐 북부의 투르카나에서 전도 사역
        중 계시를 받음
1986년 4월 2년 사역 후 심히 탈진하여 베를린으로 돌아가다
1986년 6월~12월 영국 애비스쿨에서 어학연수
1987년 1월~12월 영국 선교단체 WEC에서 선교훈련 및 이론 수료
1987년 5월 여의도순복음교회 아프리카 파송 1호 선교사로 임명
1988년 2월 케냐 임지 도착. 투르카나 사역을 위한 준비 작업
1988년 8월 KAG(케냐 하나님의 성회) 소속 선교사
1989년 7월 KAG 투르카나 선교사 임명. 4교회와 월드비전이 돌보던 70여
        명의 고아들을 돌보기 시작.
1990년 6월 목사 안수, 임직증서 수령(예수교 대한 하나님의 성회)
1991년 고아원 운영을 위임받고, '킹스키즈(King's Kids)'로 개명
1993년 3월 조용기 목사 케냐 나이로비 자유공원 성령집회 기획
1996년 5월 투르카나 사역 선교 비디오 방영

1998년 5월 나페이카르 교회 헌당식

1999년 3월 칼로콜 교회 헌당식

2001년 10월 선교사 임명 해지

2003년 7월 로드와 성경학교 개설

2003년 9월 나페이카르에 우물을 파서 물을 얻다

2004년 중고등부 신학교 건립 계획, 도청으로부터 대지를 기증받음

2004년 11월 선교사 복직

2005년 8월 투르카나 첫 안수 목사 배출

2006년 6월 22개 교회, 유치원. 고아원 지원. 우물 파기, 의료구제로 확대

2012년 5월 스와힐리어 성경 녹음을 시작으로 성경 통독기를 제작 배포

2012년 8월 4일 향년 61세로 투르카나에서 소천

* 2012년 11월 23일 대통령 표창장 수령 (해외활동 봉사 부분)

* 임연심 선교사의 보살핌을 받고 성장한 킹스키즈 아이들은 지금 사회에서
목사, 의사, 기자, NGO 직원, 은행원, 회계사, 사무원, 교장, 교사, 경찰, 약사,
변리사 등으로 활발히 활동하고 있다.

인터뷰 일지 – 임연심 선교사와 함께한 동역자들

2013년

한국, 서울에서

6월 3일~4일 김동헌	평창동 카페
6월 5일 김귀순, 최순영, 이희열, 김동헌, 안익선	여의도 음식점
9월 4일 이성제, 안익선	효자동 음식점

케냐, 나이로비에서

9월 21일 김옥실	게스트하우스
9월 21일 김명수, 이미애	중국집, 게스트하우스
9월 22일 임종표	게스트하우스
9월 22일 카징구(David Kasungu)	나이로비 차이니스 레스토랑
9월 23일 김경수, 이행숙	동부 아프리카 신학교

케냐, 투르카나에서

9월 26일 강성영, 윌슨(Wilson Lokaalei)	투르카나 목사관
9월 26일 크리스틴(Christin Longór)	로드와 선교사 사택
9월 27일 E. 존(E. John)	로드와 선교사 사택
9월 27일 윌슨	로드와 선교사 사택
9월 28일 르우벤(Reuben Losike), 윌슨, 크리스틴	로드와 선교사 사택
9월 29일 폴 에리스(Paul Eris)	칼로콜 목사 자택
9월 29일 필립(Philip Lokwaar)	선교사 사택
9월 29일 앤(Ann Khisa)	앤 목사 자택

케냐, 나이로비에서

    10월 1일 김명수, 이미애, 존슨 (Ekiru Johnson)   게스트하우스

    10월 2일 김경수, 이행숙   동부 아프리카 신학교

    10월 2일 강성영, 정수미   게스트하우스

    10월 2일 게스트하우스 주인 A씨

한국, 서울에서

    10월 27일 정경자   평창동 카페

    12월 2일 정경자   신영동 카페

    12월 11일 임옥식   신영동 카페

    12월 20일 정경자, 임옥식   부암동 음식점

2014년

한국, 서울에서

    1월 2일 인미   평창동 카페

    1월 18일 임시화 부부, 임종숙   시흥동 자택

    1월 23일 박성배   평창동 카페

    1월 25일 임종숙   신영동 카페

    2월 14일~21일 김동헌   홍은동 그랜드힐튼 호텔

제주도에서

    2월 22일~27일 김동헌, 정경자, 이미순   제주도 민박집

    2월 27일 송영희   제주도 파도 호텔

서울에서

3월 1일~3일	김동헌	홍은동 그랜드힐튼 호텔
3월 2일	성미경, 이경희	그랜드힐튼 호텔
6월 14일	김명수, 이미애	부암동 카페
7월 13일	오영의	서영은 자택
7월 13일	정정자, 정경자	광주 주원교회
8월 12일	성미경, 박경심	신영동 카페

2015년

한국, 서울에서

5월 24일	한마리아	평창동 카페
5월 27일	김영애	오산리 기도원
6월 2일	김동헌, 강성영, 정수미	평창동 음식점
11월 17일	김귀순	인천 송도 자택
12월 4일	정경자	평창동 카페

* 바쁜 시간을 내주신 대담자 여러분께 감사드립니다.

동역자들은 누구인가

김귀순	송도 하베스트 교회 목사
김동헌	필라 순복음선교회 담임 목사
이희열	여의도순복음교회 박지용 장로 부인
최순영	여의도순복음교회 이용식 장로 부인
안익선	여의도 굿피플 사무총장
김옥실	아프리카 케냐 감리교 선교사(마사이)
김명수, 이미애	아프리카 케냐 마사이 지역 선교사(소말리아)
임종표	케냐 나이로비 거주(前 예수전도단 케냐 지부장)
김경수, 이행숙	BCEA(동부 아프리카 신학교 교장)
강성영, 정수미	임연심 후임. 現 순복음교회 투르카나 선교사
윌슨	투르카나 로드와 교회 담임 목사
폴 에리스	투르카나 칼로콜 교회 담임 목사
카징구	기자
르우벤	고등학교 교감
크리스틴	초등학교 교사
존슨	의사
앤 목사	임연심 미션스쿨 교감
존	前 임연심 미션스쿨 교장
필립 목사	투르카나 지역 순복음교회 목사
정경자	광주 주원교회 담임 목사
이미순	순복음대학원 대학교 사회복지학 교수
	엘림 노인 요양원 대표
임옥식	목사. 임연심 선교사 언니

임종숙　여의도순복음교회 집사

송영희　제주도 교회 평신도

박성배　일산병원 가정의학과 의사

이경희　임연심 선교사 독일 유학 친구

한마리아　미국 필라델피아 순복음교회 담임 목사

김영애　스페인 바야돌리드 순복음교회 담임 목사

성미경　이롬 일산지국장

박경심　광성교회 권사

오영의　목사(미국 거주)

삶이 말하게 하라

투르카나 임연심 선교사와의 대화

초판 1쇄 인쇄 2016년 4월 30일
초판 1쇄 발행 2016년 5월 10일

지은이 서영은
발행인 정중모
발행처 도서출판 열림원
출판등록 1980년 5월 19일 제406-2000-000204호
주소 경기도 파주시 회동길 121(문발동)

전화 031-955-0700
팩스 031-955-0661~2
전자우편 editor@yolimwon.com
홈페이지 www.yolimwon.com
페이스북 /yolimwon

기획 편집 박은경 임자영 서희정 심소영 이지연
제작 관리 박지희 김은성 윤준수 조아라

홍보 마케팅 김경훈 박치우 김계향
디자인 강소리

제작처 영신사 이레금박 북웨어

용지 랑데뷰 210g(표지) 클라우드 80g(본문)

ISBN 978-89-7063-815-7 03230

만든 이들
편집 임자영 **디자인** 이승욱(표지) 강소리 이명옥(본문)
취재 협조 여의도순복음교회 임연심선교사 기념사업회